21世纪高校思想政治理论课"互联网+"新形态教材

U0668069

毛泽东思想和中国特色社会主义理论体系概论

导学与实践教程

本书编写组◎编

配套
精品教学课件
+考试平台
+教案

中共中央党校出版社

图书在版编目（CIP）数据

毛泽东思想和中国特色社会主义理论体系概论导学与
实践教程 /《毛泽东思想和中国特色社会主义理论体系
概论导学与实践教程》编写组编 . -- 北京：中共中央党
校出版社，2021.11
ISBN 978-7-5035-7226-5

Ⅰ . ①毛… Ⅱ . ①毛… Ⅲ . ①毛泽东思想－教材②中
国特色社会主义理论体系－教材 Ⅳ . ① A84 ② D610

中国版本图书馆 CIP 数据核字（2021）第 234830 号

毛泽东思想和中国特色社会主义理论体系概论导学与实践教程

责任编辑	李　云　李江燕
责任校对	马　晶
责任印制	陈梦楠

出版发行　中共中央党校出版社
　　　　　　（北京市海淀区长春桥路 6 号）
邮政编码　100089
网　　址　www.dxcbs.net
电　　话　（010）62808912（发行）　　68929788（总编室）
经　　销　全国各地新华书店
印　　刷　天津市蓟县宏图印务有限公司
字　　数　333 千字
版　　次　2021 年 11 月第 1 版　2021 年 11 月第 1 次印刷
开　　本　787 毫米 ×1092 毫米　1/16
印　　张　17.00
定　　价　47.00 元

编　写　组

主　编：胡延华　林雨倩　沈　李

副主编：蒋永彪　张　勇　钟贤哲　杨志敏

编　委：张　磊　周小英　张继国　王　晨

　　　　高巍巍　曾子澜　宋　健　赵晓娇

　　　　张　健　王红霞　艾　斌　陈　洁

　　　　郭　艳

前　言

　　思想是时代的光芒。毛泽东思想和中国特色社会主义理论体系，都是马克思主义中国化与时俱进的理论成果，它们同马克思列宁主义一起，是中国共产党长期坚持的指导思想和全国各族人民团结奋斗的共同思想基础。

　　习近平总书记在学校思想政治理论课教师座谈会上强调，思想政治理论课是落实立德树人根本任务的关键课程。我们办中国特色社会主义教育，就是要理直气壮开好思政课，用新时代中国特色社会主义思想铸魂育人，引导学生增强中国特色社会主义道路自信、理论自信、制度自信、文化自信，厚植爱国主义情怀，把爱国情、强国志、报国行自觉融入坚持和发展中国特色社会主义事业、建设社会主义现代化强国、实现中华民族伟大复兴的奋斗之中。

　　"毛泽东思想和中国特色社会主义理论体系概论"课是当代大学生必修的思想政治理论课，是高校思想政治理论课程中的核心课程，体现了社会主义大学的本质要求。本书以高教社《毛泽东思想和中国特色社会主义理论体系概论（2021年版）》为基础框架，旨在多层次、多角度地帮助学生认识、理解和掌握中国社会主义思想政治理论成果，更加深刻地认识中国共产党领导人民进行的革命、建设、改革和发展的历史进程，更加透彻地理解中国共产党在新时代坚持的基本理论、基本路线和基本方略，树立对中国共产党领导下的新时代中国特色社会主义的坚定信念。

　　"青年一代有理想、有本领、有担当，国家就有前途，民族就有希望。中国梦是历史的、现实的，也是未来的；是我们这一代的，更是青年一代的。这是新时代的召唤，也是青年人无比广阔的舞台。"新的历史起点，新的指导思想，新的历史使命——这是当前所有高校开展思想政治理论课的核心主题，也是新时代青年历史使命的光荣呈现。为了帮助青年大学生更好地、更全面地理解和学好思想政治理论课，更深刻地认识毛泽东思想和中国特色社会主义理论体系的基本内涵和重要理论，我们精心编写了这本《毛泽东思想和中国特色社会主义理论体系概论导学与实践教程》，作为学生学习和教师教学参考的学习指导用书，以配合教师课堂教学的开展。

　　本书每章均分为导航篇、理论篇和实践篇三篇。其中，导航篇包括知识网络和学习指南两个模块，主要对本章内容框架、学习目标和学习思路进行概括和分析，以帮助学生对本章内容有一个总体了解；理论篇包括要点解析、案例精选、经典品读和习题演练四个模块，帮助学生理解和巩固本章知识；实践篇设置两个实践项目，校内校外结合，方案具体清晰，操作简单明了，有助于增强学生的实践能力，提升学生的综合素质。

在本书的编写过程中，我们参考了大量专家、学者编写的相关文献资料，查阅了大量权威网站、书刊和报纸的有关内容，听取和吸收了相关学科专家的宝贵建议，在此一并表示诚挚的感谢。尽管我们力求完美，但因水平所限，书中难免有疏漏或不妥之处，敬请广大读者朋友提出宝贵意见，以便我们在今后的教学实践中不断完善与提高！

编 者

2021 年 11 月

目　录

上篇　毛泽东思想

中篇　邓小平理论、"三个代表"重要思想、科学发展观

下篇 习近平新时代中国特色社会主义思想

导 论 马克思主义中国化的历史进程与理论成果

导航篇

知识网络

导论 马克思主义中国化的历史进程与理论成果

一、"马克思主义中国化"的提出及其内涵

二、马克思主义中国化的理论成果

三、学习本课程的要求和方法

学习指南

⊙ 学习目标

通过学习，了解并掌握"马克思主义中国化"的提出及其内涵；理解马克思主义中国化的理论成果；掌握学习本课程的要求和方法。

⊙ 学习思路

本部分是整本书的引子，具有总领全篇的作用，要学好马克思主义中国化的整个进程及理论成果，本部分内容至关重要；同时，本部分还会对本课程的学习要求和方法进行介绍，能够帮助学生更好、更有效地进行学习。在学习本部分内容时，要注意对马克思主义中国化的理解和学习本课程方法的掌握，这对后面的学习具有重要作用。

理论篇

要点解析

要点一："马克思主义中国化"的提出及其内涵

1938年，毛泽东在党的六届六中全会上作了《论新阶段》的报告，强调："没有抽象的马克思主义，只有具体的马克思主义。……马克思主义的中国化，使之在其每一表现中带着中国的特性，即是说，按照中国的特点去应用它，成为全党亟须解决的问题。"这标志着"马克思主义中国化"这一命题的正式提出。

马克思主义中国化就是坚持把马克思主义基本原理同中国具体实际相结合、同中华优秀传统文化相结合，运用马克思主义的立场、观点、方法研究和解决中国革命、建设、改革中的实际问题；就是总结和提炼中国革命、建设、改革的实践经验，从而认识和掌握客观规律，为马克思主义理论宝库增添新的内容；就是运用中国人民喜闻乐见的民族语言来阐述马克思主义理论，使之成为具有中国特色、中国风格、中国气派的马克思主义。

解析：理解马克思主义中国化的提出及其内涵，要紧密结合"中国化"三个字。它的提出是为了解决中国的现实问题，它的内涵就是将马克思主义与中国的具体实践相结合，形成一种新的符合中国实际情况的理论，来指导中国的革命、建设和改革等事业。

忆往昔

马克思和他的战友恩格斯非常关注中国，在《马克思恩格斯全集》中有800多处直接提到中国，《资本论》及其手稿有90多处论及中国问题。马克思关注中国的时候，正是清王朝衰相尽显、危机四伏之时。1848年《共产党宣言》问世时，古老的中国正笼罩在第一次鸦片战争失败的漫天阴云之中，中华民族陷入屈辱悲惨的命运。马克思和恩格斯这两位思想巨人热切地关注中国的前途命运，在《共产主义原理》中，恩格斯指出，随着资本主义的世界性扩展，大工业逐步"把世界各国人民互相联系起来"，在这种历史趋势下，"中国现在也正在走向革命"。

马克思在《鸦片贸易史》中指出："一个人口几乎占人类三分之一的幅员广大的帝国，不顺时势，安于现状，人为地隔绝于世并因此竭力以天朝尽善尽美的幻想来欺骗自己，这样一个帝国注定最后要在一场殊死的决斗中死去。"由此，马克思找到了近代中国走向衰落的一个重要原因，也看到了古老中国走出愚昧、开眼睽世、凤凰涅槃的希望。习近平总书记在纪念马克思诞辰 200 周年大会上的讲话中指出，马克思恩格斯科学预见了"中国社会主义"的出现，甚至为他们心中的新中国取了靓丽的名字——"中华共和国"。

（资料来源：朱有华《马克思的中国预言》，《群众》2018 年第 10 期）

🎯 要点二：马克思主义中国化的理论成果

在革命和建设的长期实践中，以毛泽东为主要代表的中国共产党人，把马克思列宁主义的基本原理同中国具体实际结合起来，创立了毛泽东思想。

20 世纪七八十年代，以邓小平为主要代表的中国共产党人，重新确立了实事求是的思想路线，在总结国内外社会主义建设的历史经验特别是改革开放以来新鲜经验的基础上，鲜明地回答了什么是社会主义、怎样建设社会主义这个首要的基本的理论问题，逐步形成了建设中国特色社会主义的路线、方针、政策，阐明了在中国建设社会主义、巩固和发展社会主义的基本问题，创立了邓小平理论，开辟了建设中国特色社会主义的正确道路。

20 世纪 80 年代末 90 年代初，面对严峻复杂的国内外形势，以江泽民为主要代表的中国共产党人，在建设中国特色社会主义的实践中，加深了对什么是社会主义、怎样建设社会主义和建设什么样的党、怎样建设党的认识，积累了治党治国新的宝贵经验，形成了"三个代表"重要思想。

进入新世纪新阶段，以胡锦涛为主要代表的中国共产党人，抓住重要战略机遇期，在全面建设小康社会进程中，不断推进实践创新、理论创新、制度创新，根据新的发展要求，深刻认识和回答了新形势下实现什么样的发展、怎样发展等重大问题，形成了以人为本、全面协调可持续发展的科学发展观。

党的十八大以来，以习近平为主要代表的中国共产党人以巨大的政治勇气和强烈的责任担当，提出一系列新理念新思想新战略，从理论和实践结合上系统回答了新时代坚持和发展什么样的中国特色社会主义、怎样坚持和发展中国特色社会主义这个重大时代课题，创立了习近平新时代中国特色社会主义思想。

解析：毛泽东思想和中国特色社会主义理论体系是马克思主义中国化的两大理论成果，它们之间是一脉相承又与时俱进的关系。毛泽东思想和中国特色社会主义理论体系辩证统一于中国革命、建设和改革的伟大实践中，不断开拓着马克思主义在中国发展的新境界。

◎ 要点三：学习本课程的要求和方法

开设"毛泽东思想和中国特色社会主义理论体系概论"课程，是为了使我们大学生对马克思主义中国化进程中形成的理论成果有更加准确的把握；对中国共产党领导人民进行的革命、建设、改革的历史进程、历史变革、历史成就有更加深刻的认识；对中国共产党在新时代坚持的基本理论、基本路线、基本方略有更加透彻的理解；对运用马克思主义立场、观点和方法认识问题、分析问题和解决问题能力的提升有更加切实的帮助。

用好本教材、学好本课程，我们要把握好以下几点：一是掌握基本理论；二是培养理论思维；三是坚持理论联系实际。

解析：学习任何知识都要明确学习的目的和意义，然后掌握学习的方法和技巧，才能使学习起到该起的作用、达到想要的效果。

相关链接：

五四运动与马克思主义在中国的传播

案例精选

马克思主义在中国的广泛传播

"十月革命一声炮响，给我们送来了马克思列宁主义。"以李大钊为代表的先进分子开始在中国真正传播马克思主义。在李大钊等人的大力倡导之下，马克思主义在中国开始得到了广泛传播，这主要表现在以下几个方面。

第一，全国各地出现了一大批宣传马克思主义的刊物。十月革命后最早刊登宣传马克思主义文章的刊物是《新青年》，仅在1921年之前就发表了一百多篇研究马克思主义的文章，并先后出版了"马克思研究""劳动节纪念""俄罗斯研究"等专号，比较全面系统地介绍了马克思主义。在李大钊主持下，《晨报》副刊也开辟了"马克思研究"专栏，陆续刊载了马克思的《劳动与资本》和共产国际一大宣言的译文，以及一些介绍马克思、列宁等人生平和关于俄国十月革命的材料。同时，《国民》杂志也先后刊登《共产党宣言》第一章、《马克思资本论自叙》和《马克思历史唯物主义》的译文，还发表了《苏维埃俄国的经济组织》《苏维埃俄国的新农制度》等介绍苏俄建设情况的文章。此外，全国还有许多报刊大量刊登宣传、研究和评论马克思主义的文章。当时全国报刊多达400余种，它们虽然立场观点不一，但几乎无一不谈马克思主义。时人即曾描述："譬如社会主义，近来似觉成了一种口头禅；杂志报章，鼓吹不遗余力"，"社会主义的潮流，真有万马奔腾之势……现在社会主义的一句话，在中国算是最时髦的名词了"，"似乎有不谈社会主义则不足以称新文化运动的出版物的气概"。

第二，宣传和研究马克思主义的团体在全国各地相继成立。在北京，李大钊1918年就在北大组织过一个马尔格斯学说研究会。1920年3月，他又成立了北京大学马克斯（今译马克思）学说研究会，由邓中夏、黄日葵、高君宇、罗章龙等人组成，并建立了一个名叫"亢慕义斋"（"亢慕义"为英文Communism的音译，意为"共产主义"）的图书室，收集了一批马克思主义书籍供会员使用。同年12月，李大钊又组织了北京大学社会主义研究会，以编译社会主义丛书和举办演讲为主要活动内容。在上海，陈独秀1920年5月发起组织了马克思主义研究会，其核心成员有陈独秀、李汉俊、李达、陈望道、杨明斋等人。在湖南，毛泽东、蔡和森等人早在五四运动前就组织了新民学会，出版《湘江评论》，探讨改造社会的问题，并发表文章热情歌颂十月革命的胜利，认为这个胜利必将"普及于世界"，"我们应该起而仿效"。1920年夏，毛泽东从北京回到长沙后，立即以新民学会会员为骨干创办文化书社，这是一个以传播马克思主义为目的的革命团体。在武汉，恽代英等人1920年2月组织了利群书社，后又与林育南、李求实等人建立了共存社，主要销售马克思主义书籍和进步刊物。在天津，以周恩来为代表的先进分子1919年创办了觉悟社，出版《觉悟》，学习宣传马克思主义。在济南，一些进步分子1919年冬开办了齐鲁报社，次年改为齐鲁书社，公开推销各地进步书刊，并发行《十日》刊，介绍马克思主义读物。1920年初，邓恩铭等人又成立了马克思主义学说研究会，开始有组织地研究和宣传马克思主义。

第三，翻译出版了大量的马克思主义著作。如杨匏安1919年底发表的《马克斯主义》一文，与李大钊《我的马克思主义观》下半篇差不多同时问世，这是华南地区最早完整地介绍马克思主义的文章。不久，他又撰写了《马克思主义浅说》，进一步系统阐述了马克思主义基本原理。在此期间，李达也精心翻译了包含马克思主义三个有机组成部分的三部著作，即《唯物史观解说》《马克思经济学说》《社会问题总览》，比较全面地介绍了马克思主义。李汉俊亦先后发表了数十篇译文，热情介绍俄国革命和马克思主义。陈望道更在1920年8月出版了《共产党宣言》全译本，使国人第一次看到这份共产主义运动文献的全貌。在此前后，《雇佣劳动》《〈政治经济学批判〉序言》《〈资本论〉自序》也分别刊载于报刊或以单行本出版。列宁的《民族自决》《过渡时代的经济与政治》《加入共产国际的条件》以及《伟大的创举》《国家与革命》的一部分都译成中文发表。以上马列原著的翻译发表，为当时进步知识分子学习和研究马克思主义创造了条件，推动了马克思主义在中国的广泛传播。

马克思主义传入中国后，同时并存的还有其他各种主义，诸如实验主义、无政府主义、新村主义、泛劳动主义、基尔特社会主义、国家社会主义等。即使同样都标榜"社会主义"，其中也存在着差异。1919年到1923年，马克思主义与以胡适为代表的实验主义，以张东荪、梁启超为代表的社会改良主义和以黄凌霜、区声白为代表的无政府主义进行了三次论战，在很大程度上澄清了人们的认识。这样，中国先进知识分子经过反复推求比较，最终选择了马克思主义作为改造中国社会的思想武器，从而为中国无产阶级政党的创建准备了思想条件。

（资料来源：《中国党政干部论坛》2011年第11期，原标题为《中国共产党诞生纪事》）

案例解析：马克思说过："理论在一个国家实现的程度，总是取决于理论满足这个国家的需要的程度。"近代以来，深陷民族灾难的中国人民迫切需要科学理论的指引，而马克思主义作为一种思想，在20世纪初期与各种思潮相激荡，日益彰显其真理的力量，最终被中国先进分子接受，并在中国共产党人领导的革命和建设中发挥了科学理论的巨大威力。

经典品读

《共产党宣言》（节选）

（马克思、恩格斯 1848年2月）

四、共产党人对各种反对党派的态度

看过第二章之后，就可以了解共产党人同已经形成的工人政党的关系，因而也就可以了解他们同英国宪章派和北美土地改革派的关系。

共产党人为工人阶级的最近的目的和利益而斗争，但是他们在当前的运动中同时代表运动的未来。在法国，共产党人同社会主义民主党联合起来反对保守的和激进的资产阶级，但是并不因此放弃对那些从革命的传统中承袭下来的空谈和幻想采取批判态度的权利。

在瑞士，共产党人支持激进派，但是并不忽略这个政党是由互相矛盾的分子组成的，其中一部分是法国式的民主社会主义者，一部分是激进的资产者。

在波兰人中间，共产党人支持那个把土地革命当作民族解放的条件的政党，即发动过1846年克拉科夫起义的政党。

在德国，只要资产阶级采取革命的行动，共产党就同它一起去反对专制君主制、封建土地所有制和小市民的反动性。

但是，共产党一分钟也不忽略教育工人尽可能明确地意识到资产阶级和无产阶级的敌对的对立，以便德国工人能够立刻利用资产阶级统治所必然带来的社会的和政治的条件作为反对资产阶级的武器，以便在推翻德国的反动阶级之后立即开始反对资产阶级本身的斗争。

共产党人把自己的主要注意力集中在德国，因为德国正处在资产阶级革命的前夜，因为同17世纪的英国和18世纪的法国相比，德国将在整个欧洲文明更进步的条件下，拥有发展得多的无产阶级去实现这个变革，因而德国的资产阶级革命只能是无产阶级革命的直接序幕。

总之，共产党人到处都支持一切反对现存的社会制度和政治制度的革命运动。

在所有这些运动中，他们都强调所有制问题是运动的基本问题，不管这个问题的发展程度怎样。

最后，共产党人到处都努力争取全世界民主政党之间的团结和协调。

共产党人不屑于隐瞒自己的观点和意图。他们公开宣布：他们的目的只有用暴力推翻全部现存的社会制度才能达到。让统治阶级在共产主义革命面前发抖吧。无产者在这个革命中失去的只是锁链。他们获得的将是整个世界。

全世界无产者，联合起来！

（资料来源：《马克思恩格斯选集》第一卷，人民出版社2012年版）

习题演练

一、单项选择题

1. 实践证明，能解决中国实际问题、改变旧中国的社会性质和中国人民悲惨命运的，只有（　　）。

A. 改良主义　　B. 自由主义　　C. 实用主义　　D. 马克思主义

2. 中国特色社会主义理论体系不包括（　　）。

A. 毛泽东思想　　　　　　B. 邓小平理论

C. "三个代表"重要思想　　D. 科学发展观

3. （　　）标志着"马克思主义中国化"这一命题的正式提出。

A. 中国共产党的成立

B. 长征的胜利结束

C. 毛泽东在党的六届六中全会上作《论新阶段》的报告

D. 遵义会议的召开

4.（　　）彻底结束了旧中国半殖民地半封建社会的历史。

A.辛亥革命　　　　　　　　　B.太平天国运动

C.义和团运动　　　　　　　　D.新民主主义革命

5.邓小平理论鲜明地回答了（　　）这个首要的基本的理论问题。

A.建设什么样的党、怎样建设党

B.什么是社会主义、怎样建设社会主义

C.新形势下实现什么样的发展、怎样发展

D.新时代坚持和发展什么样的中国特色社会主义、怎样坚持和发展中国特色社会主义

二、多项选择题

1.中国共产党一经诞生，就把（　　）确立为自己的初心使命。

A.为中国人民谋幸福　　　　　B.为中华民族谋复兴

C.为中国共产党谋权力　　　　D.为新中国谋国际地位

2.实现马克思主义中国化是（　　）。

A.解决中国实际问题的需要　　B.马克思主义理论的内在要求

C.共产国际的规定　　　　　　D.中国革命的必然结果

3.习近平新时代中国特色社会主义思想创造了新时代中国特色社会主义的伟大成就，为实现中华民族伟大复兴提供了（　　）。

A.更为完善的制度保证　　　　B.更为坚实的物质基础

C.更为主动的精神力量　　　　D.更为稳固的群众基础

4.本教材以马克思主义中国化为主线，集中阐述了马克思主义中国化理论成果的（　　）。

A.形成过程　　B.主要内容　　C.精神实质

D.历史地位　　E.指导意义

5.用好本教材、学好本课程，我们要（　　）。

A.掌握基本理论　　　　　　　B.培养理论思维

C.培养创新思维　　　　　　　D.坚持理论联系实际

三、简答题

1.马克思主义中国化的内涵是什么？

2.开设"毛泽东思想和中国特色社会主义理论体系概论"课程的目的是什么？

四、论述题

为什么要实现马克思主义中国化？

实践篇

实践项目一   视频赏析——《青年马克思》

⚙ 实践目标

通过观看视频《青年马克思》，更具体地了解马克思主义形成的过程，理解中国共产党人选择马克思主义的历史必然性和毛泽东等中国共产党领导人努力推进马克思主义中国化的智慧和眼光。

实践方案

1. 任课教师宣布实践活动主题，明确实践要求。

2. 组织学生在多媒体教室观看《青年马克思》。

3. 采用学生自主或指定的方式让学生发言，谈谈观后感。

4. 对学生发言进行评价和总结，进一步引导学生正确认识马克思主义中国化的深刻内涵和重要意义。

5. 课后学生自选角度撰写观后感。

📺 参考资料

相关链接：

《青年马克思》

如何写观后感

一、撰写观后感时要注意的问题

第一，找准写作的切入口。一部电影或一段视频中往往人物众多、内容纷繁，情节纵横交错。写作时不能面面俱到，必须找到一个切入口展开全篇，如用一条线将"简介—评论—感受"三部分内容串联起来。可以选用以下几种方法：一是选择一个人物。看完一部电影或者一段视频，有的人对主角赞不绝口，有的人对某一配角记忆深刻。不管怎样，只需挑选一个人物，透过其言行举止走入他的内心，由此发表评论，抒写感受。二是截取一个片段，即选择影片（视频）中的一个小故事或一个独立的情节展开，联系实际谈感受。三是描写一个镜头，即采用特写或素描的方法，生动描述影片（视频）中感人至深的一个镜头，引发自己的情感共鸣，进而谈体会说感受。

第二，循序渐进写出特色。初写者可按照常见的"简介—评论—感受"三段式顺序谋篇布局，这样容易上手。有时，"评论"和"感受"可合二为一，边点评边写感受。有了一定基础后可突破固定结构，采用边叙边议边抒情等方式，围绕一条中心线索，写出真正属于自己的独特感受。

二、观后感的格式

观后感的格式大体上分为四个部分。

第一部分，由"观"而引出"感"，这样的开头就像一条醒目的标语或引子，先交代清楚看了什么影片（视频），有什么感想。

第二部分，具体谈感受是什么。写法上，可采用夹叙夹议的形式，"叙"就是把感人的故事情节或人物形象或词句叙述出来，"议"就是抒发自己的感受，要有层次地把自己的感情一步步地推向高潮，进行升华。叙述是简述，抓住要点，不能太长，否则会影响文章的结构。

第三部分，联系生活中的事例来谈感受，因为"感"的目的就是指导我们的实际行动，否则就毫无意义。具体来说，就是把自己在现实生活中的所作所为和电影（视频）中感动自己的人或事作比较，找出差距、找出不足，树立学习的榜样。

第四部分，文章的结尾要对全文内容作收尾总结，可以进一步抒发理想或希望与祝愿，把全文的情感升华到顶点。

✕ 实践项目二　　校内调研——当代大学生马克思主义信仰状况调查

⚙ 实践目标

当代部分大学生在信仰问题上存在不重视、不清醒、不坚定的问题，甚至出现了信仰危机，这是值得警惕的，本次活动旨在调查了解大学生马克思主义信仰状况，在进行问卷调查的同时，帮助大学生加深对马克思主义的认识和理解，坚定对马克思主义的信仰。

📅 实践方案

1. 任课教师宣布活动主题及实施方法。
2. 学生分为若干小组，各小组选1名组长负责各自小组的具体事务。
3. 各小组在任课教师指导下讨论、制作调查问卷。
4. 各小组向在校学生发放调查问卷，并向被调查学生说明调查研究的目的。
5. 回收问卷，将有效问卷的信息进行统计整理。
6. 分析数据，进行讨论，得出结论。

7. 各小组撰写一份调查报告，上交任课教师。

8. 任课教师根据整个活动情况，评出分数。

📖 参考资料

评分表

评分项目	评分标准	分值	得分
调查问卷	问题全面、设置合理	30	
活动实施	分工明确、活动积极、态度友好	30	
调查报告	分析客观、数据翔实、建议可取	40	

关于当代大学生对马克思主义信仰状况的调查问卷

亲爱的同学们，我们是新时代的新青年。在社会转型期与多元文化涌入的背景下，为对当代大学生马克思主义信仰状况进行具体的调查，了解思想政治课教育现状，我们制作了该调查问卷。在填写问卷上，我们采取匿名的方式，因此，不会影响到您的正常学习生活。完成这份问卷可能会耽误您一些宝贵的时间，在此，我们向您表示衷心的感谢！

请选出符合您自己的选项或按自己的实际情况填写，除注明为多选外，均为单选。

1. 您现在的政治面貌是（　　　）

A. 群众　　　　　　B. 团员　　　　　　C. 预备党员　　　　D. 党员

2. 您目前有信仰吗？（　　　）

A. 有　　　　　　　B. 没有

3. 您认为人是否应该有某种信仰？（　　　）

A. 是，非常有必要　　　　　　　B. 不是，有没有都无所谓

4. 您认为树立正确的信仰对大学生来说非常重要吗？（　　　）

A. 是　　　　　　　B. 不是　　　　　　C. 没想过

5. 如果人必须要有信仰，可以选择的话，您愿意信仰什么？（　　　）

A. 马克思主义　　　B. 宗教　　　　　　C. 金钱万能

D. 享乐主义　　　　E. 个人主义

6. 您是否想加入中国共产党？（　　　）

A. 十分迫切　　　　　　　　　　B. 比较迫切

C. 无所谓　　　　　　　　　　　D. 不想加入

7. 您认为学生党员的入党动机是什么？（　　　）

A. 信仰共产主义，个人人生追求　　B. 愿意更好地为同学服务

C. 把它当成一种荣誉的标志　　　　D. 为个人发展获取资本

8. 您认为马克思主义（   ）

　　A. 有说服力，没有过时　　　　　　　B. 没有说服力，已经过时

　　C. 不了解

9. 当今时代，许多学生对马列主义等指导思想表现淡漠，您认为原因是什么？（   ）

　　A. 社会主义市场经济条件下，马列主义的指导意义已不重要

　　B. 人们更多地追求物质生活，忽略精神家园的建设，出现信仰危机

　　C. 马列主义是空洞的理论，毫无任何实践性，不再信仰马列主义

　　D. 多元思想、信息、文化的冲击

10. 您主要是通过哪些途径了解马克思主义的？（   ）

　　A. 学校开设的课程　　　　　　　　　B. 报纸杂志

　　C. 电视媒体　　　　　　　　　　　　D. 其他途径

11. 若非必要，您会主动学习马克思主义吗？（   ）

　　A. 会　　　　　　B. 不会　　　　　　C. 不清楚

12. 您认为我们学校对马克思主义理论教育到位吗？（   ）

　　A. 到位　　　　　　B. 不到位　　　　　　C. 勉强可以

13. 您觉得马克思主义理论课怎么样？（   ）

　　A. 不错，会认真听讲

　　B. 任课教师在教学内容上只是照本宣科，没有对课本有深度发散性的讲解，很无聊

　　C. 马克思主义理论课教师素质不错，做到了风趣幽默、深入浅出、循循善诱

14. 您认为影响马克思主义理论教学效果，或导致您学习马克思主义理论兴趣下降的原因是什么？（   ）（多选）

　　A. 理论脱离实际，空话、套话多，针对性、时效性不强

　　B. 教师水平差，师资队伍不强

　　C. 与就业毫无关系，浪费时间

　　D. 自己本身不感兴趣，学了也是白学

　　E. 其他

15. 您对马克思主义发展前途持何种态度？（   ）

　　A. 充满信心　　　B. 比较有信心　　　C. 一般　　　　D. 不看好

16. 您认为对大学生培养马克思主义信仰的最有效途径是什么？（   ）

　　A. 思想政治理论课程的教育　　　　　B. 党的宣传和其他媒体途径

　　C. 自身修养的加强　　　　　　　　　D. 其他途径

　　感谢您用心填写这份调查问卷，耽误了您的宝贵时间，我们再次向您表示真诚的谢意！

上篇

毛泽东思想

第一章 毛泽东思想及其历史地位

导航篇

知识网络

第一章 毛泽东思想及其历史地位
- 一、毛泽东思想的形成和发展
  - 毛泽东思想形成发展的历史条件
  - 毛泽东思想形成发展的过程
- 二、毛泽东思想的主要内容和活的灵魂
  - 毛泽东思想的主要内容
  - 毛泽东思想活的灵魂
- 三、毛泽东思想的历史地位
  - 马克思主义中国化的第一个重大理论成果
  - 中国革命和建设的科学指南
  - 中国共产党和中国人民宝贵的精神财富

学习指南

⊙ 学习目标

了解毛泽东思想形成发展的历史条件和过程；了解毛泽东思想的主要内容；掌握毛泽东思想的含义和活的灵魂；科学认识毛泽东和毛泽东思想的历史地位。

⊙ 学习思路

本章作为"毛泽东思想"的开篇，属于毛泽东思想的总论部分，学好本章不仅关系到学生对"毛泽东思想"的总体认识和学习态度，也关系到学生对整个中国化马克思主义理论的认识。学习本章应按照"毛泽东思想的形成和发展""毛泽东思想的主要内容和活的灵魂""毛泽东思想的历史地位"的逻辑顺序，层层递进、逐步深入。

理论篇

要点解析

要点一：毛泽东思想的形成和发展

1. 毛泽东思想形成发展的社会历史条件

（1）19 世纪末 20 世纪初，世界进入帝国主义和无产阶级革命时代。

（2）俄国十月革命给中国送来了马克思列宁主义。

（3）中国革命和建设的实践经验。

2. 毛泽东思想形成发展的过程

毛泽东思想的形成和发展主要分为四个阶段：毛泽东思想的萌芽——党的创立和大革命时期（1921—1927 年）；毛泽东思想的形成——土地革命战争前中期（1927—1935 年）；毛泽东思想的成熟——土地革命战争后期和抗日战争时期（1935—1945 年）；毛泽东思想的继续发展——解放战争时期和中华人民共和国成立以后（1945—1976 年）。

解析：国内外形势、理论和实践基础是毛泽东思想形成的背景条件；毛泽东在上述四个时期的主要著作和理论，是研究毛泽东思想形成和发展的主要依据。

相关链接：

红色足迹——求索·抉择

要点二：毛泽东思想的主要内容

1. 新民主主义革命理论

新民主主义革命是无产阶级领导的，工农联盟为基础的，人民大众的，反对帝国主义、封建主义和官僚资本主义的资产阶级性质的人民民主革命。统一战线、武装斗争和党的建设是新民主主义革命的"三大法宝"。

2. 社会主义革命和社会主义建设理论

采取社会主义工业化和社会主义改造并举的方针，逐步改造生产资料私有制；必须严格区分和正确处理敌我矛盾和人民内部矛盾；以工业为主导，以农业为基础，正确处理重工业同农业、轻工业的关系，充分重视农业和轻工业，走出一条适合我国国情的中国工业化道路。

3. 革命军队建设和军事战略的理论

该理论解决了如何把以农民为主要成分的革命军队建设成为一支无产阶级性质的、具有严格纪律的、同人民群众保持亲密联系的新型人民军队的问题；制定了在敌强我弱的形势下实行战略的持久战和战役、战斗上的速决战，把战略上的劣势转变为战役、战斗上的优势，集中优势兵力、各个歼灭敌人等一系列人民战争的战略战术。

4. 政策和策略的理论

政策和策略是党的生命，必须根据政治形势、阶级关系和实际情况及其变化制定党的政策，把原则性和灵活性结合起来。

5. 思想政治工作和文化工作的理论

思想政治工作是经济工作和其他一切工作的生命线，要实行政治和经济的统一、政治和技术的统一、又红又专的方针；发展民族的、科学的、大众的文化，实行百花齐放、百家争鸣和古为今用、洋为中用、推陈出新的方针；知识分子在革命和建设中具有重要作用，知识分子要同工农相结合，通过学习马克思列宁主义、学习社会和工作实践，树立无产阶级世界观的思想；等等。

6. 党的建设理论

注重从思想上建党，提出党员不但要在组织上入党，而且要在思想上入党，经常注意以无产阶级思想改造和克服各种非无产阶级思想。他指出，理论和实践相结合的作风，和人民群众紧密地联系在一起的作风，以及自我批评的作风，是中国共产党区别于其他任何政党的显著标志。

解析：毛泽东思想的主要内容在后面第二、三、四章会详细讲述，为避免重复，在这里不再作具体解析。

◎ 要点三：毛泽东思想活的灵魂

1. 实事求是

毛泽东指出："'实事'就是客观存在着的一切事物，'是'就是客观事物的内部联系，即规律性，'求'就是我们去研究。"实事求是，就是一切从实际出发，理论联系实际，坚持在实践中检验真理和发展真理。

坚持实事求是，就要深入实际了解事物的本来面貌，把握事物内在必然联系，按照客观规律办事；就要清醒认识和正确把握我国基本国情；就要不断推进实践基础上的理论创新。

解析：坚持什么样的思想路线，就是坚持什么样的哲学。自建党初期，我们党就从政治上理论上把马克思主义哲学同党的思想路线高度统一起来，确立了实事求是思想路线在全党的指导地位。事实证明，正是由于坚持实事求是的思想路线，我们党才完成了革命，建立了新中国，确立了社会主义制度，为党和人民事业胜利发展、为中华民族阔步赶上时代发展潮流创造了根本前提，奠定了坚实的理论和实践基础。

2. 群众路线

群众路线，就是一切为了群众，一切依靠群众，从群众中来，到群众中去，把党的正确主张变为群众的自觉行动。

坚持群众路线，就要坚持人民是推动历史发展的根本力量；就要坚持全心全意为人民服务的根本宗旨；就要保持党同人民群众的血肉联系。

解析：人民是历史的创造者，相信群众，坚定地依靠群众，这是实行群众路线的力量所在。群众离了我们可能一样生活，可我们脱离了群众，就失去了存在的基础，失去了执政的基础，水能载舟，亦能覆舟。

忆往昔

1935年2月3日是大年三十，中央红军前进至东南与贵州赤水、生机两地毗邻，西与云南水潦紧接，被称"鸡鸣三省"之地的石厢子村。红军在相对比较富庶的土城筹集了不少食物，到石厢子后又没收了当地民愤极大的彭姓、周姓两家土豪的粮食、财物和年货，这些东西先由穷苦乡亲分享，之后没收委员会再根据需求分配。

专门负责军委首长伙食的军委三科炊事班做了一顿"丰盛"的"年夜饭"：油亮亮的腊肉、肥瘦相间的红烧肉、水卤的大肠……做好后分送到各位领导人住处。

住在肖有思家的毛主席分到一碗红烧肉、一碗米酒和几个辣椒。但毛泽东舍不得吃，大年初一，他与其他领导一起去看望伤病员，捐出了发给自己的年夜饭。

红军胜利到达延安后的每个春节，毛泽东都要在枣园小礼堂请村里老乡吃饭，老乡也都会携软糕、油馍、黄酒、麻糖等物来给主席拜年。吃饭时摆上十几桌，每桌都有一位领导作陪，桌上无非是些家常菜。毛泽东给大家敬酒时总说："大家都是我的邻居，不要客气，过几天我还要到你们家做客！"于是家家都把家里打扫干净，等着毛主席光临。但每次毛泽东去各家拜年总是来去匆匆，不吃饭更不喝酒。

（资料来源：孟红《历史名人的过年轶事》，《人民政协报》2018年2月1日05版）

3.独立自主

独立自主，就是坚持独立思考，走自己的路，就是坚定不移地维护民族独立、捍卫国家主权，把立足点放在依靠自己力量的基础上，同时积极争取外援，开展国际经济文化交流，学习外国一切对我们有益的先进事物。

坚持独立自主，就要坚持中国的事情必须由中国人民自己处理；就要坚持独立自主的和平外交政策，坚定不移走和平发展道路。

解析：回顾历史，独立自主的原则来之不易，是付出沉痛代价以至流血牺牲才取得的，成为长征胜利的决定性因素。中国共产党人由此引发出深层次的思考。坚持走自己的路，一切从中国的实际出发，独立自主地处理中国革命和党内问题，已经成为坚持和加强党的领导的基本原则，而且在长期的革命和建设的实践中一以贯之，在各方面产生深远影响。

◎ 要点四：毛泽东思想的历史地位

毛泽东思想是马克思主义中国化第一次历史性飞跃的理论成果，是新民主主义和社会主义革命取得胜利的理论基础，是中国共产党和中国人民历尽艰辛获得的宝贵的精神财富，是中国革命和建设的科学指南，是中华民族的精神支柱，也成为建设中国特色社会主义的理论基础。

解析：毛泽东是马克思主义中国化的开拓者，他率先冲破教条主义的藩篱，最早提出"使马克思主义在中国具体化""使中国实际马克思主义化"的科学命题，奠定了马克思主义中国化的基石，探索了在民主革命时期马克思主义中国化的特殊路径。毛泽东思想是中国特色社会主义理论体系的先导。毛泽东思想不仅过去引导我们取得革命的胜利，现在和将来还应该是党和国家的宝贵财富。我们要实事求是地评价毛泽东和毛泽东思想，要明确毛泽东个人的思想和毛泽东思想的区别，避免极端地认识和评价毛泽东思想。

相关链接：
毛泽东思想成为全党指导思想

案例精选

确立毛泽东思想指导地位的现实启示

毛泽东思想作为马克思主义中国化重要理论成果，是马克思列宁主义在中国的运用和发展，是被实践证明了的关于中国革命和建设的正确的理论原则和经验总结。

确立毛泽东思想为党的指导思想，为我们今天毫不动摇地坚持习近平新时代中国特色社会主义思想，提供了鲜明而深刻的现实启示。

必须在实践中不断丰富和发展马克思主义，不断推进马克思主义中国化时代化

马克思主义是我们立党立国的根本指导思想，是我们党的灵魂和旗帜。但马克思主义不是一成不变的教条，只有把马克思主义基本原理同本国具体实际、历史文化传统、时代要求紧密结合起来，在实践中不断作出新的理论创造，才具有强大的生命力。

毛泽东曾说过："我们要把马、恩、列、斯的方法用到中国来，在中国创造出一些新的东西。只有一般的理论，不用于中国的实际，打不得敌人。"毛泽东思想大大推进了马克思主义中国化的历史进程。这之后，中国共产党不断开辟马克思主义新境界，创立了邓小平理论，形成了"三个代表"重要思想、科学发展观，指引中国人民夺取一个又一个伟大胜利。

党的十八大以来，以习近平同志为主要代表的中国共产党人，从理论和实践结合上系统回答了新时代坚持和发展什么样的中国特色社会主义、怎样坚持和发展中国特色社会主义这个重大时代课题，创立了习近平新时代中国特色社会主义思想。这一思想作为马克思主义中国化最新成果，是引领中国、影响世界的思想火炬。

在当代中国，坚持和发展习近平新时代中国特色社会主义思想，就是真正坚持和发展马克思主义。

必须在实践中形成和确立坚强有力的领导核心，不断增强拥护核心、跟随核心、捍卫核心的思想自觉、政治自觉、行动自觉

党的指导思想的主要创立者和党的领导核心总是高度一致，党的指导思想的形成、确立与党的领导核心的形成、确立总是紧密联系。

确立和维护领导核心，是无产阶级政党走向成熟的重要标志。党的七大不仅确立了毛泽东思想的指导地位，而且正式形成了以毛泽东同志为核心的党的第一代中央领导集体。实践证明，这是中国革命不断走向胜利的重要保证。

党的十九大把习近平新时代中国特色社会主义思想确立为党必须长期坚持的指导思想并庄严地写入党章，同时把习近平总书记的核心地位写入党章。这是历史和人民的共同选择、郑重选择、必然选择。

在新时代，必须在思想上政治上行动上更加清醒坚定，坚决维护习近平总书记党中央的核心、全党的核心地位。

必须在实践中不断增强党的团结和集中统一，坚决维护党中央权威和集中统一领导

1945 年，在党的七大会场主席台上方悬挂着"在毛泽东的旗帜下胜利前进"

的红色横幅，在会场后方悬挂着"同心同德"四个大字。

从遵义会议到这次"团结的大会，胜利的大会"，全党经历了十年时间才真正深刻认识到维护党的团结和集中统一，维护党中央权威的重大意义，并将其转化为自觉行动。全党达到的空前团结和统一，为夺取抗战胜利和获得全国解放奠定了强大思想政治基础。

维护党中央权威和集中统一领导，是一个成熟的马克思主义政党必须始终坚持的重大原则，也是中国革命、建设、改革的重要经验。

历史充分证明，我们这么大一个党，这么大一个国家，只有党中央有权威，才能把全党牢固凝聚起来，进而把全国各族人民紧密团结起来，形成万众一心、无坚不摧的磅礴力量。

思想就是力量。在全面建设社会主义现代化国家的新征程中，必须始终坚持以习近平新时代中国特色社会主义思想为指导，在以习近平同志为核心的党中央坚强领导下，坚持把马克思主义基本原理同中国具体实际相结合、同中华优秀传统文化相结合，用马克思主义观察时代、把握时代、引领时代，为实现第二个百年奋斗目标、实现中华民族伟大复兴而不懈奋斗！

（资料来源：求是网，http://www.qstheory.cn/laigao/ycjx/2021-09-28/c_1127903171.htm）

案例解析： 本案例主要讲述了毛泽东思想指导地位确立的过程及其历史意义和现实启示。毛泽东之所以成为倡导马克思主义中国化的第一人，一方面由于他是中国共产党党内的主要领袖；另一方面与他的个人特质有关。他对马克思主义著作的潜心研究，结合中国革命及经济建设的自身特点，推动了马克思主义中国化的不断发展与完善。毛泽东思想不仅是以毛泽东为主要代表的中国共产党人为后人留下的一笔宝贵的精神财富，也成为中国特色社会主义和中国现代化建设的重要理论基础。

经典品读

《矛盾论》（节选）

（毛泽东 1937年8月）

事物的矛盾法则，即对立统一的法则，是唯物辩证法的最根本的法则。列宁说："就本来的意义讲，辩证法是研究对象的本质自身中的矛盾。"列宁常称这个法则为辩证法的本质，又称之为辩证法的核心。因此，我们在研究这个法则时，不得不涉及广泛的方面，不得不涉及许多的哲学问题。如果我们将这些问题都弄清楚了，我们就在根本上懂得了唯物辩证法。这些问题是：两种宇宙观；矛盾的普遍性；矛盾的特殊性；主要的矛盾和矛盾的主要方面，矛盾诸方面的同一性和斗争性；对抗在矛盾中的地位。

苏联哲学界在最近数年中批判了德波林学派的唯心论，这件事引起了我们的极大的兴趣。德波林的唯心论在中国共产党内发生了极坏的影响，我们党内的教条主义思想不能说和这个学派的作风没有关系。因此，我们现在的哲学研究工作，应当以扫除教条主义思想为主要的目标。

两种宇宙观

在人类的认识史中，从来就有关于宇宙发展法则的两种见解，一种是形而上学的见解，一种是辩证法的见解，形成了互相对立的两种宇宙观。列宁说："对于发展（进化）所持的两种基本的（或两种可能的？或两种在历史上常见的？）观点是：（一）认为发展是减少和增加，是重复；（二）认为发展是对立的统一（统一物分成为两个互相排斥的对立，而两个对立又互相关联著）。"列宁说的就是这两种不同的宇宙观。

形而上学，亦称玄学。这种思想，无论在中国，在欧洲，在一个很长的历史时间内，是属于唯心论的宇宙观，并在人们的思想中占了统治的地位。在欧洲，资产阶级初期的唯物论，也是形而上学的。由于欧洲许多国家的社会经济情况进到了资本主义高度发展的阶段，生产力、阶级斗争和科学均发展到了历史上未有过的水平，工业无产阶级成为历史发展的最伟大的动力，因而产生了马克思主义的唯物辩证法的宇宙观。于是，在资产阶级那里，除了公开的极端露骨的反动的唯心论之外，还出现了庸俗的进化论，出来对抗唯物辩证法。

所谓形而上学的或庸俗进化论的宇宙观，就是用孤立的、静止的和片面的观点去看世界。这种宇宙观把世界一切事物，一切事物的形态和种类，都看成是永远彼此孤立和永远不变化的。如果说有变化，也只是数量的增减和场所的变更。而这种增减和变更的原因，不在事物的内部而在事物的外部，即是由于外力的推动。形而上学家认为，世界上各种不同事物和事物的特性，从它们一开始存在的时候就是如此。后来的变化，不过是数量上的扩大或缩小。他们认为一种事物永远只能反复地产生为同样的事物，而不能变化为另一种不同的事物。在形而上学家看来，资本主义的剥削，资本主义的竞争，资本主义社会的个人主义思想等，就是在古代的奴隶社会里，甚至在原始社会里，都可以找得出来，而且会要永远不变地存在下去。说到社会发展的原因，他们就用社会外部的地理、气候等条件去说明。他们简单地从事物外部去找发展的原因，否认唯物辩证法所主张的事物因内部矛盾引起发展的学说。因此他们不能解释事物的质的多样性，不能解释一种质变为他种质的现象。这种思想，在欧洲，在十七世纪和十八世纪是机械唯物论，在十九世纪末和二十世纪初则有庸俗进化论。在中国，则有所谓"天不变，道亦不变"的形而上学的思想，曾经长期地为腐朽了的封建统治阶级所拥护。近百年来输入了欧洲的机械唯物论和庸俗进化论，则为资产阶级所拥护。

和形而上学的宇宙观相反，唯物辩证法的宇宙观主张从事物的内部、从一事物对他事物的关系去研究事物的发展，即把事物的发展看做是事物内部的必然的自己的运动，而每一事物的运动都和它的周围其他事物互相联系著和互相影响著。事物发展的根本原因，不是在事物的外部而是在事物的内部，在于事物内部的矛盾性。任何事物内部都有这种矛盾性，因此引起了事物的运动和发展。事物内部的这种矛盾性是事物发展的根本原因，一事物和他事物的互相联系和互相影响则是事物发展的第二位的原因。这样，唯物辩证法就有力地反对了形而上学的机械唯物论和庸俗进化论的外因论或被动论。这是清楚的，单纯的外部原因只能引起事物的机械的运动，即范围的大小，数量的增减，不能说明事物何以有性质上的千差万别及其互相变化。事实上，即使是外力推动的机械运动，也要通过事物内部的矛盾性。植物和动物的单纯的增长，数量的发展，主要的也是由于内部矛盾所引起的。同样，社会的发展，主要地不是由于外因而是由于内因。许多国家在差不多一样的地理和气候的条件下，它们发展的差异性和不平衡性，非常之大。同一个国家吧，在地理和气候并没有变化的条件下，社会的变化却是很大的。帝国主义的俄国变为社会主义的苏联，封建的闭关锁国的日本变为帝国主义的日本，这些国家的地理和气候并没有变化。长期地被封建制度统治的中国，近百年来发生了很大的变化，现在正在变化到一个自由解放的新中国的方向去，中国的地理和气候并没有变化。整个地球及地球各部分的地理和气候也是变化著的，但以它们的变化和社会的变化相比较，则显得很微小，前者是以若干万年为单位而显现其变化的，后者则在几千年、几百年、几十年、甚至几年或几个月（在革命时期）内就显现其变化了。按照唯物辩证法的观点，自然界的变化，主要地是由于自然界内部矛盾的发展。社会的变化，主要地是由于社会内部矛盾的发展，即生产力和生产关系的矛盾，阶级之间的矛盾，新旧之间的矛盾，由于这些矛盾的发展，推动了社会的前进，推动了新旧社会的代谢。唯物辩证法是否排除外部的原因呢？并不排除。唯物辩证法认为外因是变化的条件，内因是变化的根据，外因通过内因而起作用。鸡蛋因得适当的温度而变化为鸡子，但温度不能使石头变为鸡子，因为二者的根据是不同的。评语：但是温度太高了鸡蛋就熟了，温度太低了就冻成冰疙瘩了。而且鸡蛋还不能磕碰。有些动物偷鸡蛋……要想人工孵出小鸡来，我们需要考虑很多很多因素。各国人民之间的互相影响是时常存在的。在资本主义时代，特别是在帝国主义和无产阶级革命的时代，各国在政治上、经济上和文化上的互相影响和互相激动，是极其巨大的。十月社会主义革命不只是开创了俄国历史的新纪元，而且开创了世界历史的新纪元，影响到世界各国内部的变化，同样地而且特别深刻地影响到中国内部的变化，但是这种变化是通过了各国内部和中国内部自己的规律性而起的。两军相争，一胜一败，所以胜败，皆决于内因。胜者或因其强，或因其指挥无误，败者或因其弱，或因其指挥失宜，外因通过内因而引起作用。一九二七年中国大资产阶级战败了无产阶级，是通过中国无产阶级内部的（中国共产党内部的）机会主义而起作用的。当著我们清算了这种机会主义的时候，中国革命就重新发展了。后来，中国革命又受到了敌人的严重的打击，是因为我们党内产生了冒险主义。当著我们清算了这种冒险主义的时候，我们的事业又重新发展了。由此看来，一个政党要引导革命到胜利，必须依靠自己政治路线的正确和组织上的巩固。

辩证法的宇宙观，不论在中国，在欧洲，在古代就产生了。但是古代的辩证法带著自发的朴素的性质，根据当时的社会历史条件，还不可能有完备的理论，因而不能完全解释宇宙，后来就被形而上学所代替。生活在十八世纪末和十九世纪初期的德国著名哲学家黑格尔，对于辩证法曾经给了很重要的贡献，但是他的辩证法却是唯心的辩证法。直到无产阶级运动的伟大的活动家马克思和恩格斯综合了人类认识史上的积极的成果，特别是批判地吸取了黑格尔的辩证法的合理的部分，创造了辩证唯物论和历史唯物论这个伟大的理论，才在人类认识史上起了一个空前的大革命。后来，经过列宁和斯大林，又发展了这个伟大的理论。这个理论一经传到中国来，就在中国思想界引起了极大的变化。

这个辩证法的宇宙观，主要地就是教导人们要善于去观察和分析各种事物的矛盾的运动，并根据这种分析，指出解决矛盾的方法。因此，具体地了解事物矛盾这一个法则，对于我们是非常重要的。

（资料来源：《毛泽东选集》第一卷，人民出版社1991年版）

习题演练

一、单项选择题

1. 毛泽东思想形成和发展的时代背景是（ ）。
A. 俄国十月革命开辟了世界无产阶级社会主义革命的新时代
B. 1840年以后中国成为一个半殖民地半封建的社会
C. 1919年以后中国革命进入新民主主义革命时期
D. 1927年以后中国共产党独立担负起领导中国革命的重任

2. 在中国共产党的历史上，第一个明确提出了"马克思主义中国化"的科学命题和重大任务的是（　C　）。

A. 陈独秀　　　　B. 李大钊　　　C. 毛泽东　　　D. 刘少奇

3. 毛泽东思想是被实践证明了的关于（　B　）的正确的理论原则和经验总结。

A. 中国革命与改革　　　　　B. 中国革命与建设

C. 中国改革与建设　　　　　D. 中国改革与改造

4. 不论过去、现在和将来，都是我们党的生命线和根本工作路线的是（　A　）。

A. 群众路线　　　B. 独立自主　　　C. 实事求是　　　D. 统一战线

5. （　C　）事实上确立了毛泽东在党中央和红军的领导地位。

A. 三湾改编　　　　　　　　B. 南昌起义

C. 遵义会议　　　　　　　　D. 党的七大

6. 在毛泽东思想的指引下，我们党找到了一条（　C　）的道路。

A. 从封建社会向新民主主义过渡　　B. 从封建社会向社会主义过渡

C. 从新民主主义向社会主义过渡　　D. 从封建社会向共产主义过渡

7. 毛泽东创造了全党通过（　C　）进行马克思列宁主义思想教育的整风形式。

A. 严格改造　　　　　　　　B. 惩前毖后

C. 批评与自我批评　　　　　D. 思想改造与劳动改造相结合

8. 检验党的一切工作的成效，最终要以（　D　）为最高标准。

A. 综合国力的增强　　　　　B. 国家治理水平提升

C. 国内生产总值　　　　　　D. 最广大人民根本利益

9. 毛泽东思想和中国特色社会主义理论体系作为马克思主义中国化的两大理论成果，它们有着共同的"根"，这个"根"就是（　C　）。

A. 毛泽东思想　　　　　　　B. 中国共产党

C. 马克思列宁主义　　　　　D. 中国特色社会主义

10. 在（　B　），以毛泽东为主要代表的中国共产党人，坚持马克思列宁主义必须与中国革命具体实际相结合的基本原则，逐步开辟了农村包围城市、武装夺取政权的革命道路。

A. 第一次国内革命战争时期　　　B. 土地革命战争时期

C. 遵义会议以后　　　　　　　　D. 解放战争时期

二、多项选择题

1. 第一次国内革命战争时期，集中体现我党把马列主义和中国实际相结合的最初成果是（　　　）。

A.《反对本本主义》　　　　　　B.《中国社会各阶级的分析》

C.《星星之火，可以燎原》　　　D.《湖南农民运动考察报告》

2.毛泽东在（　　）这些著作中提出并阐述了农村包围城市、武装夺取政权的思想。

A.《中国的红色政权为什么能够存在？》

B.《井冈山的斗争》

C.《星星之火，可以燎原》

D.《反对本本主义》

3.毛泽东思想作为马克思主义中国化的第一个重大理论成果，它是（　　　）。

A.马克思列宁主义在中国的发展和运用

B.被实践证明是正确的中国革命和建设的理论原则和经验总结

C.中国共产党集体智慧的结晶

D.毛泽东一生思想与实践的完整体现

4.中国共产党区别于其他任何政党的显著标志是（　　）。

A.实事求是

B.理论和实践相结合的作风

C.和人民群众紧密联系在一起的作风

D.自我批评的作风

5.毛泽东思想的科学体系包含着丰富的内容，其中包括（　　）。

A.新民主主义革命理论

B.社会主义革命和社会主义建设理论

C.政策和策略理论

D.革命军队建设和军事战略理论

6.毛泽东追求和倡导的（　　），依然是中国人民不断奋进的强大精神动力。

A.实事求是的思想路线　　　　　B.伟大复兴的中国梦

C.国家治理能力的现代化　　　　D.艰苦奋斗的革命精神

7.独立自主，就是（　　）。

A.坚持独立思考，走自己的路

B.坚持中国的事情必须由中国人民自己处理

C.坚持绝不接受资本主义国家的帮助

D.坚持独立自主的和平外交政策，坚定不移走和平发展道路

8.毛泽东指出，（　　）是党的生命，必须根据政治政策、阶级关系和实际情况及其变化制定党的政策，把原则性和灵活性结合起来。

A.政策　　　　　　　　　　　　B.策略

C.革命　　　　　　　　　　　　D.建设

9.关于毛泽东思想形成发展过程描述正确的有（　　　）。

A.在土地革命战争时期形成

B.在抗日战争时期走向成熟

C.在解放战争时期和中华人民共和国成立后继续发展

D.在解放战争时期和中华人民共和国成立后胜利完成

10.毛泽东思想是在我国（　　　）的实践过程中，在总结我国革命和建设正反两方面历史经验的基础上，逐步形成和发展起来的。

A.新民主主义革命　　　　　　B.社会主义革命

C.社会主义建设　　　　　　　D.改革开放

三、简答题

1.简述毛泽东思想活的灵魂。*实事求是/群众路线/独立自主.*

2.如何把握毛泽东思想的主要内容？*6个/党的宝贵精神财富.*

3.简述解放战争时期和新中国成立以后毛泽东思想继续发展的主要成果。

四、论述题

1.联系实际谈谈如何坚持实事求是。*一切从实际出发.*

2.如何坚持群众路线？

① 为sb,依靠sb.从sb来,到sb去.

② 全心全意为人民服务；是党一切行动的根本出发点和落脚点.

③ 保持党同人民群众的血肉联系.

实践篇

⚒ **实践项目一**　　制作PPT——青年毛泽东成为马克思主义者的历程

⚙ **实践目标**

　　通过参与实践，追溯青年毛泽东成为马克思主义者的历程，学习青年毛泽东为解放劳苦大众而努力奋斗的政治抱负和革命理想，从而坚定对马克思主义的信仰，增强对建设社会主义现代化国家、实现中华民族伟大复兴的责任意识。

📋 **实践方案**

　　1.宣传发动。任课教师简单介绍开展本次实践活动的目的和意义，提高学生参与的积极性。

　　2.组织形式。根据活动要求，学生以6～8人为一组，分成若干小组，每组确定一名组长。

3.资料收集准备。召开会议确定PPT制作方向,明确每位组员分工。通过查阅已出版的各种文献资料、影视作品和网络资料,或亲自调研获得原始资料等途径,收集青年毛泽东成为马克思主义者的有关(文字、图片、音频和视频)资料。

4.PPT制作。对资料进行筛选和整理,然后制成简洁美观的PPT,PPT中可插入相关的图片、音频和视频,以使PPT更加形象生动。但注意音频和视频不宜太长,整个PPT演示过程需控制在5分钟左右。

5.PPT展示。学生展示事先准备好的PPT,由组长进行串联。PPT展示要体现所有成员的参与意识,展示时需所有成员参与,主讲者展示时其他成员可以通过表演、扮演道具等形式参与到活动中来。展示时间为5分钟左右。

6.评判打分。第一,由任课教师选择学生组成评判团,评判团按评判标准对展示情况进行打分。每组展示完之后,由评判团作简要点评。第二,由任课教师结合上交的活动记录表格和展示情况进行打分。

7.活动总结。任课教师对学生的发言进行评价和引导,最终形成对青年毛泽东如何成长为坚定的马克思主义者的正确认识。活动结束后,以小组为单位,上交电子版本和书面版本的材料。

参考资料

相关链接:
毛泽东雄伟一生

评分标准

得分	等级	评分标准
9～10分	优秀	能积极参与展示活动,态度认真负责,在展示环节中,语言连贯,表达到位,情感丰富,能引起评委共鸣。PPT课件或视频内容充实有特色,做工精细,图案搭配和谐、美观。活动记录详细
7～9分	良好	能积极参与展示活动,态度认真负责,在展示环节中,语言连贯,表达到位。PPT课件或视频内容充实,图案搭配和谐、美观。活动记录内容基本详尽
6～7分	合格	能完成PPT制作或视频,勉强参与展示,态度不够端正,表达不连贯,没有逻辑性。PPT课件做得简单,思路比较混乱。活动记录内容简单
6分以下	不合格	没有参与实践活动,或者对交办的任务没有认真去做。没有上交活动记录

PPT 制作注意事项

PPT 是学习和工作中不可或缺的工具，在制作 PPT 时有一些原则和注意事项需要遵循，以确保更好地传递信息。

注意事项一：内容为王。PPT 的首要功能是向听众和观众传递需要的信息，PPT 的任何形式、装饰都是为了更好地传递信息，而不是花里胡哨地炫技。

注意事项二：每一页 PPT 只能有 1～2 个重点，使观众和听众能尽可能地对重点加深印象，这样展示的目的就达到了。

注意事项三：每一页 PPT 不能有过多的文字。一页 PPT 放入少量文字，多页展示。

注意事项四：同一页 PPT 上字体不要过多。字体过多容易让观众找不到重点。

注意事项五：每一页 PPT 的颜色不要胡乱搭配、花里胡哨。要么使用一种主题彩色及其不同浓度的彩色，使用黑白灰来辅助；要么使用一种主题彩色、一种辅助彩色；如果需要多种颜色，务必使用一些专业的配色工具配色。

注意事项六：每一页 PPT 的版式可以不用很精美，但一定不要乱，最起码做到对齐。就像衣服一样，可以破可以旧，但不能皱。

注意事项七：观众接受信息难易的方式依次是：文字＜表格＜图形＜图片＜动图＜视频。所以尽量使用多媒体的形式代替文字展示信息。

注意事项八：不要乱用动画。使用动画的目的在于放松眼睛、缓解视疲劳，或引起观众注意，提升兴趣。所以，如果不会制作高难度、炫酷的动画，那就在重点内容上使用舒缓的强调动画，或使用舒缓的切换动画。

实践项目二　　今日故事会——讲述毛泽东的故事

实践目标

组织学生分享毛泽东的故事，使学生了解毛泽东为民族求解放、为人民谋幸福的生涯历程，展示毛泽东的领袖风采和民族情怀等，深刻理解"没有毛泽东、没有共产党，就没有新中国"，对先烈们为缔造新中国而付出的巨大牺牲产生强烈的情感共鸣。鼓舞学生立志完成先烈们的遗愿，为实现中华民族伟大复兴而奋斗。

实践方案

1. 以小组为单位，准备故事资料，制作 PPT 和讲稿，拍摄小组讨论照片。

2. 小组自行确定讲故事的形式，讲述内容以故事资料为主，小组活动的相关视频或图片为花絮，时间 10 分钟左右。

3. 主持人致开幕词，介绍到场评委、嘉宾及比赛规则、评分细则。

4. 比赛开始前，各小组抽签决定讲述顺序，每组派一人组成评委团。

5. 每组讲述结束后，主持人根据评委打分情况向学生公布分数。

6. 所有小组讲述结束后，主持人宣布讲述成绩，并组织同学投票选出"最佳讲述人"。

7. 活动结束后，任课教师进行总结发言，并收集优秀作品进行公开展示。

📺 参考资料

评分表

评分项目	分值	得分
故事内容	30分	
表现力	20分	
PPT制作	20分	
普通话	15分	
仪表形象	10分	
遵守时间	5分	
总分		

讲故事的十五个要领

故事要讲得精彩、身临其境，就必须创造情境。创造情境有五个要素：何时、何地、何人、何事、何故，每一个故事都应该包括这五项内容，才算表达清楚。何时的表述要注意开门见山，时间越是精确效果越好；何地的表述要尽快进入场景，这样才会突出你想表达的主题，要注意渲染环境的氛围；何人的表述要有名有姓，这样才显得真实，也方便听众理清思路；何事的表述应注意表达具体化、描述细节化，发展节奏清晰，不能凌乱、前后矛盾；何故的表述要引出故事主题，点到为止，不需要太补白，留下更大的空间让听众去思考。

讲故事，最重要的是对"何事"的讲解，换句话说也就是重现场景。重现场景的一个技巧就是表达具体化、描述细节化，使听众有身临其境之感。

讲故事的几点注意事项：

1. 不要用模糊的概念。模糊的概念会转移一部分的注意力，比如："可能是甲，可能是乙，好像是1978年"等句子显得不够坚定，容易影响听众的专注度。同时模糊的概念会降低故事的真实性，相比之下，直接确定为甲，或是直接说是1978年，故事则显得更有说服力。

2. 尽量不用解释性的语言，多用描述性的语言。有些人总喜欢讲："因为……所以……"在描述天气时，你要说"那天因为天气很热，所以我穿得很少"，就不如说"那天天气太热，我只穿了个裤衩"；"因为台子有8米高，所以我站在上面发抖"，也不如"我站在8米高的台子上，双腿发抖"，这样不会使人的思维走岔路。解释性的语言会让大家觉得你不是在讲故事，而是在讲道理。

3. 讲故事时，不要有谦虚的开场白，这样无疑会打击听众的信心，认为从你的讲话中学不到什么东西，而且你自己连这个自信也没有，又如何让听众有这个自信。过分谦虚的开场白，无异于一种"自杀式"的开场白。

4. 在讲故事之前，第一句话的语音语调语速是非常关键的，如果第一句话较有力，那么首先会吸引听众的注意力，下面的故事陈述就会流畅得多，所以在讲话之前，要深吸一口气，稳一下自己的心神，然后再开始，不要慌慌张张地开始。

5. 在讲一个事情或心理的效果时，尽量使用事实来侧面反衬，这样给听众的印象是生动的、形象的、记忆深刻的，比如说害怕——说事后自己发现衣服湿透了，会更加逼真。

6. 快速地进入场景。能快速地进入场景，就能够抓住主题，迅速将自己的观点传达给对方。一个话语啰唆的人往往是讲半天话还在兜圈子，这时听众已经听烦了，大量的游离主题之外的话会使听众的心理期待数次落空，这时你的讲话就很难达到预期的效果。

7. 避免使用空洞的语言。如果你想陈述你的学习成绩，你说你总是优秀，是一个笼统概念，你要说，考试成绩不是第一，就是第二，这种效果给听众的感觉是截然不同的。

8. 如果你想表达一种戏剧性的效果，你就应该使用原因倒置技巧。原因倒置往往能使听众恍然大悟，也可能是心理期待的骤然落空。这时笑声自然也就出来了。讲故事，要学会故弄玄虚，制造悬念。

9. 要学会表现情感。讲一个人最关键的是感情重现，喜欢一个人时，要让大家都喜欢他；对某人生气时，要让大家都感觉对他生气了，只有做到了这一步，你才能让听众随着你的表述而情绪起伏跌宕。

10. 用事例说话。用最典型的事例来突出你的思想，事例是别人不可反驳的，事例是论证性的，评论是阐述性的，所以真正起到作用的应是你讲话中的例子。

11. 指名道姓原则。对任何一个人均应该冠以名字，这样有利于听众的接受，瞎编一个名字也要比没有名字强。如果总是为了力求准确，一段话中有很多可能，会大大降低阐述内容的说服力。

12. 学会使用角色语言。用特定的角色语言，来表达他的态度、他的特征，只有这样才能活灵活现地将他展现在听众面前，也才能吸引听众的注意力。

13. 一份讲稿只能有一个主题，主题太多往往会分散听众的注意力。写文章也是同理，一本大全类的书，是不可能畅销的。论点偏激是没有关系的，重要的是从某一个方面说某一个道理，说明白就行，不求严密、谨慎。人定胜天说起来很有气势，但这句话如果说成人有时候是胜天的，你认为还好吗？

14.讲话切忌去背稿，背稿才会忘词，才会有做作感。学会用自己的心灵去演讲，去演故事。只要记住大致的思路就可以了，演讲时放开去讲，融会贯通，多多练习必能练成讲故事高手。

15.声情并茂、绘声绘色。讲故事时，语气要抑扬顿挫，手势要恰如其分，表情要绘声绘色，情景交融，把别人带进故事里来，还要把别人带出去，通过故事来说明道理，通过故事来说服别人，影响别人。

第二章 新民主主义革命理论

导航篇

知识网络

第二章 新民主主义革命理论

一、新民主主义革命理论形成的依据
- 近代中国国情和中国革命的时代特征
- 新民主主义革命理论的实践基础

二、新民主主义革命的总路线和基本纲领
- 新民主主义革命的总路线
- 新民主主义的基本纲领

三、新民主主义革命的道路和基本经验
- 新民主主义革命的道路
- 新民主主义革命的三大法宝
- 新民主主义革命理论的意义

学习指南

⊙ **学习目标**

了解新民主主义革命理论形成的时代背景和实践基础；了解中国共产党创立新民主主义革命理论和探索新民主主义革命道路的过程；掌握新民主主义革命的总路线、基本纲领和基本经验。

⊙ **学习思路**

从马克思主义中国化理论成果的形成和发展过程来看，新民主主义革命理论是第一个形成的。学好本章内容对理解和掌握毛泽东思想、马克思主义中国化几大理论成果的继承和发展关系，具有十分重要的作用。学习本章内容要厘清"为什么""是什么"和"怎么样"的关系，即"为什么会形成新民主主义革命理论""新民主主义革命是什么"和"怎么样进行新民主主义革命"。

要点解析

◎ 要点一：新民主主义革命理论形成的依据

1. 近代中国国情和中国革命的时代特征

鸦片战争后，由于西方列强的入侵和封建统治的腐败，中国逐渐成为半殖民地半封建社会，这是近代中国最基本的国情。在半殖民地半封建的近代中国社会，占支配地位的主要矛盾是帝国主义和中华民族的矛盾、封建主义和人民大众的矛盾。这决定了近代中国革命的根本任务是推翻帝国主义、封建主义和官僚资本主义的统治。

以俄国十月革命的胜利为标志，中国从原来属于旧的世界资产阶级民主主义革命的一部分，转变为属于新的资产阶级民主主义革命，属于世界无产阶级社会主义革命的一部分。以五四运动的爆发为标志，中国资产阶级民主革命进入新民主主义革命阶段。

相关链接：

五四运动：中国的觉醒

2. 新民主主义革命理论的实践基础

（1）旧民主主义革命的失败呼唤新的革命理论。

（2）新民主主义革命的艰辛探索奠定了革命理论形成的实践基础。

解析： 旧民主主义革命是资产阶级领导的，指导思想是"三民主义"。五四运动以后，中国无产阶级开始掌握革命领导权，指导思想变成了马克思主义，因此属于新的资产阶级民主革命。理论来源于实践，新民主主义革命的实践产生了新民主主义革命的理论。

◎ 要点二：新民主主义革命的总路线和基本纲领

一、新民主主义革命的总路线

1948年，毛泽东在《在晋绥干部会议上的讲话》中完整地表述了总路线的内容，即无产阶级领导的，人民大众的，反对帝国主义、封建主义和官僚资本主义的革命。

1. 新民主主义革命的对象

帝国主义是中国革命的首要对象。近代中国所遭受的最大的压迫是来自帝国主义的民族压迫。帝国主义是中国社会进步和发展的最大障碍，是近代中国贫困落后和一切灾难祸害的总根源。推翻帝国主义的压迫是中国走向独立和富强的前提。

封建地主阶级是帝国主义统治中国和封建军阀实行专制统治的社会基础。地主阶级是用封建制度剥削和压迫农民的阶级，是在政治上、经济上、文化上阻碍中国社会前进而没有丝毫进步作用的阶级，是中国经济现代化和政治民主化的主要障碍。

官僚资本主义是依靠帝国主义、勾结封建势力、利用国家政权力量而发展起来的买办的封建的国家垄断资本主义。它对广大劳动人民的残酷剥削和对民族工商业的巧取豪夺，严重束缚了中国社会生产力的发展，因此也是中国革命的对象。

解析：分清敌友是革命的首要问题。主要矛盾决定革命对象，帝国主义和中华民族的矛盾、封建主义和人民大众的矛盾是近代中国的主要矛盾，因此与中华民族和人民大众为敌的对象就是革命的对象。官僚资本主义勾结帝国主义和封建统治阶级压迫无产阶级，通过非法手段获取利益，破坏经济秩序，引起社会动荡，因此，官僚资本主义也是革命的对象。

忆往昔

江苏无锡荡口古镇的一间民居里，保存着一支老式自动铅笔。它是80多年前法国生产的，却见证了两部伟大中国音乐作品的诞生。

1939年夏天，冼星海把这支笔送给要去晋察冀边区的学生王莘，并对他说："这是我在巴黎音乐学院获得的奖品，我用这支笔写出了你最喜欢的《黄河大合唱》，希望你也能拿它写出震撼人心的作品！"

10年后，时任天津音乐工作团团长的王莘参加了开国大典。在观礼台上，看着群众游行队伍雀跃着从面前走过，王莘忽然想到：如果这时候大伙儿能一边行进，一边唱着同一首歌，该有多好！

接下来的近1年时间，王莘写了100多首歌，却没有一首让他满意。

1950年9月，团里需要购置乐器，王莘听说北京西四牌楼附近的一家当铺有些旧乐器，就前往采购。那天，王莘背着买到的乐器，从西四牌楼往火车站走。再次经过天安门，鲜艳的国旗正高高飘扬，一群小朋友正在旗杆旁排演国庆歌曲。那一刻，他情不自禁唱出一段旋律："五星红旗迎风飘扬，胜利歌声多么响亮……"

火车开车的时间快到了，王莘不敢误了车，但又怕忘了刚刚闪现的灵感，就在路上不断重复，一边走一边唱着，歌声伴着脚步，不觉泪水溢出眼眶。

一上火车，王莘就急着把歌词记下来，可是翻遍口袋也找不到纸。他从地上捡起一个空烟盒拆开，赶快把前面几句记在烟盒的背面。

火车飞驰，王莘望着车窗外快速闪过的树林、房屋、田野，目光飘得很远，"越过高山，越过平原，跨过奔腾的黄河长江……"《歌唱祖国》就这样创作了出来。到家后，王莘连夜把歌谱誊写下来，用的正是老师冼星海赠送的那支法国自动铅笔。

"我们勤劳，我们勇敢，独立自由是我们的理想；我们战胜了多少苦难，才得到今天的解放"，唱出的是中国共产党团结带领中国人民推翻帝国主义、封建主义、官僚资本主义奴役压迫的坚定决心和艰辛历程。

"我们的生活天天向上，我们的前途万丈光芒……歌唱我们亲爱的祖国，从今走向繁荣富强"，唱出了人民对国家富强、民族振兴、人民幸福的美好憧憬。

从1840年开始，帝国主义、封建主义、官僚资本主义给中国人民带来了深重灾难。中国共产党一经成立，就承担起带领人民实现民族独立和解放的历史任务。1922年中共二大明确提出了反帝反封建的民主革命纲领。

1945年春天，中共七大召开，毛泽东在会上说，抗日战争胜利后，中国一定要走独立的、自由的、民主的、统一的、富强的路，一定要搬掉压在中国人民头上的大山。6月11日，在闭幕式上，毛泽东给大家讲了中国古代寓言故事《愚公移山》，又说："现在也有两座压在中国人民头上的大山，一座叫做帝国主义，一座叫做封建主义。中国共产党早就下了决心，要挖掉这两座山。"

1948年4月，毛泽东在晋绥干部会议上发表讲话时说："无产阶级领导的，人民大众的，反对帝国主义、封建主义和官僚资本主义的革命，这就是中国的新民主主义的革命，这就是中国共产党在当前历史阶段的总路线和总政策。"推翻三座大山的目标，在革命实践中一步步清晰起来。

（资料来源：闫鸣《从推翻三座大山到奋力实现两个百年目标》，《中国纪检监察报》2019年8月3日01版）

2. 新民主主义革命的动力

无产阶级是中国革命最基本的动力。中国无产阶级是新的社会生产力的代表，是近代中国最进步的阶级，是中国革命的领导力量。

农民是中国革命的主力军，其中的贫雇农是无产阶级最可靠的同盟军，中农是无产阶级可靠的同盟军。工人阶级只有与农民阶级结成巩固的联盟，才能形成强大的力量，才能完成反帝反封建的革命任务。工人阶级对农民的领导，是实现革命领导权的基础。

城市小资产阶级是无产阶级的可靠同盟者。城市小资产阶级，包括广大的知识分子、小商人、手工业者和自由职业者，同样受帝国主义、封建主义和官僚资本主义的压迫。

民族资产阶级也是中国革命的动力之一。

解析：动力要分为两部分理解：领导阶级和主要依靠力量。新民主主义革命的领导阶级是无产阶级；主要依靠力量包括农民（人数最多，是主体）、城市小资产阶级（属于劳动者范畴，没有剥削性）和民族资产阶级（具有革命性和妥协性，一定程度上可以争取联合起来一起革命）。

3. 新民主主义革命的领导力量

无产阶级及其政党的领导，是中国革命取得胜利的根本保证。

中国无产阶级除了具有与先进的生产方式相联系、没有私人占有的生产资料、富于组织纪律性等一般无产阶级的基本优点外，还具有自身的特点和优点：一是中国无产阶级身受外国资本主义、本国封建势力和资产阶级的三重压迫，在革命斗争中比任何别的阶级都来得坚决和彻底；二是它分布集中，有利于无产阶级队伍的组织和团结，有利于革命思想的传播和强大革命力量的形成；三是它的成员中大部分出身于破产农民，和农民有着天然的联系，这使得无产阶级便于和农民结成亲密的联盟，共同团结战斗。

解析：由于帝国主义的压迫，民族资产阶级在中国的力量不足以担负起领导中国革命的重任，这也是被旧民主主义革命实践证明了的。而中国无产阶级除具有世界无产阶级一般特点外，还有自身的特点和优势：中国无产阶级深受"帝、官、封"的三重压迫，富有革命的彻底性；中国无产阶级分布集中，便于组织；中国无产阶级大部分来自农民，与农民阶级有着天然的联系，有利于和农民阶级结成同盟；五四运动后，中国无产阶级迅速成长为一支独立的政治力量，具备领导革命的能力。因此，中国革命只能也必须由无产阶级及其政党中国共产党来领导。

4. 新民主主义革命的性质和前途

近代中国半殖民地半封建社会的性质和中国革命的历史任务，决定了中国革命的性质不是无产阶级社会主义革命，而是资产阶级民主主义革命。社会主义革命是无产阶级性质的革命，它所要实现的目标是消灭资本主义剥削制度和改造小生产的私有制，革命的前途是社会主义而不是资本主义。

解析：革命的性质由革命的对象和主要的革命者决定。新民主主义革命的对象与旧民主主义革命一样，是帝国主义和封建主义，因此仍然是资产阶级民主革命性质。由于新民主主义革命的领导阶级、指导思想、国际条件不同，因而新民主主义革命是新式的特殊的资产阶级民主革命。

二、新民主主义的基本纲领

1. 新民主主义的政治纲领

新民主主义的政治纲领是：推翻帝国主义和封建主义的统治，建立一个无产阶级领导的、以工农联盟为基础的、各革命阶级联合专政的新民主主义的共和国。新民主主义国家的国体是无产阶级领导的以工农联盟为基础，包括小资产阶级、民族资产阶级和其他反帝反封建的人们在内的各革命阶级的联合专政。

解析：一个政党的纲领，是该政党公开宣示它的目标和政策的总和，是表明其性质的重要标志。新民主主义的政治纲领表明了新民主主义国家的国体和政体。

2. 新民主主义的经济纲领

新民主主义的经济纲领是：没收封建地主阶级的土地归农民所有，没收官僚资产阶级的垄断资本归新民主主义的国家所有，保护民族工商业。

解析：经济是实现政治目标的基础。新民主主义革命的中心问题是农民问题，农民问题中最主要的是土地问题，没收封建地主阶级的土地归农民所有既解决了农民问题，又解放了生产力，促进了土地制度的根本变革；官僚资本垄断了全国经济命脉，是国民党反动统治的经济基础，压迫工人、农民、小资产阶级和民族资产阶级，严重阻碍中国社会生产力的发展，没收官僚资本归国家所有，既带有反帝反封建的新民主主义革命的性质，又带有反官僚资本主义反私有制的社会主义革命的性质；民族工商业是民族资本家经营的那一部分，具有进步性。

3. 新民主主义的文化纲领

新民主主义文化，就是无产阶级领导的人民大众的反帝反封建的文化，即民族的科学的大众的文化。

解析：新民主主义的政治和经济需要与之相适应的文化的存在。

◎ 要点三：新民主主义革命的道路和基本经验

一、新民主主义革命的道路

1. 新民主主义革命道路的提出

在领导农村革命根据地的斗争实践中，毛泽东相继写下了《中国的红色政权为什么能够存在？》《井冈山的斗争》《星星之火，可以燎原》等文章，提出了"工农武装割据"思想，初步形成了农村包围城市的革命道路理论。

1938 年 11 月，毛泽东在党的六届六中全会上明确指出："共产党的任务，基本地不是经过长期合法斗争以进入起义和战争，也不是先占城市后取乡村，而是走相反的道路。"从而确立了经过长期武装斗争，先占乡村，后取城市，最后夺取全国胜利的革命道路。

解析：新民主主义革命道路理论是经过中国革命逐步探索提出来的，巴黎公社、十月革命都是在城市进行的，中国共产党成立之初坚持在城市进行工人运动，血的教训证明，通过城市武装起义或进攻大城市来夺取革命胜利的道路在中国行不通，毛泽东结合把斗争主攻方向首先指向农村以及农村革命根据地建设实践等提出了"农村包围城市、武装夺取政权"的革命道路理论。

相关链接：
星火燎原

2. 新民主主义革命道路形成的必然性

党之所以能够深入农村积蓄革命力量，建设农村革命根据地，最终实现农村包围城市并夺取政权，是因为以下几个方面：第一，近代中国是多个帝国主义间接统治的经济落后的半殖民地国家，社会政治经济发展极端不平衡，四分五裂，军阀割据，存在不少的统治薄弱环节，为党在农村开展革命斗争、建设革命根据地提供了缝隙和可能；第二，近代中国的广大农村深受反动统治阶级的多重压迫和剥削，人民革命愿望强烈，加之经历过大革命的洗礼，革命的群众基础好；第三，全国革命形势的继续向前发展，为在农村建设革命根据地提供了客观条件；第四，相当力量正式红军的存在，为农村革命根据地的创立、巩固和发展提供了坚强后盾；第五，党的领导的有力量及其政策的不错误，为农村革命根据地建设和发展提供了重要的主观条件。

解析：新民主主义革命道路形成的必然性是由两方面决定的。一方面，在半殖民地半封建的中国，农民占绝大多数，先从农村开展革命能够得到雄厚的群众力量的支持；另一方面，军阀割据，那些交界地带无人愿意管理，给革命提供了场所，再加上中国的革命形势推动着革命的发展，还有已经存在的红军力量和党的正确领导，都为新民主主义革命道路的形成提供了有利条件。

3. 新民主主义革命道路的内容及意义

中国革命走农村包围城市、武装夺取政权的道路，根本在于处理好土地革命、武装斗争、农村革命根据地建设三者之间的关系。土地革命是民主革命的基本内容；武装斗争是中国革命的主要形式，是农村根据地建设和土地革命的强有力保证；农村革命根据地是中国革命的战略阵地，是进行武装斗争和开展土地革命的依托。三者要达成有机统一。

中国革命道路的理论，反映了中国半殖民地半封建社会民主革命发展的客观规律。中国革命道路理论，是党运用马克思主义的立场、观点和方法，分析、研究和解决中国革命具体问题的光辉典范，对于推进马克思主义中国化具有重要的方法论意义。

解析：近代中国，农民占绝大多数，只有通过土地革命解决农民的土地问题，才能充分发动农民群众；前面学到新民主主义革命的政治纲领也就是政治目标是无产阶级领导，而中国当时的领导阶级不可能把领导权拱手相让，因此只能通过武装斗争的形式实现；革命的主要依靠力量是农民，所以在农村建设革命根据地既有利于开展土地革命，又可以壮大革命的武装力量。

二、新民主主义革命的三大法宝

1. 统一战线

党领导的革命统一战线，包含两个联盟：一个是工人阶级同农民阶级、广大知识分子及其他劳动者的联盟，主要是工农联盟；另一个是工人阶级和非劳动人民的联盟，主要是与民族资产阶级的联盟。党建立、巩固和发展统一战线的实践经验，主要在于以下几个方面：一是要建立巩固的工农联盟；二是要正确对待资产阶级，尤其是民族资产阶级；三是要采取区别对待的方针；四是要坚持独立自主的原则。

解析：这一时期的统一战线主要有两个对象，一个是劳动者，主要是农民；一个是非劳动者，主要是民族资产阶级。新民主主义革命时期的统一战线经历了第一次国共合作的统一战线、工农民主统一战线、抗日民族统一战线、人民民主统一战线几个时期。在第一次国共合作时期，中国共产党把领导权交给国民党，失去了自主权，共产党因此遭受巨大损失，所以我们建立、巩固和发展统一战线要坚持独立自主的原则，要保持党在政治上、组织上和思想上的独立性。

2. 武装斗争

中国革命的胜利，主要是依靠中国共产党所领导的与广大人民群众血肉相连的新型人民军队，通过长期人民战争战胜强大敌人取得的。党在新民主主义革命时期开展武装斗争的革命经验主要在于以下几个方面：一要坚持党对军队的绝对领导；二要建设全心全意为人民服务的人民军队；三要坚持正确的战略战术原则。

解析：在近代中国，无产阶级没有议会权利，没有罢工权利，要想推翻反动独裁统治，只能进行武装斗争，要夺取政权并保住这个政权，必须有一支党绝对领导下的人民军队执行正确的战略战术，而帝国主义势力和封建势力以及和他们相互勾结的官僚资产阶级的力量是非常强大的，因此这个斗争是长期的。

3.党的建设

中国共产党要领导革命取得胜利，必须不断加强党的思想建设、组织建设和作风建设。中国共产党在加强自身建设中积累了丰富的经验，归纳起来主要有以下几个方面：一是必须把思想建设始终放在党的建设的首位；二是必须在任何时候都重视党的组织建设；三是必须重视党的作风建设；四是必须联系党的政治路线加强党的建设。

解析：党的建设是三大法宝的核心。党是新民主主义革命的领导者，是大脑，大脑清醒，思路正确，才能更好地发挥指导作用，整个机体才会运行流畅。

三、新民主主义革命理论的意义

新民主主义革命的理论揭示了近代中国革命发展的客观规律，解决了在一个以农民为主体的、落后的半殖民地半封建的东方大国里进行革命的一系列理论问题，在当时的历史条件下科学地回答了中国革命向何处去的问题，以及中国革命的发展阶段问题，极大地丰富了马克思主义的理论宝库，是对中国革命实践经验的概括和总结，是中国共产党集体智慧的结晶。

解析：理论来源于实践，又指导实践。新民主主义革命理论是对新民主主义革命实践的规律和经验的总结，这一理论又将对中国革命新的实践发挥指导性作用。

新民主主义革命理论			
总路线	**基本纲领**	**道路**	**基本经验**
革命的任务、对象、动力、领导力量、性质和前途	政治纲领 经济纲领 文化纲领	农村包围城市、武装夺取政权	统一战线 武装斗争 党的建设

案例精选

浴血奋战 百折不挠——新民主主义革命伟大成就综述

"一百年来，中国共产党团结带领中国人民进行的一切奋斗、一切牺牲、一切创造，归结起来就是一个主题：实现中华民族伟大复兴。"习近平总书记在庆祝中国共产党成立100周年大会重要讲话中，阐述了我们党百年奋斗的鲜明主题。

回望筚路蓝缕的新民主主义革命时期，中国共产党团结带领中国人民，浴血奋战、百折不挠，以武装的革命反对武装的反革命，实现了民族独立、人民解放，为实现中华民族伟大复兴创造了根本社会条件。

中国共产党和中国人民以英勇顽强的奋斗向世界庄严宣告，中国人民站起来了，中华民族任人宰割、饱受欺凌的时代一去不复返了！

真理之光——中国共产党人始终高举真理旗帜，把马克思主义基本原理同中国具体实际相结合，在接续奋斗中实现一个又一个胜利

这是一封跨越百年的通信——

1920年，一封从法国寄回国内的信写道："我以为先要组织党——共产党……"

回信者说："你这一封信见地极当，我没有一个字不赞成。"

写信者，是正在法国勤工俭学的蔡和森。回信者，是毛泽东。

打开历史的卷轴，自晚清以来，洋务运动、戊戌变法，君主立宪制、议会制、总统制……无数志士仁人为救亡图存、革新图强而苦苦追寻、上下求索，但最终都失败了。

中国向何处去？

十月革命一声炮响，给中国送来了马克思主义。

马克思主义改变了中国——

从登上中国政治舞台的那一刻起，中国共产党就始终不渝为中国人民谋幸福、为中华民族谋复兴。从此，中国人民开始从精神上由被动转为主动。

从北伐战争、土地革命战争到抗日战争、解放战争，中国共产党带领人民推翻帝国主义、封建主义、官僚资本主义三座大山，建立了人民当家作主的中华人民共和国，实现了民族独立、人民解放。

中国丰富了马克思主义——

正是基于对马克思主义科学性和真理性的深刻认识，从诞生之日起，中国共产党就把马克思主义鲜明地写在自己的旗帜上，在长期实践中不断推进马克思主义中国化时代化大众化，带领人民走出一条迈向中华民族伟大复兴的人间正道。

思想的力量穿越时空，真理的光芒照亮前路。

"在四围白色政权的包围中间，产生一小块或若干小块的红色政权区域，在目前的世界上只有中国有这种事。"井冈山的星星之火，给迷雾中前行的中国革命，带来了崭新的希望……

"工农武装割据、农村包围城市"——"山沟沟里的马克思主义"解决了在一个农民人口占绝大多数的半殖民地半封建国家中，如何进行革命的一系列问题，开创了一条中国特色新民主主义革命道路……

精神之源——中国共产党人始终保持大无畏气概，不怕牺牲，英勇斗争，书写中华民族几千年历史上最恢宏的史诗

江西，于都河畔，中央红军长征出发纪念碑巍然矗立。

1934年10月，中央机关、中央军委和中央红军主力在此集结出发，开启了一场开创新局的伟大远征——长征。

这是一段平均每300米就有一名红军牺牲的征途。湘江战役、强渡大渡河、飞夺泸定桥、爬雪山、过草地……热血铺就二万五千里，留下了无数感人至深的故事。

是什么让他们义无反顾？是什么让他们勇往直前？

习近平总书记指出："我们党之所以历经百年而风华正茂、饱经磨难而生生不息，就是凭着那么一股革命加拼命的强大精神。"

卢德铭，秋收起义总指挥，牺牲时22岁；

张子清，红四军第11师师长，牺牲时28岁；

王尔琢，红四军参谋长，牺牲时25岁；

……

井冈山革命烈士陵园瞻仰大厅内，镌刻着一排排烈士姓名。两年零四个月的井冈山斗争中牺牲近4.8万英烈，平均每天有近60人失去生命。

有人说，牺牲、奉献是共产党人的"特权"。只要理想之光不灭、信念之光永存，这种牺牲和奉献就将永远流淌在中国共产党人的血脉中，使他们拥有改天换地的精神伟力，不断谱写历史的辉煌。

环顾世界，有哪个党像中国共产党一样，遭遇过如此多的艰难险阻，经历过如此多的生死考验，付出过如此多的惨烈牺牲？

一百年来，中国共产党弘扬伟大建党精神，在长期奋斗中构建起中国共产党人的精神谱系，锤炼出鲜明的政治品格。

南昌城头的枪声像划破夜空的闪电，井冈山、鄂豫皖等一个个革命根据地建立，星星之火得以燎原。

面对穷凶极恶的日本侵略者，中国共产党人高举爱国主义旗帜，坚定地站在抗击入侵者的最前线，推动形成全民族抗战，赢得了近代以来反抗外敌入侵的第一次完全胜利。

解放战争中，中国共产党人以"宜将剩勇追穷寇"的决心，三大战役对蒋家王朝摧枯拉朽，彻底实现了民族独立和人民解放。

力量之基——中国共产党始终同人民想在一起、干在一起，紧紧依靠人民创造历史伟业，带领人民创造更加美好的未来

以人民为中心，是中国共产党一以贯之的思想。

1946年，美国总统特使马歇尔访问延安。他的随行记者曾这样描述共产党的政治中枢："在延安听到的最多的一个词，就是'人民'……'到人民中去''向人民学习'，这些都是口号，但又包含着比口号更深的含义，代表着一种极深的感情，一种最终的信念。"

这种极深的感情、最终的信念，从建党之初起就一脉相承并延续至今，成为中国共产党一切行动的指引。

人民是中国共产党的力量之源——

西柏坡纪念馆，珍藏着一辆木制独轮小推车，被誉为中国共产党领导革命和建设的制胜"法宝"。

淮海战役中，就是用这一辆辆小推车以及船只、牲畜、挑子，数百万支前群众为解放军运送粮食、弹药，救护伤员……每一个解放军士兵背后，就有9个支援他的乡亲。

一切为了人民是中国共产党的执政本色——

老百姓衷心拥护中国共产党，就是因为中国共产党始终全心全意为人民服务、为各民族谋幸福。

"革命、建设、改革一路走来，已经一百年了，我们党依靠人民战胜了多少艰难险阻，创造了多少奇迹，取得了多少丰功伟绩，不容易啊！我们要始终牢记党的初心和使命，继续努力，继续前进。"习近平总书记深情地说。

江山就是人民、人民就是江山。

百年来路沧桑，初心从未改变；百年恰是芳华，立志千秋伟业。中国共产党必将带领中国人民创造新的更大辉煌，不断从胜利走向新的胜利！

（资料来源：新华网，http://www.xinhuanet.com/2021-07/20/c_1127675701.htm）

案例解析：本案例分别从真理之光、精神之源、力量之基三个角度讲述了新民主主义革命时期党和人民浴血奋战、百折不挠，取得革命的最终胜利。这三个方面是新民主主义革命能够取得胜利的根本原因：真理之光——马克思主义指引中国革命前进的道路，精神之源——牺牲、奉献是中国共产党取得革命胜利的精神食粮，力量之基——人民是中国共产党的根本依靠和奋斗目标。

《实践论》(节选)
论认识和实践的关系——知和行的关系

(毛泽东 1937年7月)

马克思以前的唯物论,离开人的社会性,离开人的历史发展,去观察认识问题,因此不能了解认识对社会实践的依赖关系,即认识对生产和阶级斗争的依赖关系。

首先,马克思主义者认为人类的生产活动是最基本的实践活动,是决定其它一切活动的东西。人的认识,主要地依赖于物质的生产活动,逐渐地了解自然的现象、自然的性质、自然的规律性、人和自然的关系;而且经过生产活动,也在各种不同程度上逐渐地认识了人和人的一定的相互关系。一切这些知识,离开生产活动是不能得到的。在没有阶级的社会中,每个人以社会一员的资格,同其它社会成员协力,结成一定的生产关系,从事生产活动,以解决人类物质生活问题。在各种阶级的社会中,各阶级的社会成员,则又以各种不同的方式,结成一定的生产关系,从事生产活动,以解决人类物质生活问题。这是人的认识发展的基本来源。

人的社会实践,不限于生产活动一种形式,还有多种其它的形式,阶级斗争,政治生活,科学和艺术的活动,总之社会实际生活的一切领域都是社会的人所参加的。因此,人的认识,在物质生活以外,还从政治生活文化生活中(与物质生活密切联系),在各种不同程度上,知道人和人的各种关系。其中,尤以各种形式的阶级斗争,给予人的认识发展以深刻的影响。在阶级社会中,每一个人都在一定的阶级地位中生活,各种思想无不打上阶级的烙印。

马克思主义者认为人类社会的生产活动,是一步又一步地由低级向高级发展,因此,人们的认识,不论对于自然界方面,对于社会方面,也都是一步又一步地由低级向高级发展,即由浅入深,由片面到更多的方面。在很长的历史时期内,大家对于社会的历史只能限于片面的了解,这一方面是由于剥削阶级的偏见经常歪曲社会的历史,另一方面,则由于生产规模的狭小,限制了人们的眼界。人们能够对于社会历史的发展作全面的历史的了解,把对于社会的认识变成了科学,这只是到了伴随巨大生产力——大工业而出现近代无产阶级的时候,这就是马克思主义的科学。

马克思主义者认为,只有人们的社会实践,才是人们对于外界认识的真理性的标准。实际的情形是这样的,只有在社会实践过程中(物质生产过程中,阶级斗争过程中，科学实验过程中），人们达到了思想中所预想的结果时，人们的认识才被证实了。人们要想得到工作的胜利即得到预想的结果，一定要使自己的思想合于客观外界的规律性，如果不合，就会在实践中失败。人们经过失败之后，也就从失败取得教训，改正自己的思想使之适合于外界的规律性，人们就能变失败为胜利，所谓"失败者成功之母"，"吃一堑长一智"，就是这个道理。辩证唯物论的认识论把实践提到第一的地位，认为人的认识一点也不能离开实践，排斥一切否认实践重要性、使认识离开实践的错误理论。列宁这样说过："实践高于（理论的）认识，因为它不但有普遍性的品格，而且还有直接现实性的品格。"马克思主义的哲学辩证唯物论有两个最显着的特点：一个是它的阶级性，公然申明辩证唯物论是为无产阶级服务的；再一个是它的实践性，强调理论对于实践的依赖关系，理论的基础是实践，又转过来为实践服务。判定认识或理论之是否真理，不是依主观上觉得如何而定，而是依客观上社会实践的结果如何而定。真理的标准只能是社会的实践。实践的观点是辩证唯物论的认识论之第一的和基本的观点。

（资料来源：《毛泽东选集》第一卷，人民出版社 1991 年版）

习题演练

一、单项选择题

1. 近代中国最基本的国情是（   ）。

Ⓐ 中国逐渐成为半殖民地半封建社会

B. 中国是一个农民占人口多数的国家

C. 中国是一个经济文化落后的国家

D. 中国是一个经济政治发展不平衡的国家

2. 近代中国诸多社会矛盾中最主要的矛盾是（   ）。

Ⓐ 帝国主义和中华民族的矛盾

B. 封建主义和人民大众的矛盾

C. 官僚资本主义和人民大众的矛盾

D. 官僚资本主义与民族资本主义的矛盾

3. 中国资产阶级民主革命进入新民主主义革命的崭新阶段的标志是（   ）。

A. 五四运动

B. 俄国十月革命开创了世界无产阶级社会主义革命的新时代

C. 新文化运动为马克思主义在中国的广泛传播创造了思想和文化条件

Ⓓ 随着民族资本主义的发展，中国工人阶级的队伍迅速扩大，工人运动得到很大发展

4. 中国革命的基本问题是（　　）。

A. 工人问题 　　　　　　　Ⓑ农民问题

C. 土地问题 　　　　　　　D. 政权问题

5. 新民主主义革命的主要内容是（　　）。

Ⓐ 没收封建地主阶级的土地归农民所有

B. 没收四大家族的垄断资本归新民主主义国家所有

C. 没收帝国主义在华财产归人民所有

D. 没收一切私有财产归全民所有

6. 毛泽东指出，解决中国一切革命问题的最基本的根据是（　　）。

A. 正确分析中国社会的阶级状况

B. 正确分析中国社会的经济结构

Ⓒ 认清中国社会的特殊国情

D. 认清中国社会的主要矛盾

7. 首次明确提出"新民主主义革命"这一科学概念的著作是（　　）。

A.《〈共产党人〉发刊词》 　　B.《中国革命和中国共产党》

Ⓒ《新民主主义论》 　　　　　D.《论联合政府》

8. 区别新民主主义革命与旧民主主义革命的根本标志是（　　）。

A. 革命指导思想不同 　　　　B. 革命领导权不同

C. 革命前途不同 　　　　　　Ⓓ 革命对象不同

9. "因为中国资产阶级根本上与剥削农民的豪绅地主相联结相混合，中国革命要推翻豪绅地主阶级，便不能不同时推翻资产阶级。"这一观点的主要错误在于（　　）。

A. 忽视了反对帝国主义的必要性

Ⓑ 未能区分中国资产阶级的两部分

C. 混淆了民主革命和社会主义革命的任务

Ⓓ 不承认中国资产阶级与地主阶级的区别

10. 文化是民族的血脉，是人民的精神家园，也是政党的精神旗帜。中国共产党是一个具有高度文化自觉和文化自信的马克思主义政党。在新民主主义革命时期，党就提出了建设新文化的奋斗目标。毛泽东明确提出，新民主主义文化就是无产阶级领导的人民大众的反帝反封建的文化，即民族的科学的大众的文化。其中大众的文化也就是（　　）。

A. 民主的文化

Ⓑ 主张实事求是、客观真理及理论联系实践一致性的文化

C. 主张中华民族尊严和独立的文化

D. 反对封建思想和迷信思想的文化

二、多项选择题

1.新民主主义革命就是"新式的特殊的资产阶级民主主义革命"。与旧民主主义革命相比，它的新的内容和特点集中表现在（　　　　）。

A.它有新的领导力量，即中国无产阶级及其先锋队——中国共产党

B.它有新的指导思想，即马克思列宁主义

C.它是世界无产阶级社会主义革命的一部分，属于世界无产阶级革命

D.它有了新的前途，即社会主义而不是资本主义

2.新民主主义革命和社会主义革命的关系是（　　　　）。

A.新民主主义革命与社会主义革命可以"毕其功于一役"

B.两个革命之间需要有一个资本主义的过渡阶段

C.新民主主义革命是社会主义革命的必要准备

D.社会主义革命是新民主主义革命的必然趋势

3.毛泽东在《目前形势和我们的任务》中提出的新民主主义革命的经济纲领是（　　　　）。

A.没收封建阶级的土地归农民所有

B.公私兼顾、劳资两利

C.保护民族工商业

D.没收蒋、宋、孔、陈为首的垄断资本归新民主主义国家所有

4.新民主主义的文化，是民族的科学的大众的文化。其中"民族的"是指（　　　　）。

A.反对外来的资本主义文化

B.反对帝国主义压迫，主张中华民族的尊严和独立

C.在形式和内容上有中国作风和中国气派

D.为全民族90%以上的工农大众服务

5.土地革命战争时期，中国的红色政权能够存在与发展的客观条件有（　　　　）。

A.政治经济发展的不平衡

B.相当力量的红军存在

C.共产党组织的坚强有力和政策的正确

D.第一次国内革命战争的影响

6.中国革命走农村包围城市、武装夺取政权的道路，必须处理好土地革命、武装斗争、农村革命根据地建设三者之间的关系。以下内容正确的是（　　　　）。

A.土地革命是民主革命的基本内容

B.武装斗争是中国革命的主要形式

C.农村革命根据地是中国革命的战略阵地

D.统一战线是进行武装斗争和开展土地革命的依托

7.中国革命必须建立最广泛的统一战线,这是由（　　　）。

A.中国半殖民地半封建社会的阶级状况决定的

B.半殖民地半封建的中国社会诸多矛盾交织在一起决定的

C.中国革命的长期性、残酷性及其发展的不平衡性所决定的

D.战争与革命的主题决定的

8.以下说法正确的有（　　　）。

A.在国共合作的大革命时期,革命的主要对象是国民党新军阀

B.在土地革命战争时期,革命的主要对象是帝国主义支持下的北洋军阀

C.在抗日战争时期,革命的主要对象是日本帝国主义

D.在解放战争时期,革命的主要对象是美国帝国主义支持下的国民党反动派

9.无产阶级的基本优点有（　　　）。

A.与先进的生产方式相联系

B.没有私人占有的生产资料

C.赋予生产积极性

D.各革命阶级联合专政

10.以下说法正确的有（　　　）。

A.农民是中国革命的主力军

B.贫雇农是无产阶级最可靠的同盟军

C.中农是无产阶级可靠的同盟军

D.富农是无产阶级可靠的同盟军

三、简答题

1.简述近代中国革命的根本任务。

2.简述中国无产阶级自身的特点和优点。

3.简述新民主主义革命道路。

4.简述新民主主义革命。

四、论述题

1.新民主主义革命与社会主义革命的关系是什么?

2.为什么说新民主主义革命必须由无产阶级领导?

实践篇

实践项目一 　　课堂辩论——帝国主义的侵略是促进还是阻碍了中国的发展

⚙ 实践目标

本次辩论在于使学生深刻理解帝国主义侵略的本质，锤炼学生理性看待问题的能力，铭记历史的教训；在活动中增强学生的自信，培养创新和团队精神。

📋 实践方案

1. 任课教师提前布置活动任务，介绍辩论规则及注意事项，并要求学生提前就辩题作准备，全班开会确定最终辩论主题（三选一）。

2. 选定1名主持人兼任计时员，拟订活动方案，包括活动时间、地点、评选方法和程序，协助任课教师选定评委、制定奖励方法。

3. 抽签决定正、反方。正方观点：帝国主义的侵略促进了中国的发展；反方观点：帝国主义的侵略阻碍了中国的发展。

4. 辩论团队内部选出4人组成辩论小组，其他学生作为智囊团，为本方辩论小组收集资料，写1500字左右的辩论稿，供辩论小组参考。

5. 学生以正、反方分区就座，4人辩论小组在辩论桌前就座，评委就座，任课教师作为公证人就座，主持人宣布本次辩论的主题、基本要求并简单介绍正反双方辩手及评委。

6. 立论阶段：辩论开始后，由双方一辩开始立论陈词，亮明本方观点。每方陈述时长不超过3分钟。

7. 驳立论阶段：双方一辩陈述完毕后，由正方二辩和反方二辩分别反驳对方立论，每方时长为3分钟。本阶段，双方二辩除对对方的立论环节进行反驳外，还可以补充和拓展本方的立论观点，巩固本方立场。

8. 质辩阶段：由双方三辩分别向对方一、二、四辩提出一个问题，然后由对方一、二、四辩回答。每方时长不超过3分钟。

9. 自由辩论阶段：由正方先开始发言，然后自由发言。发言者可以向对方提问，也可以直接表达自己的观点。无论是辩手还是其他同学都可以参与。整个阶段时长不超过20分钟。

10. 总结陈词阶段：由双方四辩分别作出最后的总结陈词，总结本方观点，阐述最后的立场。每方时长不超过3分钟。

11. 任课教师对本次辩论作出点评总结，并给表现出色的学生颁发奖品。同时要求每名学生将本次主题辩论会的感悟写成小结上交。

参考资料

辩论会评价表

辩方	分工合作	遵守规则	贴合主题	逻辑清晰	教师总结
正方					
反方					

辩论赛注意事项及技巧

辩论赛也叫论辩赛，还叫作辩论会。辩论赛的核心词汇就是一个"辩"字。

一、辩论的注意事项

（1）辩手必须熟悉辩论的规则。

（2）辩手在自我展示方面要力求创新，同时展现队伍的整体性。

（3）辩手要注意环节的安排。比如对于剩余时间的安排。

（4）注意脱稿。只有脱稿语言才有感染力，才能顺势而上、随感而发。

（5）注意场上的整体配合（辩论赛的输赢不是仅看个人表现的好坏，它也是对辩手默契的考验）。

（6）辩论语言要具备精确性、逻辑性及简洁性。①辩手的语言要有理、有力、有节，应做到口齿清晰、流畅、言简意赅、言之有别、言之有物、言而有序、言之有理。②语音、语速、语调的关系。这几点可以直接表现辩手当时的心理变化，同时也是辩手应注意到的一个重要问题，辩手的语言是要给评委和对方辩手听的，如果表述得不好，可能会造成评委与对方辩手听不清，将影响辩手的成绩。

（7）从理论上去分析主题的内容，避免辩词的庸俗化、贫乏化，使辩词在理论上和知识上丰富。避免使用庸俗不堪的实例和趣味低劣的噱头进行辩论，或者以感情取代理论，故作姿态煽动性地赢取喝彩。

（8）要注意日常综合知识的积累。辩论的主题丰富多彩，要注意日常各个方面知识的积累。一个人如果光有辩论的热情，但其知识底蕴很差，可供调动的东西很少，那就会陷入"巧妇难为无米之炊"的窘境，纵有再高的热情，也无法取得理想的效果。所谓言不达词，词不达意。知识好比一座金字塔，不了解宽泛的知识背景，只对本专业知识了解较多或者比较丰富，想在辩论中运用自如、应答如流也是不可能的。

二、辩论的技巧

如果仅仅把辩论看作唇枪舌剑的较量，未免失之偏颇。辩论之难，不仅在于辩手要具有广博的知识、敏捷的才思、良好的嗓音条件和一定的朗诵水平，而且，辩论和评判本来就是软性的，更多靠评委的主观判断，因此，辩论的技巧是取得胜利的手段。如何将丰富的知识用练达精妙的语言以及恰当的技巧表达出来呢？

1．注意肢体语言的运用

辩论赛的辩题本来就没有绝对的谁对谁错，看的是谁的语言更有说服力，恰当而又丰富的肢体语言更能增强你的说服力。

2．自由辩论阶段经典常用语的使用

自由辩论阶段是整场辩论赛的高潮。每个辩手要想做到语言简短精练而又具有很强的针对性，经典常用语要时常用上。

3．注意抓重点、抓内容

辩论赛毕竟不是表演，它看的还是你的语言是否有说服力，而不是你的声势有多大。

4．避免硬伤

（1）形式硬伤，包括超时、自由辩论时连续发言等。

（2）观点硬伤，千万避免绝对化。

（3）注意礼貌问题，辩论不是吵架，一定要注意情绪的控制，注意自己的风度问题，不要进行人身攻击。

（4）注意规则问题。

5．内容要破题立论

确立突出自己的优势空间。拥有自己的套路，紧围辩题。

6．攻辩应对的技巧

（1）求新。新要新在观点上，不能是逻辑上的新，因为求新既要给观众眼前一亮的感觉又要让观众容易接受，逻辑上的新不容易让人在短时间内接受。

（2）对于对手抛出的问题，可以相互地推，没必要用一个绝对的答案回答。

（3）任何观点对双方都是有用的，看你如何运用。

（4）要抓准对方的漏洞，不能主观猜测对方的意图。

（5）举例子要有学问。要斟酌举哪些例子、怎样举才有攻击性。

（6）准备要充分。

（7）要认真听取对方辩手的发言，抓住其漏洞，不要死缠着一个问题不放，不要完全去攻对方的话题，要让对方对自己的话题无话可说。要非常敏锐地找出对方一辩陈词的漏洞并给予直接打击。

三、辩论的方法

1．必须讲究辩论的逻辑性

在辩论中，辩论的逻辑性起着极为重要的作用，它使辩论显得严谨、有条理，使自己的观点显得牢不可破。

分析对方的观点和自己的观点时必须分析其逻辑关系、真实的逻辑地位和逻辑困难，知道了双方在观点上的逻辑关系也就确定了对方观点的要害之处。在表述自己的观点时，必须讲究逻辑层次。辩论时应层次分明，第一点讲什么，第二点讲什么，第三点讲什么，清清楚楚，明明白白。

在辩论中还应擅长进行归纳。用简明扼要的语言来阐明自己的见解，不要一说就是一大套并且不得要领，只有这样才能在辩论中占据有利的位置；同样地，要能用简明扼要的话来归纳对方的见解，否则往往会随波逐流，甚至迷失方向。只有在逻辑上善于归纳的人，才会在辩论中紧紧抓住对方的要害，有针对性地打击对方，使对方真正陷入被动的局面。

在辩论中需要使用归谬法。所谓归谬法就是沿着对方的逻辑把其观点推向极端，使其荒谬性明显地表现出来，从而对其观点予以根本否定。对方的本来不明显或者小的逻辑错误，使用归谬法后就会使其错误被放大，这样就能够取得出奇制胜的效果。当然，归谬法的使用要注意适度性，如果运用不当，会给人以强词夺理的感觉。

2. 尽量做到辩论生动形象和语言风趣

要充分运用生活中形象的例子，尽量减少使用抽象的、教条的说理，俗话说，事实胜于雄辩。多使用幽默风趣的语言，避免使用枯燥无味的大白话。

用具体的、有据可查的数据取代说教，避免使用可能、大概、好像、应该之类的不准确的词句。在辩论中，准确无误的数据往往起着十分重要的作用。在能用数字说明的地方要尽可能用数字，因为数字只要有据可查，不管准确与否，对方往往无法反驳，也无法否定。

3. 必须讲究进攻和防守的平衡

辩论犹如战斗，进攻和防守是一对基本的矛盾关系。在辩论中辩护是防守，反驳就是进攻。

在辩论中经常出现两个极端：一是只讲防守，结果辩来辩去，战斗都在自己一方进行，对对方的观点根本不构成任何威胁，这样就不可能取得胜利；二是只讲进攻，对对方提出的证据和问题，不敢正面回答和辩论，在心理上首先已经胆怯，这样往往是自己还没有攻破对方的堡垒，自己却已经失去阵营。

要取得最后的胜利必须讲究进攻和防守的平衡。

防守是基础。当对方对自己的观点或者证据提出质疑的时候，可以不予以回答，但当对方对自己的基本观点提出质疑时，则必须简明扼要地回复，并进行辩护和解释。只有澄清自己的基本观点，才能够有充分的空间和时间攻击对方，如果不进行必要的辩护，进攻就会显得强词夺理，理屈词穷。

实践项目二 情景剧表演——《井冈山会师》

实践目标

通过排演著名历史事件"井冈山会师"，帮助学生加深对新民主主义革命的认识，加深对新民主主义革命理论的理解，同时增强学生的团队意识和理论联系实际的能力。

实践方案

1.任课教师提前1～2周布置任务，让学生有充足的时间做准备，并说明活动主题、学生要做的准备工作及注意事项。

2.选1名学生为主持人，负责活动流程、节奏把控及场景布置；选2名学生负责视频录制及后期制作。

3.学生分为若干小组，每组10人，各小组分工合作，收集资料，编写剧本，确定演员，准备道具，排练演出，任课教师进行指导。

4.学生分组入座，主持人确定各小组演出顺序，各小组做准备；任课教师做活动动员，并重申注意事项，宣布表演开始。

5.各小组按顺序进行表演，负责录制视频的学生做好摄影。

6.表演完毕，各小组分组进行讨论。

7.任课教师作最后点评，并对活动进行总结评分。（100分）

（1）小组合作及分工情况评价。（20分）

（2）资料收集情况评价。（20分）

（3）剧本内容评价。（30分）

（4）现场表演情况评价。（30分）

参考资料

活动评分表

评分项目	评分标准	得分	教师评语
合作	分工明确、工作到位		
资料	准备充分、内容翔实		
剧本	主题鲜明、角色合理、对白精彩		
表演	主角抢眼、情绪饱满、代入感强		
小组：＿＿＿＿＿＿＿ 总分：＿＿＿＿＿＿＿			

第三章　社会主义改造理论

知识网络

第三章 社会主义改造理论
- 一、从新民主主义到社会主义的转变
  - 新民主主义社会是一个过渡性的社会
  - 党在过渡时期的总路线及其理论依据
- 二、社会主义改造道路和历史经验
  - 适合中国特点的社会主义改造道路
  - 社会主义改造的历史经验
- 三、社会主义基本制度在中国的确立
  - 社会主义基本制度的确立及其理论根据
  - 确立社会主义基本制度的重大意义

学习指南

⊙ 学习目标

通过学习，了解新中国成立后，我们为什么要经过一个过渡时期，而不能直接建立一个社会主义国家。了解新民主主义社会的性质、特点和主要矛盾，掌握党在过渡时期总路线的必要性和主要内容以及社会主义制度的建立及其重大意义，懂得社会主义改造的成功实现了中国历史上从私有制到公有制的伟大变革，改变了中国历史发展的方向，为我们开辟了一条社会主义的光明大道，从而进一步坚定大学生走中国特色社会主义道路的决心和信心。

⊙ 学习思路

在社会主义改造理论指导下，中国人民消灭生产资料私有制，建立社会主义公有制，走出了一条在建立社会主义经济制度的同时推进社会主义工业化，二者并举的独特的社会主义革命与建设道路。这一理论与新民主主义理论和社会主义建设道路初步探索理论前后衔接，共同构成了毛泽东思想的主要内容。学习本章知识，要厘清下列逻辑关系：对新民主主义社会过渡性质的分析判断，是社会主义改造的理论依据和逻辑起点；党在过渡时期的总路线，是社会主义改造的行动指南；对农业、手工业和资本主义工商业进行社会主义改造采取的步骤、形式和方法，是适合中国特点的社会主义革命道路；社会主义基本制度在中国的确立，是社会主义改造的伟大成果。

理论篇

要点解析

◎ 要点一：新民主主义社会的过渡性质

从中华人民共和国成立到社会主义改造基本完成，是我国从新民主主义到社会主义的过渡时期。这一时期，我国社会的性质是新民主主义社会。

在新民主主义社会中，社会主义的因素不论在经济上还是在政治上都已经居于领导地位，但非社会主义因素仍有很大比重。社会主义因素居于领导地位，加上当时有利于发展社会主义的国际条件，决定了社会主义因素将不断增长并获得最终胜利，非社会主义因素将不断受到限制和改造。社会主义因素与资本主义因素之间，不可避免地存在着限制与反限制、改造与反改造的斗争。这种斗争的结果，决定着中国社会在一定历史条件下的发展方向。为了促进社会生产力的进一步发展，实现国家富强、民族复兴、人民幸福，我国新民主主义社会必须适时地逐步过渡到社会主义社会。新民主主义社会是属于社会主义体系的，是逐步过渡到社会主义社会的过渡性质的社会。

新民主主义社会的五种经济成分

- 社会主义性质的国营经济
- 半社会主义性质的合作社经济
- 农民和手工业者的个体经济
- 私人资本主义经济
- 国家资本主义经济

解析：简单来说，新民主主义社会中存在着相当规模的非社会主义因素的经济和政治力量，但是社会主义因素的经济和政治力量已经占据了领导地位。因此，新民主主义社会既不是资本主义社会，也不是社会主义社会，它既可以向资本主义社会发展，也可以向社会主义社会发展。因为新民主主义社会的领导者是无产阶级及其政党中国共产党，所以它的前途只能是社会主义社会。

◎ 要点二：党在过渡时期的总路线及其理论依据

1. 党在过渡时期的总路线

党在过渡时期总路线的主要内容被概括为"一化三改"。"一化"即社会主义工业化，"三改"即对个体农业、手工业和资本主义工商业的社会主义改造。它们之间相互联系，不可分离，可以比喻为鸟的"主体"和"两翼"。其中，"一化"是"主体"，"三改"是"两翼"，两者相辅相成、相互促进。

2. 党在过渡时期的总路线的理论依据

马克思、恩格斯在创立科学社会主义理论时，就提出了从资本主义社会向社会主义社会过渡的问题。列宁在指导俄国无产阶级革命和世界被压迫民族解放斗争中，进一步发展了马克思、恩格斯的革命转变思想。以毛泽东为主要代表的中国共产党人，在马克思列宁主义的理论指导下，积极探讨新民主主义革命胜利后中国社会逐步向社会主义过渡的问题。新中国成立后，党又在马克思列宁主义关于过渡时期理论的指导下，依据中国的具体情况，适时制定了党在过渡时期的总路线。

解析：进行社会主义工业化是为了使国家富强；社会主义三大改造就是社会主义革命，其目的就是消灭资本主义经济和私有经济，为向社会主义社会过渡提供保证。

◎ 要点三：社会主义改造道路和历史经验

1. 适合中国特点的社会主义改造道路

对农业的社会主义改造，党和政府坚持积极引导、稳步前进的方针，采取循序渐进的步骤，逐步实现过渡；在方法步骤上，采取说服教育的方法，经历了互助组、初级社和高级社三个发展阶段。对手工业的社会主义改造则采取说服教育、示范和国家帮助的方法，经历了供销小组、供销合作社和生产合作社三个步骤，进而把手工业者的私有制改变为社会主义的集体所有制。对资本主义工商业的社会主义改造，采取的方法是和平赎买，过渡形式是初级国家资本主义和高级国家资本主义。

到1956年底，对农业、手工业、资本主义工商业的社会主义改造基本完成。

解析：注意区分三种道路：对农业是互助合作的道路，对手工业是生产合作的道路，对资本主义工商业是社会主义改造的道路。另外要注意形式和方法不要混淆，比如对资本主义工商业的社会主义改造，方法是和平赎买，形式是国家资本主义。

2. 社会主义改造的历史经验

第一，坚持社会主义工业化建设与社会主义改造同时并举。第二，采取积极引导、逐步过渡的方式。第三，用和平方法进行改造。无论是资本主义工商业，还是农民和手工业者的个体所有制，都具有私有制的性质。对其进行改造，属于社会主义革命性质。

解析：当时有一种意见是要先进行社会主义工业化再进行社会主义改造，但是当时国内存在个体经济和资本主义经济，这些非社会主义性质的经济结构会阻碍社会主义工业化的进程，因此，两者要同时并举。社会主义改造和社会主义革命的目的是一致的，都要消灭私有制，所以，社会主义改造属于社会主义革命的性质。

相关链接：

"一化三改"

◎ 要点四：社会主义基本制度在中国的确立

1. 社会主义基本制度的确立

1956年底，我国对农业、手工业和资本主义工商业的社会主义改造基本完成，社会主义公有制已成为我国社会的经济基础，标志着中国历史上长达数千年的阶级剥削制度的结束和社会主义基本制度的确立。

2. 确立社会主义基本制度的重大意义

第一，社会主义基本制度的确立，极大地提高了工人阶级和广大劳动人民的积极性、创造性，极大地促进了我国社会生产力的发展。第二，社会主义基本制度的确立，使广大劳动人民真正成为国家的主人。第三，中国社会主义基本制度的确立，使占世界人口1/4的东方大国进入了社会主义社会，这是世界社会主义发展史上又一个历史性的伟大胜利。

解析：社会主义三大改造基本完成，私有制和剥削阶级在中国已不存在，因此就标志着剥削制度的结束和社会主义基本制度的确立。没有了剥削和压迫，工人阶级和劳动人民的生产积极性、创造性就会得到极大的提高，生产力就会得到极大的发展。

案例精选

吹响社会主义建设的号角（峥嵘岁月）

1956年，是怎样的一年？

这一年，第一批"解放"牌载重汽车驶下装配线，结束了中国不能制造汽车的历史。

这一年，"中0101"号歼-5战斗机试飞成功，新中国制造的喷气式飞机翱翔蓝天。

这一年，毛泽东同志视察正在建设中的武汉长江大桥，挥笔写下"一桥飞架南北，天堑变通途"的豪迈词句。

还是这一年，中国共产党团结带领全国各族人民基本完成了社会主义改造，确立了社会主义基本制度，实现了中国历史上最深刻最伟大的社会变革。

就在这一年，在党的百年征程中具有重要承上启下意义的历史性盛会——中国共产党第八次全国代表大会胜利召开，吹响了探索中国自己的社会主义建设道路的号角！

探索新道路

1955年10月，在北京召开的中共七届六中全会（扩大）决定：1956年下半年召开中国共产党第八次全国代表大会。

"社会主义改造如火如荼，社会主义基本制度即将确立，但生产力发展水平还很落后。我们的建设要怎么搞？党的八大，就是要回答这些问题。"原中共中央党史研究室副主任石仲泉说。

方向决定前途，道路决定命运。中国自己建设社会主义的道路，究竟该怎么走？毛泽东同志指出："不要再硬搬苏联的一切了，应该用自己的头脑思索了。"

为了摸清情况、探索路子，从1956年2月起，毛泽东同志陆续听取了工业、农业、运输业、商业、财政等30多个部门的工作汇报，有时一直从白天谈到午夜。时任中共中央副秘书长的李雪峰曾撰文回忆："为了更多地了解情况，毛主席甚至要问清一些物质的化学分子式和原子结构，以及一些地方的土壤结构。"

经过充分的调查研究，毛泽东同志在1956年4月25日召开的中央政治局扩大会议上作《论十大关系》的报告，指出："世界是由矛盾组成的。没有矛盾就没有世界。""我们要学的是属于普遍真理的东西，并且学习一定要与中国实际相结合。""必须有分析有批判地学，不能盲目地学，不能一切照抄。"

"《论十大关系》初步总结了我国社会主义建设的基本经验，提出了探索适合我国国情的社会主义建设道路的任务，事实上成为党的八大政治报告的主基调。"

石仲泉认为。

绘制新蓝图

坐落在北京阜成门内大街南侧的全国政协礼堂，庄严肃穆。门前一侧悬挂着的白底红字标识牌上，"中国共产党第八次全国代表大会会址"几个大字熠熠生辉。1956 年 9 月 15 日至 27 日，党的第八次全国代表大会在这里召开。

9 月 15 日下午 2 时，在雷鸣般的掌声中，毛泽东、刘少奇、周恩来等中央领导同志走上主席台。"我们每个人都起劲儿地拍手，好像把全身的力气都使出来了！"党的八大代表伍精华回忆起当时的场景，仍十分激动。

2 时 5 分，毛泽东同志致开幕词，宣布中国共产党第八次全国代表大会开幕。全场代表起立，热烈的掌声再次响起，庄严的《国际歌》响彻会场。

"我们这次大会的任务是：总结从七次大会以来的经验，团结全党，团结国内外一切可能团结的力量，为了建设一个伟大的社会主义的中国而奋斗。"毛泽东同志的开幕词简短有力、鼓舞人心。

这次大会上，刘少奇代表中国共产党中央委员会向第八次全国代表大会作政治报告，周恩来作《关于发展国民经济的第二个五年计划的建议的报告》，邓小平作《关于修改党的章程的报告》。

曾参加党的八大的山东省人大常委会原副主任林萍在《回味八大》一文中说："少奇同志在作报告时精神非常好，语气激昂。记得当时少奇同志讲到要在经济、政治、文化等方面采取正确政策，团结一切可能团结的力量，利用一切有利条件完成社会主义建设总目标时，全场掌声久久回荡，那气氛、那情景，真是让人激动。"

当时有西方国家的报纸这样评价：中国共产党的八大"是充满了信心、喜悦、乐观和团结的""任何不抱偏见的观察家都将承认这一点"。

锚定新路标

1956 年 9 月 27 日，党的八大最后一次全体会议通过了《中国共产党第八次全国代表大会关于政治报告的决议》（以下简称《决议》）。《决议》宣布，国内的主要矛盾，已经是人民对于建立先进的工业国的要求同落后的农业国的现实之间的矛盾，已经是人民对于经济文化迅速发展的需要同当前经济文化不能满足人民需要的状况之间的矛盾。《决议》提出，党和全国人民的当前的主要任务，就是要集中力量来解决这个矛盾，把我国尽快地从落后的农业国变为先进的工业国。

"在精准判断国内主要矛盾的基础上，提出党和国家的工作重点必须转移到社会主义建设上来，这是党的八大的历史性贡献。"原中共中央党史研究室副主任李忠杰说。

历史往往在经过时间沉淀后才可以看得更加清晰。在党的八大召开25年后，1981年，党的十一届六中全会通过的《关于建国以来党的若干历史问题的决议》作出这样的评价："一九五六年九月党的第八次全国代表大会开得很成功……八大的路线是正确的，它为新时期社会主义事业的发展和党的建设指明了方向。"

习近平总书记指出："社会主义是干出来的。"从党的八大吹响全面建设社会主义的号角，到如今迈上全面建设社会主义现代化国家的新征程，中国共产党带领亿万人民一路披荆斩棘、破浪前行。

昔日，武汉江面一桥飞架南北的场景让人振奋不已；如今，港珠澳三地钢铁巨龙相连更令人心向往之。忆往昔、看今朝，又怎能不让人由衷地感叹：神女应无恙，当惊世界殊！

（资料来源：《人民日报》2021年2月19日05版）

案例解析： 1956年，社会主义三大改造基本完成，社会主义基本制度确立，充分证明中国共产党善于把马列主义普遍原理同本国具体实际相结合，创造性地开辟了一条适合中国特点的社会主义改造道路。社会主义改造的伟大胜利，大大解放了我国的社会生产力，也标志着社会主义基本制度在中国的确立，为以后全面开展社会主义建设创造了条件、奠定了基础。

忆往昔

20世纪50年代，遵化西铺村原本是个山多地少、沙多土薄的穷村。"糠菜半年粮，祖居破草房，全家一条被，三载着一装"，这是西铺村当时的真实写照。为摘掉贫困帽子，从1952年开始，王国藩等党支部一班人响应党中央的号召，动员23户贫农办起仅有"三条驴腿"为生产资料的农业生产合作社，人称"穷棒子社"。

"穷棒子社"从三条驴腿起家，依靠自己的力量，克服重重困难，赢得了第一个丰收年。这一年粮食亩产达到254斤，超过互助组上年平均产量将近 1 倍，粮食总产量 45800 多斤，扣除集体留粮以后，平均每户分配的收入达 190 多元。在 3 年时间内，西铺人利用农闲上山砍柴，卖钱换回大批必需的生产资料，以不向困难低头、艰苦奋斗的"穷棒子"精神赢得了一个又一个丰收。

王国藩的"穷棒子社"为中华人民共和国走合作化道路树立了榜样，受到了党中央的多次表彰，成为全国的先进典型。1955 年 12 月，中共中央办公厅编辑出版了《中国农村社会主义高潮》一书，毛泽东主席亲自为《书记动手，全党办社》和《勤俭办社》两篇调查报告写下了按语："遵化县的合作化运动中，有一个王国藩合作社，23 户贫农只有三条驴腿，被人称为'穷棒子社'。他们用自己的努力，在三年的时间内，'从山上取来'了大批的生产资料，使得有些参观的人感动得下泪。我看这就是我们整个国家的形象。"1960 年毛泽东主席还亲自接见了"穷棒子社"社长王国藩。

如今，"穷棒子社"已成历史，但"穷棒子"精神依然传承，激励着一代一代人奋进。

（资料来源：訾辉《毛主席誉为"整个国家形象"的穷棒子社》，《档案天地》2003 年第 B06 期）

经典品读

革命的转变和党在过渡时期的总路线

（毛泽东 1953 年 12 月）

一

我们说标志着革命性质的转变、标志着新民主主义革命阶段的基本结束和社会主义革命阶段的开始的东西是政权的转变，是国民党反革命政权的灭亡和中华人民共和国的成立，并不是说社会主义改造这样一个伟大的任务，在人民共和国成立以后就可以立即在全国一切方面着手施行了。不是的，那时，我们还须在广大的农村中解决封建主义与民主主义即地主与农民之间的矛盾。那时在农村中的主要矛盾是封建主义与民主主义之间的矛盾，而不是资本主义与社会主义之间的矛盾，因此需要有两年至三年时间在农村实行土地改革。那时我们一方面在农村实行民主主义的土地改革，一方面在城市立即着手接收官僚资本主义企业使之变为社会主义的企业，建立社会主义的国家银行，同时在全国范围内着手建立社会主义的国营商业和合作社商业，并已在过去几年中对私人资本主义企业开始实行了国家资本主义的措施。所有这些显示着我国过渡时期头几年中的错综复杂的形象。

二

从中华人民共和国成立，到社会主义改造基本完成，这是一个过渡时期。党在这个过渡时期的总路线和总任务，是要在一个相当长的时期内，逐步实现国家的社会主义工业化，并逐步实现国家对农业、对手工业和对资本主义工商业的社会主义改造。这条总路线是照耀我们各项工作的灯塔，各项工作离开它，就要犯右倾或"左"倾的错误。

三

党在过渡时期的总路线的实质，就是使生产资料的社会主义所有制成为我国国家和社会的唯一的经济基础。我们所以必须这样做，是因为只有完成了由生产资料的私人所有制到社会主义所有制的过渡，才利于社会生产力的迅速向前发展，才利于在技术上起一个革命，把在我国绝大部分社会经济中使用简单的落后的工具农具去工作的情况，改变为使用各类机器直至最先进的机器去工作的情况，借以达到大规模地出产各种工业和农业产品，满足人民日益增长着的需要，提高人民的生活水平，确有把握地增强国防力量，反对帝国主义的侵略，以及最后地巩固人民政权，防止反革命复辟这些目的。要完成这个任务，大约需要经过三个五年计划，就是大约十五年左右的时间（从一九五三年算起，到一九六七年基本上完成，加上经济恢复时期的三年，则为十八年，这十八年中已经过去了四年），那时中国就可以基本上建设成为一个伟大的社会主义国家。

（资料来源：《毛泽东文集》第六卷，人民出版社 1999 年版）

习题演练

一、单项选择题

1. 下列关于"一化三改"的阐述，错误的是（   ）。
A. 这是一条社会主义建设和社会主义改造同时并举的路线
B. 体现了中国特色社会主义道路的正确方向
C. 体现了社会主义工业化和社会主义改造的紧密结合
D. 体现了解放生产力与发展生产力、变革生产关系与发展生产力的有机统一

2. 社会主义改造时期我国社会的主要矛盾是（   ）。
A. 农民阶级同资产阶级的矛盾   B. 人民群众内部矛盾
C. 工人阶级同资产阶级的矛盾   D. 工人阶级同农民阶级的矛盾

3.中国发展国民经济的第一个五年计划,把优先发展(　　C　)作为建设的中心环节。

A.农业　　　　　B.轻工业　　　　　C.重工业　　　　　D.工业

4.社会主义改造基本完成后,我国社会的主要矛盾是(　　)。

A.工人阶级和资产阶级之间的矛盾

B.社会主义道路和资本主义道路之间的矛盾

C.人民对于经济文化迅速发展的需要同当前经济文化不能满足人民需要的状况之间的矛盾

D.坚持四项基本原则和资产阶级自由化之间的矛盾

5.新中国成立初期,社会主义性质的国营经济的主要来源是(　　)。

A.解放区的公营经济　　　　　B.对民族工商业的改造

C.接收帝国主义在华企业　　　　　D.没收官僚资本

6.我国对资本主义工商业实行"和平赎买"政策中的"赎买"是指(　　)。

A.由国家支付一笔巨额补偿资金

B.让资本家在一定年限内从企业经营所得中获取一部分利润

C.在一定年限内让资本家获取其经营企业的全部利润

D.由国家出资购买资本家的企业

7.党在过渡时期的总路线最显著的特点是(　　)。

A.坚持社会主义工业化建设和社会主义改造同时并举

B.用和平方法进行改造

C.以实现社会主义工业化为最主要目标

D.符合当时的基本国情,反映了新民主主义向社会主义转变的历史必然性

8.1953年,中共中央提出和制定过渡时期总路线的根本目的是(　　)。

A.变革经济体制　　　　　B.建立国营经济

C.改变所有制结构　　　　　D.发展生产力

9.下列关于社会主义改造的论述,不正确的是(　　)。

A.社会主义改造的基本完成标志着社会主义基本制度在中国的确立

B.社会主义改造的基本完成使我国的阶级关系发生了重要变化

C.社会主义改造的基本完成为中国的社会主义现代化建设奠定了重要基础

D.社会主义改造的基本完成结束了中国半殖民地半封建社会的历史

10.我国实现从新民主主义社会向社会主义社会转变的标志是(　　)。

A.社会主义改造基本完成　　　　　B.中华人民共和国成立

C.提出过渡时期总路线　　　　　D.第一个五年计划完成

二、多项选择题

1. 下列关于新民主主义社会的阐述，正确的有（　　　）。

A. 新民主主义社会是一个独立的社会形态

B. 新民主主义社会不是一个独立的社会形态

C. 新民主主义社会是由新民主主义转变到社会主义的过渡性的社会形态

D. 新民主主义社会是属于社会主义体系的过渡性质的社会形态

2. 1952年党中央在酝酿过渡时期总路线时，毛泽东把实现向社会主义转变的设想，由中华人民共和国成立之初的"先搞工业化建设"再一举过渡，改变为"建设和改造同时并举，逐步过渡"，这一改变的原因和条件是（　　　）。

A. 我国社会主义经济因素的不断增长和对资本主义经济的限制

B. 为了确定我国工业化建设的社会主义方向

C. 我国工业化建设取得了重大成就

D. 民主革命的遗留任务已经完成

3. 社会主义改造完成之后，我国社会阶级关系发生的重大变化有（　　　）。

A. 帝国主义侵略势力已经被清除出中国大陆

B. 官僚资产阶级在中国内地被消灭

C. 地主和富农正在被改造成为自食其力的劳动者

D. 工人阶级已成为国家领导阶级

4. 过渡时期总路线的"两翼"包括（　　　）。

A. 国家的社会主义工业化　　　　　B. 对农业的社会主义改造

C. 对手工业的社会主义改造　　　　D. 对资本主义工商业的社会主义改造

5. 中国共产党根据马克思列宁主义关于社会主义改造的思想，从我国的实际出发，开创了一条有中国特点的农业合作化道路，成功地实现了对个体农业的社会主义改造，其历史经验主要有（　　　）。

A. 实行"三级所有、队为基础"的农业集体经济体制

B. 遵循自愿互利、典型示范和国家帮助的原则

C. 在土地改革后不失时机地引导个体农民走互助合作道路

D. 采取从互助组到初级社再到高级社的逐步过渡形式

6. 下列对党和国家重要决策的表述，与社会主义改造时期无关的有（　　　）。

A. 这种新式的国家资本主义经济是带着很大的社会主义性质的，是对工人和国家有利的

B. 我们现在搞社会主义，也有共产主义的萌芽，学校、工厂、街道都可以搞人民公社

C. 鼓足干劲，力争上游，多快好省地建设社会主义

D. 我们进行社会主义革命所用的方法是和平的方法

7.下列具有中国特点的社会主义改造道路的内容有（　　　）。

A.社会主义工业化和社会主义改造同时并举

B.采取一系列逐步过渡的由低级到高级的社会主义改造形式

C.和平改造特别是对资产阶级实现了和平赎买

D.对经济制度的改造与对人的改造相结合

8.以毛泽东同志为核心的党的第一代中央领导集体带领全党全国和各族人民完成了新民主主义革命，进行了社会主义改造，确立了社会主义基本制度，这一基本制度的确立（　　　）。

A.为当代中国一切发展进步奠定了根本政治前提和制度基础

B.是中国历史上最深刻最伟大的社会变革

C.标志着马克思主义同中国实际第二次结合的完成

D.为发展社会生产力开辟了广阔的道路

9.过渡时期总路线反映了中国社会由新民主主义向社会主义转变的历史必然性，这是因为（　　　）。

A.国家工业化是国家独立和富强的物质基础和必要条件

B.对资本主义工商业进行全面的社会主义改造，是迅速实现工业化的迫切需要

C.对个体农业和手工业进行社会主义改造，是发展农业和提高整个社会生产力的客观需要

D.1953年我国还没有全面开展生产资料私有制的社会主义改造的条件

10.从社会发展的主体选择性的角度看，中国人民走上社会主义道路，其原因在于（　　　）。

A.社会主义符合中国人民根本利益的要求

B.在历史进程中没有多种道路可供人们选择

C.中国人民在国际交往中受到俄国十月社会主义革命的历史启示

D.中国共产党对历史必然性及本国国情的正确把握

三、简答题

1.新民主主义社会中存在着哪些经济成分？

2.对手工业的社会主义改造经历了哪些步骤？

3.我国为何能够采取赎买的方式对资本主义工商业进行和平改造？

4.如何认识社会主义改造和社会主义改革之间的关系？

四、论述题

1.如何正确认识社会主义改造过程中出现的失误和偏差？

2.论述确立社会主义基本制度的意义。

实践篇

1B 2G 3C 4、5D 6B 7A8D 9 10A

✂ 实践项目一 　　　实地探访——那些我们未曾经历的难忘岁月

⚙ 实践目标

本次实践深入学校所在城市的社区或敬老院，采访社区或敬老院中居住的老人，了解社会发展历程和当年人民的生活状况，重温中华人民共和国建立之初国家建设的艰难岁月，感受新中国建设70多年来的巨大变化，认识社会主义建设道路中的曲折与艰辛，体验中国特色社会主义的时代变迁。

🖱 实践方案

1. 以小组为单位，确定参与活动的学生名单。安排学生组成课后实践小组，由任课教师担任活动负责人。

2. 确定要走访的社区或敬老院，活动负责人与社区或敬老院相关负责人取得联系，说明活动的目的，确定受访老人的住址或采访地点、活动时间和接待安排等事宜。

3. 准备好活动所需用品，如照相机、录音笔、摄像机、纸笔及慰问品等。

4. 了解社区或敬老院中受访老人的生活背景，准备好采访问题。

5. 各小组按照计划走访社区或敬老院，采访老人。与老人聊天，了解他们的身体及生活状况；向老人讲述自己的校园生活；听老人们对城市发展和新中国建设的经历和感悟；赠送慰问品。

6. 回校后，汇总采访内容、照片和视频等资料，撰写活动感悟及报告。

7. 任课教师根据各小组的活动表现及报告内容进行评分，计入学生考核成绩。

📺 参考资料

活动评分表

评分项目	评分标准	分值	得分	教师点评
活动准备	工具准备充分、情况了解详细	30		
活动实施	慰问热情、听讲耐心、沟通积极	40		
报告撰写	感悟深刻、总结到位	30		
第_____组　　总分：_____				

实践项目二 报告会——社会主义改造时期典型人物事迹报告

⚙ 实践目标

通过收集并了解社会主义改造时期的典型人物及主要事迹，从而更加深刻地理解社会主义改造的必要性和重要意义。

实践方案

1. 任课教师宣布活动主题及内容，并讲明活动注意事项。
2. 学生分为若干小组，每小组选1名组长，负责本小组活动的具体事宜。
3. 各小组在组长安排下，分工收集资料，整理并编写报告。
4. 各小组准备完成后，以小组为单位，由组长指派人员上台进行汇报。
5. 全部汇报完毕后，任课教师对各小组汇报情况进行点评。

参考资料

参考人物及事迹

人物	事迹
荣毅仁	"红色资本家"，接受社会主义改造，实行公私合营
魏如	新中厂总经理，交出半生心血决心南下
刘鸿生	"火柴大王"，受周恩来感召返回大陆
张小泉	"张小泉"剪刀，接受社会主义手工业改造

活动评价表

评价项目	评分标准	分值	得分	教师点评
资料收集	资料丰富，参考价值大	30		
报告编写	内容真实，文笔流畅	30		
汇报情况	吐字清晰，讲述生动	40		
第_____组　　总分：_____				

第四章 社会主义建设道路初步探索的理论成果

导航篇

知识网络

第四章 社会主义建设道路初步探索的理论成果

一、初步探索的重要理论成果
- 调动一切积极因素为社会主义事业服务
- 正确认识和处理社会主义社会矛盾的思想
- 走中国工业化道路的思想

二、初步探索的意义和经验教训
- 初步探索的意义
- 初步探索的经验教训

学习指南

⊙ 学习目标

　　了解社会主义改造完成后，我国社会主义建设道路初步探索中取得的一些重要思想理论成果；认识到在社会主义建设道路初步探索中，我们所取得的理论成果对于巩固我国社会主义制度、开创和发展中国特色社会主义、促进世界社会主义发展的重要意义；理解我国在初步探索中由于遭受到严重挫折而产生的深刻教训，也是我们更好建设社会主义的宝贵财富。

⊙ 学习思路

　　本章主要介绍以毛泽东同志为核心的第一代中央领导集体对社会主义建设初步探索的理论成果及其重大意义。在学习过程中，不仅要掌握社会主义建设道路初步探索的理论成果有哪些，初步探索留下的经验教训有哪些，还要做好三个"结合"：一是结合特定的历史条件去认识、理解中国共产党初步探索社会主义建设道路取得的理论成果，认识这些成果所体现的毛泽东思想活的灵魂；二是结合中国特色社会主义道路的形成，认识、理解中国共产党对社会主义建设道路的初步探索与改革开放的关系；三是结合科学社会主义的发展，认识中国共产党初步探索社会主义建设道路的理论意义和实践意义。

理论篇

要点解析

要点一：调动一切积极因素为社会主义事业服务

1956年4月和5月，毛泽东先后在中央政治局扩大会议和最高国务会议上，作了《论十大关系》的报告，初步总结了我国社会主义建设的经验，明确提出要以苏为鉴，独立自主地探索适合中国情况的社会主义建设道路。《论十大关系》确定了一个基本方针，就是"努力把党内党外、国内国外的一切积极的因素，直接的、间接的积极因素，全部调动起来"，为社会主义建设服务。

调动一切积极因素为社会主义事业服务，必须坚持中国共产党的领导，必须发展社会主义民主政治，有一个如何认识社会主义发展阶段和社会主义建设规律的问题。

解析：苏联和中国的国情不同，因此，我们不能照搬苏联经验，要走出一条符合中国特点的道路，即独立自主地探索适合中国情况的社会主义建设道路。注意方针和原则（独立自主）的区别。

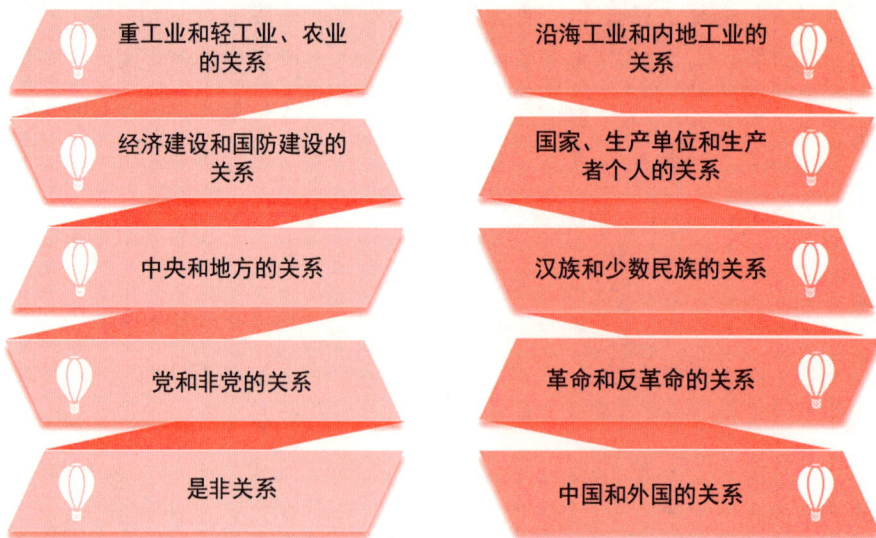

重工业和轻工业、农业的关系	沿海工业和内地工业的关系
经济建设和国防建设的关系	国家、生产单位和生产者个人的关系
中央和地方的关系	汉族和少数民族的关系
党和非党的关系	革命和反革命的关系
是非关系	中国和外国的关系

十大关系

◎ 要点二：正确认识和处理社会主义社会矛盾的思想

1. 关于社会主义社会的矛盾问题

毛泽东指出，矛盾是普遍存在的，社会主义社会同样充满着矛盾，正是这些矛盾推动着社会主义社会不断地向前发展。

2. 关于社会主义社会的基本矛盾

毛泽东指出："在社会主义社会中，基本的矛盾仍然是生产关系和生产力之间的矛盾，上层建筑和经济基础之间的矛盾。"

3. 关于我国社会的主要矛盾和根本任务

党的八大指出，我们国内的主要矛盾，已经是人民对于建立先进的工业国的要求同落后的农业国的现实之间的矛盾，已经是人民对于经济文化迅速发展的需要同当前经济文化不能满足人民需要的状况之间的矛盾。据此，党中央提出要把党和国家的工作重点转到技术革命和社会主义建设上来，要求各级党委要抓社会主义建设工作，全党要学科学、学技术、学新本领。

4. 关于社会主义社会存在两类不同性质的矛盾

毛泽东强调：在我们面前有两类社会矛盾，这就是敌我矛盾和人民内部矛盾，这是两类性质完全不同的矛盾。敌我矛盾是根本利益对立基础上的矛盾，是对抗性的矛盾；人民内部矛盾是在人民根本利益一致基础上的矛盾，是非对抗性的矛盾。

5. 关于正确处理两类不同性质社会矛盾的基本方法

毛泽东指出："我们历来就主张，在人民民主专政下面，解决敌我之间的和人民内部的这两类不同性质的矛盾，采用专政和民主这样两种不同的方法。"

6. 关于正确处理人民内部矛盾的方针

毛泽东指出，用民主的方法解决人民内部矛盾，这是一个总方针。针对人民内部矛盾在具体实践中的不同情况，毛泽东提出了一系列具体方针、原则。

7. 关于区分两类不同性质矛盾和正确处理人民内部矛盾的目的和意义

毛泽东指出，"我们提出划分敌我和人民内部两类矛盾的界限，提出正确处理人民内部矛盾的问题，以便团结全国各族人民进行一场新的战争——向自然界开战，发展我们的经济，发展我们的文化"，"巩固我们的新制度，建设我们的新国家"。

解析：总的来说，就是要分清主要矛盾和基本矛盾、敌我矛盾和人民内部矛盾，解决敌我矛盾采用专政的方法，解决人民内部矛盾采用民主的方法。

◎ 要点三：走中国工业化道路的思想

实现工业化是中国近代以来历史发展的必然要求，也是民族独立和国家富强的必要条件。新中国刚刚建立的时候，党把实现国家工业化确定为新中国整个经济建设的主要任务。毛泽东在《论十大关系》中论述的第一大关系，便是重工业和轻工业、农业的关系。

毛泽东提出了以农业为基础，以工业为主导，以农轻重为序发展国民经济的总方针，以及一整套"两条腿走路"的工业化发展思路，即重工业和轻工业同时并举，中央工业和地方工业同时并举，沿海工业和内地工业同时并举，大型企业和中小型企业同时并举，等等。

走中国工业化道路，必须明确战略目标和战略步骤。三届全国人大一次会议提出"两步走"的发展战略，第一步建成一个独立的比较完整的工业体系和国民经济体系，第二步全面实现工业、农业、国防和科学技术现代化，使中国走在世界前列。

走中国工业化道路，必须采取正确的经济建设方针。党的八大提出了既反保守又反冒进、在综合平衡中稳步前进的方针。毛泽东多次阐述了统筹兼顾的方针。

走中国工业化道路，必须发展科学技术和文化教育。在科学技术方面，党中央提出了"向科学进军"的口号，强调实现四个现代化关键在于科学技术现代化，要实行重点发展、迎头赶上的科技发展战略，努力赶超世界先进水平。在教育事业方面，毛泽东提出："我们的教育方针，应该使受教育者在德育、智育、体育几方面都得到发展，成为有社会主义觉悟的有文化的劳动者。"刘少奇提出实行"两种劳动制度、两种教育制度"，一种是全日制的劳动制度，全日制的教育制度；一种是半日制的劳动制度，半日制的教育制度（即半工半读）。在文化工作方面，党提出了"百花齐放、百家争鸣"这一促进我国社会主义文化繁荣的方针。

走中国工业化道路，必须重视知识分子工作。毛泽东提出，知识分子在革命和建设中都具有重要作用，要建设一支宏大的工人阶级知识分子队伍。周恩来提出了知识分子是工人阶级一部分的观点，强调要加强和改善党对知识分子和科学文化工作的领导，善于团结广大知识分子，使他们得以发挥自己的聪明才智，更好地为社会主义服务。

走中国工业化道路，必须调整和完善所有制结构。毛泽东、刘少奇、周恩来提出了把资本主义经济作为社会主义经济的补充的思想。朱德提出了要注意发展手工业和农业多种经营的思想。陈云提出了"三个主体，三个补充"的设想。

走中国工业化道路，必须积极探索适合我国情况的经济体制和运行机制。毛泽东提出了发展商品生产、利用价值规律的思想。刘少奇提出了使社会主义经济既有计划性又有多样性和灵活性的主张，以及按经济办法管理经济的思想。陈云提出了要建立"适合于我国情况和人民需要的社会主义的市场"的思想。

解析：受苏联的影响，我国一度过多强调重工业和基础设施的发展，影响了农业和轻工业的发展，造成了一定程度的比例失调，这就促使党和毛泽东思考如何走中国工业化道路的问题。我国是一个农业大国，农业人口占全国人口的80%以上，只有农业发展了，工业才有原料和市场，才有可能为建立重工业积累较多的资金。更多地发展农业、轻工业，既可以更好地供给人民生活的需要，又可以增加资金积累和扩大市场。这不仅会使重工业发展得更多、更快，而且由于保障了人民生活的需要，会使它发展的基础更加牢固。

相关链接：

走自己的道路

◎ 要点四：初步探索的意义和经验教训

1.初步探索的意义

第一，巩固和发展了我国的社会主义制度。第二，为开创中国特色社会主义提供了宝贵经验、理论准备、物质基础。第三，丰富了科学社会主义的理论和实践。

2.初步探索的经验教训

第一，必须把马克思主义与中国实际相结合，探索符合中国特点的社会主义建设道路。第二，必须正确认识社会主义社会的主要矛盾和根本任务，集中力量发展生产力。第三，必须从实际出发进行社会主义建设，建设规模和速度要和国力相适应，不能急于求成。第四，必须发展社会主义民主，健全社会主义法制。第五，必须坚持党的民主集中制和集体领导制度，加强执政党建设。第六，必须坚持对外开放，借鉴和吸收人类文明成果建设社会主义，不能关起门来搞建设。

解析：新中国成立初期，西方国家敌视中国，一心想要推翻中国的社会主义制度，初步探索取得的成就，有力地回击了西方势力，巩固了中国社会主义制度；"前人栽树，后人乘凉"，这一时期取得物质精神文化经验方面的成就，为改革开放以后中国的建设和发展奠定了重要基础；以中国这样的国情建立社会主义，不像资本主义国家有很多其他国家的案例可以借鉴，中国是独一无二的，没有先例，因此出现一些错误也是在所难免的，经验和教训都丰富了科学社会主义的理论和实践。我们要客观地评价历史，总结经验、吸取教训，争取在以后的建设和发展中少犯错误、不犯错误。

党领导人民艰辛探索，在社会主义建设上取得巨大成就的同时，在精神力量上也获得了巨大丰收。我国各族人民意气风发投身于热火朝天的社会主义建设，涌现出大量先进典型和英雄模范人物，抒写了无数改天换地的壮丽诗篇，形成了跨越时空、历久弥新的时代精神。

以铁人王进喜为代表的大庆石油工人，为了早日甩掉中国"贫油"的帽子，以"宁肯少活20年，拼命也要拿下大油田"的豪情，以"有条件要上，没有条件创造条件也要上"的决心，用3年多的时间，建设起了我国最大的石油基地——大庆油田，铸就了爱国、创业、求实、奉献的大庆精神、铁人精神。

河南兰考县委书记焦裕禄，为了改变兰考人民贫穷落后面貌，拖着患有慢性肝病的身体带领全县人民封沙、治水、改地。他以"生也沙丘，死也沙丘，父老生死系"的赤诚，以"心中装着全体人民、唯独没有他自己"的公仆情怀，诠释着亲民爱民、艰苦奋斗、科学求实、迎难而上、无私奉献的焦裕禄精神。

河南林县人民在县委领导下，用10年时间，在峰峦叠嶂的太行山上逢山凿洞、遇沟架桥，削平1250座山头，凿通211个隧洞，架设152座渡槽，建成了长达1500公里的"人工天河"红旗渠。在这个过程中，81人献出了生命。他们以"林县人民多壮志，誓把河山重安排"的豪迈，创造了一代中国农民改天换地的传奇，孕育了自力更生，艰苦创业，团结协作，无私奉献的红旗渠精神。

人民解放军战士雷锋，在平凡工作岗位上甘当螺丝钉，勇于奉献，乐于助人，表现出崇高的共产主义情操，成为那个年代最响亮的名字。1962年8月，他因公殉职时，年仅22岁。毛泽东题词："向雷锋同志学习。"雷锋精神成了新中国社会风尚的一个标志。

在新中国的发展历程中，"两弹一星"研制成功，是中华民族为之自豪的伟大成就。钱学森、钱三强、邓稼先等一大批科学家，把个人理想与祖国命运紧紧联系在一起，把个人志向与民族振兴紧紧联系在一起。"干惊天动地事，做隐姓埋名人"。他们把热血洒在戈壁滩，把青春和生命奉献给新中国国防建设事业，将热爱祖国、无私奉献、自力更生、艰苦奋斗、大力协同、勇于登攀的"两弹一星"精神，永久镌刻在中国大地上，成为全国各族人民宝贵的精神财富和不竭的动力源泉。

（资料来源：《中国共产党简史》，人民出版社、中共党史出版社2021年版）

艰辛探索中国社会主义建设之路

1956 年我国社会主义制度建立后，以毛泽东同志为主要代表的中国共产党人，为寻找一条中国自己的社会主义建设道路，进行了 20 年披荆斩棘的开创性探索，虽然经历了严重曲折，但仍取得了独创性理论成果和巨大成就。

新中国在经济上继承的是一个千疮百孔的烂摊子，是一个工业化基础极为薄弱、"一穷二白"的农业国。以总产量比较，中国与当时主要资本主义国家工业水平的差距至少在 100 年以上。毛泽东就此说："美国怕苏联，但是不怕我们，它知道我们的底子。中国是一个大国，但不是一个强国……人家看我们不起，而且他们手里还有一个大东西，叫做原子弹。"社会主义制度具有集中力量办大事的优势，"共同富裕"是社会主义的本质要求，中国要实现工业化、现代化，党要为人民谋幸福，只能走社会主义道路。

社会主义基本制度确立以后，如何在中国建设社会主义，是党面临的崭新课题。毛泽东带领全党对适合中国情况的社会主义建设道路进行了艰苦探索。他提出要以苏联的经验教训为鉴戒，要创造新的理论、写出新的著作，把马克思列宁主义基本原理同中国实际进行"第二次结合"，找出在中国进行社会主义革命和建设的正确道路。在深入调研的基础上，以 1956 年党的八大召开为标志，党中央和毛泽东立足中国国情，就中国社会主义建设中的一系列重大问题，进行全方位思考，取得了宝贵思想成果。这些成果，集中地体现在毛泽东《论十大关系》报告、八大制定的路线和决策、毛泽东《关于正确处理人民内部矛盾的问题》的讲话等重要文献中。概括起来包括：明确我国社会的主要矛盾，是人民对于建立先进的工业国的要求同落后的农业国的现实之间的矛盾，是人民对于经济文化迅速发展的需要同当前经济文化不能满足人民需要的状况之间的矛盾；提出党和人民的主要任务是集中力量发展社会生产力，尽快地把我国从落后的农业国变为先进的工业国；提出既反保守又反冒进即在综合平衡中稳步前进的经济建设方针；提出要改革过于集中统一的计划经济体制；提出社会主义社会的基本矛盾和两类矛盾学说，把正确处理人民内部矛盾规定为我国政治生活的主题；提出了加强社会主义民主法制建设、文化建设以及加强执政党自身建设的一系列重要观点；等等。

党的八大以后不久，党在探索中国社会主义建设道路过程中出现了曲折。1957 年出现反右派斗争严重扩大化；1958 年发动了"超英赶美"的"大跃进"和"一大二公"的人民公社化运动。发动"大跃进"的出发点是为了以更快速度改变中国贫穷落后的面貌，实现"超英赶美"，"把中国变成一个真正的大国""一个强国"，但是，由于超越阶段、急于求成，"大跃进"反而给我国造成重大损失，给人民生活带来严重困难。面对严峻形势，党中央决定对国民经济实行"调整、巩固、充实、提高"八字方针。1962年初召开的扩大的中央工作会议（七千人大会），较为深入系统地总结了"大跃进"以来经济建设中的经验教训，毛泽东等中央领导人在会上带头作了自我批评。在指导国民经济调整的过程中，毛泽东号召全党要大兴调查研究之风，并带头深入基层调查研究，领导制定各项调整政策。在此期间，毛泽东结合"大跃进"、人民公社化运动的教训，对中国社会主义建设的长期性、艰巨性问题进行了深入反思，认识到建设强大的社会主义经济，需要一百年或者更长的时间。毛泽东还比较集中地谈论了社会主义的发展阶段问题，提出社会主义又可以分为"不发达"和"比较发达"两个阶段的思想。这些观点，成为十一届三中全会后我们党确立社会主义初级阶段理论的重要思想来源。经过努力，到1965年底，国民经济调整任务全面完成。

从1956年到1966年，是党对中国社会主义建设道路进行艰辛探索的10年，其间虽然经历曲折，但仍然取得了巨大成就。新中国工业建设、科学研究和国防尖端技术的发展以及农田水利建设和农业机械化、现代化发展的许多工作，都是在这个时期开始布局的。1964年10月，我国成功爆炸第一颗原子弹，有力打破了大国的核垄断和核讹诈，提高了我国的国际地位。导弹和人造卫星的研制也取得突破性进展。教育卫生事业成就可观。全国城乡卫生医疗网基本形成，严重危害人民健康的天花、霍乱、血吸虫病、疟疾、鼠疫等疾病，或被灭绝，或得到有效防治。这10年间，我国培养了一大批治党治国治军和社会主义建设事业所需要的专门人才，其中大部分成为后来改革开放和现代化建设事业各方面的骨干力量。正如《关于建国以来党的若干历史问题的决议》所指出的："我们现在赖以进行现代化建设的物质技术基础，很大一部分是这个期间建设起来的；全国经济文化建设等方面的骨干力量和他们的工作经验，大部分也是在这个期间培养和积累起来的。这是这个期间党的工作的主导方面。"特别是在这期间，我国各族人民意气风发投身社会主义建设事业，涌现出一大批先进典型和英雄模范人物，抒写了无数气壮山河的壮丽篇章，培育和铸成了跨越时空、历久弥新的时代精神。

我们党领导人民进行社会主义建设，有改革开放前和改革开放后两个历史时期，这是两个相互联系又有重大区别的时期，但本质上都是我们党领导人民进行社会主义建设的实践探索。改革开放前的艰辛探索及各方面取得的巨大成就，为在我们党改革开放新时期开创中国特色社会主义提供了宝贵经验、理论准备、物质基础。

（资料来源：《学习时报》2021年6月7日A3版）

案例解析：改革开放前的社会主义实践探索为改革开放后的社会主义实践探索积累了条件，改革开放后的社会主义实践探索是对前一个时期的坚持、改革、发展。用改革开放后的历史时期否定改革开放前的历史时期的倾向和观点，不仅抽掉了中国特色社会主义探索的基础，也必然导致对中国特色社会主义的否定。否定了改革开放前后两个历史时期中的任何一个时期，就没有中国特色社会主义，就否定了中国特色社会主义。故而不能用改革开放后的成就否定改革开放前的建设道路，也不能用改革开放前的稳定否定改革开放后的成就。

经典品读

《关于正确处理人民内部矛盾的问题》（节选）

（毛泽东 1957 年 2 月）

二、肃反问题

肃清反革命分子的问题是敌我矛盾的斗争问题。在人民内部，有些人对于肃反问题的看法，也有一些不同。有两种人的意见，和我们的意见不相同。有右倾思想的人不分敌我，认敌为我。广大群众认为是敌人的人，他们却认为是朋友。有"左"倾思想的人则把敌我矛盾扩大化，以至把某些人民内部的矛盾也看作敌我矛盾，把某些本来不是反革命的人也看作反革命。这两种看法都是错误的，都不能正确地处理肃反问题，也不能正确地估计我们的肃反工作。

为了正确地估计我国的肃反工作，我们不妨看一看匈牙利事件对于我们国家的影响。匈牙利事件发生以后，在我国一部分知识分子中有些动荡，但是没有引起什么风浪。这是什么原因呢？应该说，原因之一，就是我们相当彻底地肃清了反革命。

当然，我们国家的巩固，首先不是由于肃反。我们国家的巩固，首先是由于我们有经过几十年革命斗争锻炼的共产党和解放军，有经过几十年革命斗争锻炼的劳动人民。我们的党和军队是在群众中生了根的，是在长期革命火焰中锻炼出来的是有战斗力的。我们的人民共和国是经过革命根据地逐步发展起来的，不是突然建立起来的。有些民主人士也受过不同程度的锻炼，同我们共过患难。有些知识分子经历过反对帝国主义和反动势力的斗争的锻炼，许多人经历过解放以后的以分清敌我界限为目标的思想改造。此外，我们国家的巩固，还由于我们的经济措施根本上是正确的；人民生活是稳定的，并且逐步有所改善；我们对于民族资产阶级和其他阶级的政策，也是正确的，等等。但是，我们在肃清反革命方面的成功，无疑是我们国家巩固的重要原因之一。由于这一切，我们的大学生虽然还有许多人是非劳动人民家庭出身的子女，但是除了少数例外，都是爱国的，都是拥护社会主义的，他们在匈牙利事件时期没有发生波动。民族资产阶级也是这样。更不要说工农基本群众了。

解放以后，我们肃清了一批反革命分子。一些有严重罪行的反革命分子被处了死刑。这是完全必要的，这是广大群众的要求，这是为了解放长期被反革命分子和各种恶霸分子压迫的广大群众，也就是为了解放生产力。我们如果不这样做，人民群众就会抬不起头来。从一九五六年以来，情况就根本改变了。就全国说来，反革命分子的主要力量已经肃清。我们的根本任务已经由解放生产力变为在新的生产关系下面保护和发展生产力。有些人不了解我们今天的政策适合于今天的情况，过去的政策适合于过去的情况，想利用今天的政策去翻过去的案，想否定过去肃反工作的巨大成绩，这是完全错误的，这是人民群众所不允许的。

我们的肃反工作，成绩是主要的，但是也有错误。过火的，漏掉的，都有。我们的方针是："有反必肃，有错必纠"。我们在肃反工作中的路线是群众肃反的路线。采取了群众路线，工作中当然也会发生毛病，但是毛病会比较少一些，错误会比较容易纠正些。群众在斗争中得到了经验。做得正确，得了做得正确的经验。犯了错误，也得了犯错误的经验。

在肃反工作中，凡是已经发现了的错误，我们都已经采取了或者正在采取纠正的步骤。没有发现的，一经发现，我们就准备纠正。原来在什么范围内弄错的，也应该在什么范围内宣布平反。我提议今年或者明年对于肃反工作全面检查一次，总结经验，发扬正气，打击歪风。中央由人大常委会和政协常委会主持，地方由省市人民委员会和政协委员会主持。在检查工作的时候，我们对广大干部和积极分子不要泼冷水，而要帮助他们。向广大干部和积极分子泼冷水是不对的。但是发现了错误，一定要改正。无论公安部门、检察部门、司法部门、监狱、劳动改造的管理机关，都应该采取这个态度。我们希望人大常务委员、政协委员、人民代表，凡是有可能的，都参加这样的检查。这对于健全我们的法制，对于正确处理反革命分子和其他犯罪分子，会有帮助的。

目前关于反革命分子的情况，可以用这样两句话来说明：还有反革命，但是不多了。首先是还有反革命。有人说，已经没有了，天下太平了，可以把枕头塞得高高地睡觉了。这是不合事实的。事实是还有（当然不是说每一个地方每一个单位都有），还必须继续和他们作斗争。必须懂得，没有肃清的暗藏的反革命分子是不会死心的，他们必定要乘机捣乱。美帝国主义者和蒋介石集团经常还在派遣特务到我们这里来进行破坏活动。原有的反革命分子肃清了，还可能出现一些新的反革命分子。如果我们丧失警惕性，那就会上大当，吃大亏。不管什么地方出现反革命分子捣乱，就应当坚决消灭他。但是就全国来说，反革命分子确实不多了。如果说现在全国还有很多反革命分子，这个意见也是错误的。如果接受这种估计，结果也会搞乱。

（资料来源：《毛泽东文集》第七卷，人民出版社1999年版）

习题演练

一、单项选择题

1. 社会主义基本制度确立后，如何在中国这样一个经济文化比较落后的东方大国建设和巩固社会主义，是党面临的全新课题。1956年4月，毛泽东作了《论十大关系》的报告，在初步总结我国社会主义建设经验的基础上，从十个方面论述了我国社会主义建设需要重点把握的重大关系。"十大关系"所围绕的基本方针是（　　）。

A. 集中力量向科学进军

B. 调动一切积极因素为社会主义事业服务

C. 正确处理人民内部矛盾

D. 既反保守又反冒进，在综合平衡中稳步前进

2. 新中国的工业化是在苏联的影响下起步的。走中国工业化道路，是中国共产党初步探索我国社会主义建设道路的一个重要思想。当时所讲的工业化问题，主要是指（　　）。

A. 中央和地方的关系问题

B. 经济建设和国防建设的关系问题

C. 沿海工业和内地工业的关系问题

D. 重工业、轻工业和农业的发展关系问题

3. 下列选项中，关于在社会主义改造完成后我国社会主要矛盾的说法不正确的是（　　）。

A. 我国国内的主要矛盾，是人民对于建立先进的工业国的要求同落后的农业国的现实之间的矛盾

B. 我国国内已经居于主导地位的是人民内部矛盾

C. 我国国内的主要矛盾，是人民对于经济文化迅速发展的需求同当前经济文化不能满足人民需要的状况之间的矛盾

D. 我国社会的主要矛盾仍然是敌我矛盾

4. 1956年苏共二十大之后，毛泽东认为苏联的社会主义建设对我们最重要的启示是（　　）。

A. 要实行"一边倒"政策，全面向苏联学习

B. 要坚定地维护斯大林的历史地位和形象

C. 要坚持无产阶级专政，防止资本主义复辟

D. 要把马列主义与中国实际进行"第二次结合"，探索自己的道路

5. 1956年9月召开的党的八大，根据我国社会主要矛盾的变化，提出党和国家的主要任务是（　　）。

A. 最终完成"三大改造"

B. 实现"四个现代化"

C. 集中力量发展社会生产力，实现国家工业化

D. 建成强大的社会主义国家

6. 在全党和全国工作重心由革命转向建设的时候，面临着一个（　　）的问题。

A. 如何弱化革命观念　　　　　　B. 如何认识和处理社会主义社会矛盾

C. 如何发展和维系群众　　　　　D. 如何加强党的领导

7. 毛泽东在《关于正确处理人民内部矛盾的问题》一文中提出的发展国民经济的总方针是（　　）。

A. 重工业及其基础设施的发展是我国经济建设的核心

B. 以农业为基础，以工业为主导，以农轻重为序

C. 具有现代农业、现代工业、现代国防和现代科学技术

D. 只有实现了国家工业化，才能实现私营工业国有化和农业集体化

8. 毛泽东在社会主义的建立、建成和发展阶段问题上提出的一个重要思想是（　　）。

A. 我国已经进入社会主义社会的初级阶段

B. 我国社会主义制度才刚刚建立，还没有完全建成，还不完全巩固

C. 社会主义"又可能分为两个阶段，第一个阶段是不发达的社会主义，第二个阶段是比较发达的社会主义"

D. 社会主义制度已经确立，下一步是为向共产主义社会迈进奠定基础

9. 社会主义基本矛盾运动的特点是（　　）。

A. 对抗性的　　　　　　　　　　B. 和谐统一

C. 对立斗争　　　　　　　　　　D. 相适应又相矛盾

10. 社会主义社会的基本矛盾是（　　）。

A. 无产阶级同资产阶级的矛盾

B. 生产力和生产关系、经济基础和上层建筑之间的矛盾

C.人民内部矛盾

D.社会主义阵营与帝国主义阵营的矛盾

二、多项选择题

1.以毛泽东为主要代表的中国共产党人开始探索适合中国国情的社会主义建设道路的背景和条件是（　　　）。

A.中国已进入社会主义社会的初级阶段

B.需要总结"一五"计划执行过程中的经验和教训

C.波匈事件发生，需要认真思考社会主义的历史命运

D.苏共二十大的召开，应该"以苏为鉴"

2.在探索社会主义建设道路的初期，以毛泽东为代表的党的第一代领导人在经济体制和管理制度上提出的思想有（　　　）。

A."三个主体，三个补充"的思想

B.消灭资本主义，又搞资本主义

C.实行农业生产责任制

D.发展社会主义商品生产，重视价值规律

3.毛泽东指出，用民主的方法解决人民内部矛盾，所谓民主方法是指（　　　）。

A.讨论的方法　　　　　　　　B.说服教育的方法

C.大鸣大放的方法　　　　　　D.批评的方法

4.关于毛泽东提出的社会主义现代化战略目标的阐述，正确的有（　　　）。

A.把中国建设成为具有现代农业、现代工业、现代国防和现代科学技术的强国

B.实现社会主义现代化战略目标，应当采取"两步走"的发展战略

C.第一步建成一个独立的比较完整的工业体系和国民经济体系

D.第二步全面实现工业、农业、国防和科学技术现代化

5.人民内部矛盾包括（　　　）。

A.政府和人民群众之间的矛盾　　　B.农民阶级内部的矛盾

C.工人阶级内部的矛盾　　　　　　D.工人、农民同知识分子之间的矛盾

6.中国开始全面建设社会主义的历史阶段是在（　　　）。

A.1956年生产资料所有制的社会主义改造基本完成之后

B.1956年社会主义制度初步确立后

C.1949年新民主主义革命基本胜利后

D.1949年中华人民共和国成立后

7.毛泽东提出的一整套"两条腿走路"的方针，包括（　　　）。

A.沿海工业和内地工业同时并举

B. 重工业和轻工业同时并举

C. 中央工业和地方工业同时并举

D. 大型企业和中小型企业同时并举

8. 陈云提出"三个主体，三个补充"的设想，包括（　　　）。

A. 在工商业经营方面，国家经济和集体经济是工商业的主体，一定数量的个体经济是补充

B. 在对外交流方面，自力更生是主体，引进技术是补充

C. 在社会主义的统一市场里，国家市场是主体，一定范围的国家领导的自由市场是国家市场的补充

D. 在生产计划方面，计划生产是工农业生产的主体，在许可范围内的自由生产是补充

9. 在社会主义建设道路初步探索过程中，我们创造的建设成就为之后的建设奠定了重要的物质基础，主要表现在（　　　）。

A. 我们现在赖以进行现代化建设的物质技术基础，很大一部分是这个期间建设起来的

B. 基本建立了独立的比较完整的工业体系和国民经济体系

C. 培养了全国经济文化建设等方面的骨干力量，积累了经济文化建设方面的宝贵工作经验

D. 经济保持了较快的发展速度，经济实力显著增强

10. 关于社会主义民主政治建设的阐述，正确的有（　　　）。

A. 党的八大提出，要进一步扩大民主，开展反对官僚主义的斗争

B. 加强对国家工作的监督，特别是加强党对国家机关的领导和监督

C. 加强各级人民代表大会和它的常务委员会对同级政府机关的监督

D. 提出着手系统地制定比较完备的法律，健全法律

三、简答题

1. 党在社会主义建设探索中取得了哪些重要的理论成果？

2. 简述关于社会主义社会基本矛盾的思想。

3. 简述走中国工业化道路的思想。

4. 社会主义建设道路初步探索具有哪些意义？

四、论述题

1. 论述党对社会主义建设道路初步探索的经验教训。

2. 毛泽东的《论十大关系》对我们今天建设中国特色社会主义有哪些指导意义？

实践篇

实践项目一 著作研读——《论十大关系》

⚙ 实践目标

通过认真研读毛泽东的《论十大关系》一书，了解党和国家在社会主义建设道路初步探索阶段关于国家建设各方面的理念、构想及意义，学习《论十大关系》中所蕴含的调查研究精神、独立自主探索精神及其所体现出的辩证思维方法。

📋 实践方案

1. 任课教师在课堂上把实践项目及所要达到的效果、对应的理论问题讲解清楚，并确定实践活动的具体时间。

2. 将学生分为若干小组，每组3～5人。学生以小组为单位，课外认真阅读《论十大关系》，阅读结束后小组组内探讨和交流阅读感悟。

3. 学生通过进一步收集和整理相关资料，结合小组成员的讨论交流情况，撰写一份关于《论十大关系》的读后感，要求不低于1000字。

4. 每个小组推选1名代表在课堂上发言，分享个人及本组阅读《论十大关系》的感悟和心得。

5. 任课教师对学生发言进行点评和总结，并针对学生在阅读中遇到的问题答疑解惑。

🖥 参考资料

相关链接：

毛泽东《论十大关系》

活动评分表

评分项目	评分标准	分值	得分	教师点评
阅读情况	仔细阅读、认真思考	30		
读后感	内容丰富、感悟深刻	40		
发言	讲述生动、总结到位	30		
第_____组　　总分：_____				

读后感结构模式与写作要求

一、结构模式

读后感，顾名思义，要先有"读"，而后才有"感"可言，它将阅读与写作紧密地联系在一起。在日常生活中，我们读了一篇文章、一本书、一首诗后将自己的感受、心得、体会写下来形成文字，就是读后感。

读后感的结构一般分为如下四个部分：

第一部分：述读（前提）

第二部分：感点（桥梁）

第三部分：发感（论证）

第四部分：结感（升华）

在这个结构模式中，"感点"是关键，感点，就是你阅读后最有感受的点，没有了感点，读后感也就失去了灵魂，也就无所谓"读后感"。

在整篇文章中，感点在"述读"与"发感"之间起着桥梁的作用，是连接全文的纽带。"感点"承接"述读"。读后感的写作，必须是先"读"而后"感"，不"读"则无"感"，"读"是"感"的前提和基础，"感"是"读"的延伸和结果。"感点"也领起"发感"，它是发感的依据。发感必须围绕感点展开论述，对感点发表自己的看法、感受，以议论为主，突出一个"感"字。"结感"收束全篇，升华感点，是"感"的归宿。

二、写作要求

写读后感，要注意把握好以下几步：

第一步：拟主标题

这一步很重要。很多人直接写"×××读后感"，这样的标题可能引不起别人阅读的兴趣。如果有了一个非常醒目的主标题，就容易让人一开始就抓住文章的主旨和要义，产生一种乐于阅读的心思。所以，虽然也可以不要主标题，但是一般情况下，建议拟一个主标题，如"读《×××》有感"。

主标题是文章的眼睛，标题醒目，就像一个人拥有一双明亮的大眼睛一样，先是好看了三分。因此，主标题一定要高度凝练你的感想感悟。不要泛泛而写，一定要结合感点。

第二步：述读——引

在通常情况下，要围绕感点，引述材料。就是围绕感点，有的放矢地简述原文相关内容。写这部分内容就是为了交代感想从何而来，并为后文的议论作好铺垫。在述读这部分，要做到：一是引述原文要精简，不能大段大段地叙述所读书籍、文章的具体内容。二是对于原文的述读，材料精短的，可以全文引述。三是篇幅较长的，只能够简述与感点有直接关系的部分，与感点无关紧要的部分不要引述。四是引用材料要精简、准确、有针对性。五是这部分内容如果拖沓冗长或者与主题不符，就会让人反感。

第三步：感点——议

议，就是紧承前一段"述读"所引述的材料，针对材料进行评析，既可就事论事，对所"引"的内容作一番分析；也可以由现象到本质、由个别到一般地作一番挖掘；对寓意深的材料更要深入剖析，然后水到渠成地"亮"出自己的感点，也就是中心论点。

要注意的是，感点的提出，要有与之相关的所读材料。如果没有述读的这部分材料，感点就是无源之水，流而不远；感点也只能是空发议论，泛泛而谈。所以，不管述读在感点之前，还是在感点之后，首先要有述读的存在，其后才有感点的成立。

第四步：发感——联

"发感"就是对"感点"——中心论点——进行论证。这部分是读后感的主体部分，是对感点的阐述，通过摆事实、讲道理证明感点的正确性，或正面论、反面论，证明感点的合理性。

要注意的是，一是所摆的事实、所讲的道理都要围绕感点来展开，而不能游离于感点之外。也就是你所摆的事实、所讲的道理和感点要有共鸣，不能另立一个论点，否则，就会不知所云，下笔千言，离题万里。二是发感还要联系实际，深入论证。联系实际，既可以由此及彼地联系现实生活中相类似的现象，也可以由古及今联系现实生活中的相反的种种问题，有时候还可以是个人的思想、言行、经历。三是联系实际，要有针对性，必须紧扣感点，不能泛泛而谈，不能脱离感点随意联想，不着边际。

第五步：结感——结

"结感"就是收束全文，既可以回应前文，强调感点；也可以提出希望和要求。

要注意的是，不管怎样结尾，都要与前面的几个部分构成一个有机整体，不能横生枝节，说一些不着边际的话。另外，要结得自然，顺理成章收束全篇。或发人深思，或气势磅礴，或首尾呼应，暗合标题，都不失精彩。

实践项目二　　线上展览——新中国的"第一"

实践目标

新中国成立初期，我国还是一个落后的农业国，毛泽东曾说："现在我们能造什么？能造桌子椅子，能造茶碗茶壶，能种粮食，还能磨成面粉，还能造纸，但是，一辆汽车、一架飞机、一辆坦克、一辆拖拉机都不能造。"然而，在走上社会主义道路之后，我国却拥有了很多"第一"，比如第一辆汽车、第一辆飞机、第一辆坦克……本次实践活动通过查阅收集并展示新中国的各种"第一"，让学生在实践活动中明白社会主义道路对中国的意义，明白社会主义道路是历史和人民的必然选择。

🧰 实践方案

1. 任课教师提前2～3周布置任务，为活动留够充足的准备时间，讲明注意事项及活动范围。

2. 将学生分为若干小组，每组8～10人，全班同学讨论划定各小组负责领域（如科技、经济、医学等领域），每个小组视情况决定负责1～2个领域，任课教师负责指导，各小组有问题及时向任课教师询问或反馈。

3. 每个小组推选1名组长，负责整个小组的活动安排、进度把握及其他工作；推选2名成员负责图片、视频的整理及PPT或视频的制作。

4. 各小组成员分工合作，收集图片、视频资料，交给负责制作PPT或视频的同学进行加工处理。

5. PPT或视频制作完成后，各小组推选1名学生根据制作的PPT或视频撰写解说词；另推选1名学生进行解说，讲解要经过多次练习，以达到熟练自然且情感饱满的程度。

6. 各小组将各自制作的PPT或视频和讲解词交给任课教师，任课教师与其他院系进行协调，到各院系多媒体教室进行线上展览及讲解。

7. 展览结束，每位学生写1份活动感悟提交给任课教师。

8. 任课教师根据PPT或视频、讲解词、讲解员表现及活动感悟等进行综合评价，个人得分由小组得分加活动感悟得分组成。

🔍 参考资料

活动评分表

评分项目	评分标准	分值	得分	教师评语
小组分工	分工明确，配合度高	20		
PPT或视频	画面清晰，生动真实	20		
讲解词	简洁准确，主题鲜明	20		
讲解员表现	吐字清晰，基调准确	20		
活动感悟	见解独到，内容丰富	20		
姓名：＿＿＿ 小组：＿＿＿ 总分：＿＿＿				

讲解词写作技巧

展品、观众、讲解员三者高度和谐是展览应该达到的目标。讲解员的讲解是沟通听众与展品的桥梁，讲解员的讲解来自讲解词。因此，讲解的成败很大程度上取决于是否有一份生动的讲解词。关于讲解词的写作问题，应主要把握以下几个方面。以下是一位讲解员的体会。

一、确定主题

主题是一篇讲解词的灵魂。讲解词写作要有所侧重，对于那些意义深远并且内容丰富的展品，应该有重点、详细地去写。编写讲解词时要"以人为本"，站在普通听众的角度看待讲解内容，切实从观众的参观需求出发，选取能够突出陈列主题思想和观众感兴趣的点重点介绍，做到详略得当，有所取舍。以西北师范大学博物馆书画馆为例，展馆内有很多珍贵的书画作品，很多参观者时间有限，只能挑选最有价值的作品介绍。因此，像文征明的《石湖观景》、赵佶的《宣和殿蛱蝶图》、仇英的《汉武帝巡猎图》、齐白石的《虾条》等作品就成为讲解的重点。讲解词要向重要的展品"倾斜"，从这些展品入手，将整个展览的内容写好、讲好。对于次要、一般的展品简单介绍即可，无须耗费太多时间。

二、语言口语化

一篇好的讲解词首先得让听众听明白。整篇都是学术性极强的术语，听众一头雾水，什么也没听懂，就算不上一篇优秀的讲解词。因此，讲解词要口语化，讲解员可以娓娓道来，而不是艰涩难懂。语句要通顺，句式也要适中。不能一直用长句或短句，要适宜。不能因句子过短而不连贯，也不能因句子过长使听众难以理解。在句式方面应多采用清爽、简洁的短句、散句，同时还要充分调遣并综合运用整句与散句、长句与短句，使它们错落有致，各尽其长。这不仅有利于表达，也更有利于参观者捕捉重要信息。

三、注重讲解词的准确性

讲解词并非个人肆意挥洒文采的文章，它是集科学性、准确性于一身的说明文。因此，写作讲解词必须讲究内容的真实性。因此，写作讲解词必须认真查阅资料，坚决不写不确定的内容。对于有争议的内容，尽量不写，若写出来，要写明争议。

四、根据展览内容定风格

不同的展览，其讲解词的写作风格也有一定差别，展览讲解词采用什么样的风格，需要根据主题，特别是整个展览的内容来确定。一般来说，内容比较庄重严肃的展览，其讲解词应写得严谨朴实一些；展览内容如果气势恢宏、激动人心，展览讲解词则可以写得大气、富有感染力一些；介绍艺术品的展览讲解词往往是鉴赏性的，其风格应当华美绚丽；内容比较通俗的展览，其讲解词可以写得轻松活泼一些。

五、注重材料取舍

要注重材料取舍。"有所舍才能有所得"。讲解词切忌无重点、过于烦琐。以书画馆《虾条》的讲解词为例，我初次讲解时由于没有经验，把自己了解的关于齐白石的知识全都加到了讲解词中，导致听众信息量过大，反而削弱了听众对画的理解。后来经过老师的悉心指导，我剔除了齐白石与毛主席和郭沫若的一段趣谈，着重讲解齐老画的虾的特点：虾须"柔中有刚"。这样既抓住了讲解的重点，也提高了听众的兴趣。

六、要根据不同听众写作不同的讲解词

在兰州讲解员大赛培训课上，西安半坡博物馆副馆长张希玲女士曾要求讲解员要根据听众的不同写作不同的讲解词。以我讲解的经历为例，前段时间，有一批8～10岁的留守儿童来参观。他们年龄小，喜欢有趣的事物，对于校史馆他们完全没有兴趣。而对于恐龙化石、动物标本，他们兴趣很浓。因此，给他们讲解的主题就应该定位在自然展馆。一些年纪比较大的参观者对校史馆和历史书画展馆更有兴趣。所以，讲解要因人而异。

七、讲解词要具有审美价值

1. 知识价值。为听众讲解新知识，激发他们求知的欲望。讲解词要尽量做到丰富多彩、生动有趣。讲解不仅是介绍展品，也是对展品知识的拓展延伸。例如讲解校史馆"百龙戏海"洮砚，就要拓展一下中国古代"四大名砚"的知识。

2. 艺术价值。艺术性可以使讲解词更具活力，更加吸引人、感染人，增强表达效果。罗丹曾说过"艺术就是感情"，讲解词不能索然无味、过于平淡，应饱含着真挚深沉的感情。艺术性还体现在表现的形式上，讲解词要诙谐、幽默，要有"包袱"、趣味。这一点在书画上尤为明显。根据一幅画的构图、着色、用笔等体会作者的绘画技巧与方法，给观众以美的熏陶、美的感染。

3. 科学价值。科学价值讲的是科学精神和科学态度。要实事求是、认真负责地向听众阐述事物的本来面目，向听众展示展品的科学性。

4. 宣传效应。例如校史馆可以培养师生对学校的热爱，也可以让外校参观者了解西北师范大学辉煌而沧桑的百年历史。

邓小平理论、「三个代表」重要思想、科学发展观

第五章 邓小平理论

导航篇

知识网络

第五章 邓小平理论
- 一、邓小平理论的形成
  - 邓小平理论的形成条件
  - 邓小平理论的形成过程
- 二、邓小平理论的基本问题和主要内容
  - 邓小平理论回答的基本问题
  - 邓小平理论的主要内容
- 三、邓小平理论的历史地位
  - 马克思列宁主义、毛泽东思想的继承和发展
  - 中国特色社会主义理论体系的开篇之作
  - 改革开放和社会主义现代化建设的科学指南

学习指南

⊙学习目标

通过学习，把握邓小平理论的形成条件和形成过程，深刻理解邓小平理论回答的基本问题和主要内容，明确邓小平理论的历史地位；进而明确，经过改革开放和现代化建设实践的检验，邓小平理论已经被证明是指导中国人民建设中国特色社会主义、保证中国在改革开放中实现国家繁荣富强和人民共同富裕的系统的科学理论，是改革开放和现代化建设的科学指南，是党和国家必须长期坚持的指导思想；进一步理解当代中国发生历史性巨变的原因，认识到改革开放为中国和世界带来的变化，把握改革开放新时期党和国家全部理论和实践的主题。

⊙学习思路

邓小平理论是毛泽东思想的继承和发展，是中国特色社会主义理论体系的开篇之作，因此，本章具有承上启下的重要作用，在学习过程中，要注意本章内容在整

个中国特色社会主义理论体系中的地位。本章和第一章的逻辑顺序是一样的，先讲邓小平理论的形成，再讲邓小平理论的主要内容，最后讲邓小平理论的历史地位，同样是层层递进、逐步深入的逻辑关系，可以参照第一章的学习方法进行学习。

理论篇

要点解析

要点一：邓小平理论的形成

邓小平理论是在和平与发展成为时代主题的历史条件下，在总结我国社会主义胜利和挫折的历史经验并借鉴其他社会主义国家兴衰成败历史经验的基础上，在我国改革开放和现代化建设的实践中，逐步形成和发展起来的。

20世纪70年代以后，和平与发展成为时代主题，是邓小平理论形成的时代背景；马列主义、毛泽东思想是邓小平理论形成的理论基础；中外社会主义建设的经验教训是邓小平理论形成的历史依据；我国改革开放和社会主义现代化建设的伟大实践是邓小平理论形成的现实依据。

1997年召开的党的十五大正式提出"邓小平理论"这一概念，深刻阐述了邓小平理论的历史地位和指导意义，进一步论述了邓小平对这一理论的创立作出的独创性贡献，会议决定把邓小平理论同马克思列宁主义、毛泽东思想一起，确立为党的指导思想并写入党章。1999年的宪法修正案正式将邓小平理论载入宪法。

解析： 邓小平理论形成的条件可以概括为"古、今、中、外"四个字。"古"指的是马列主义、毛泽东思想为邓小平理论的形成奠定了丰富的理论基础；"今"指的是当前世界人民都渴望和平与发展，美苏两大阵营力量趋于平衡，短时间内爆发世界大战的可能性越来越小，给中国的建设和发展提供了相对安全的国际环境；"中"指的是中国的社会主义建设和改革开放后发展的经验教训给邓小平理论的形成提供了依据；"外"指的是苏共二十大和波匈事件暴露出了苏联模式的弊端，让我们吸取教训，调整策略，邓小平等领导人及时分析原因，果断纠正错误，为以后的发展奠定了良好的基础。

要点二：邓小平理论回答的基本问题

什么是社会主义、怎样建设社会主义，是邓小平在领导改革开放和现代化建设这一新的革命过程中，不断提出和反复思考的首要的基本的理论问题。

1992年初，邓小平在南方谈话中对社会主义本质作了总结性理论概括："社会主义的本质，是解放生产力，发展生产力，消灭剥削，消除两极分化，最终达到共同富裕。"这一科学概括，既包括了社会主义社会的生产力问题，又包括了以社会主义生产关系为基础的社会关系问题，是一个有机的整体，为我们坚持公有制又完善和发展公有制指出了明确的方向。

解析：新中国成立以来，我们对什么是社会主义、怎样建设社会主义始终认识得不够充分、不够深刻，这也导致我们在建设社会主义的过程中走了一些弯路、遇到了一些挫折，影响了中国社会主义事业发展的进程，因此，邓小平理论首要的基本的理论问题，就是搞清楚什么是社会主义、怎样建设社会主义。

◎ 要点三：邓小平理论的主要内容

邓小平理论贯穿解放思想、实事求是的思想路线，围绕着"什么是社会主义、怎样建设社会主义"这个基本的理论问题，第一次比较系统地初步回答了建设中国特色社会主义的一系列基本问题。

1. 解放思想、实事求是的思想路线

"文化大革命"结束后，邓小平旗帜鲜明地提出毛泽东思想的精髓是实事求是，领导和支持关于实践是检验真理的唯一标准大讨论，着手解决党的思想路线问题。1978年党的十一届三中全会召开前夕，在中央工作会议上邓小平发表《解放思想，实事求是，团结一致向前看》的讲话。1992年初邓小平《在武昌、深圳、珠海、上海等地的谈话要点》，是全面改革进程中思想解放的科学总结。

解析：客观世界是不断变化的，只有不断解放思想才能正确认识客观世界，中国共产党自成立起就存在教条主义和经验主义的错误，只有真正的解放思想才能纠正这些错误，更好地发展党和国家。过去取得的成就是靠实事求是，以后要有更好的发展，还必须坚持实事求是，不切实际是永远行不通的。

2. 社会主义初级阶段理论

我国处在社会主义初级阶段，是邓小平和我们党对当代中国基本国情的科学判断。党的十三大明确指出，社会主义初级阶段，就是指我国在生产力落后、商品经济不发达条件下建设社会主义必然要经历的特定阶段，即从我国进入社会主义到基本实现社会主义现代化的整个历史阶段。

社会主义初级阶段的论断包括两层含义：第一，我国已经进入社会主义社会，必须坚持而不能离开社会主义；第二，我国的社会主义社会还处在不发达的阶段，必须正视而不能超越初级阶段。

解析：我国处于并将长期处于社会主义初级阶段，是中国当前最大的实际。

3.党的基本路线

党的十三大报告提出了党在社会主义初级阶段的基本路线：领导和团结全国各族人民，以经济建设为中心，坚持四项基本原则，坚持改革开放，自力更生，艰苦创业，为把我国建设成为富强、民主、文明的社会主义现代化国家而奋斗。

解析：要注意基本路线的完整表述，不要只记得"一个中心，两个基本点"，也不要漏掉"自力更生，艰苦创业"。

4.社会主义根本任务的理论

生产力是社会发展的最根本的决定性因素，社会主义的根本任务是发展生产力。邓小平深刻地概括出"科学技术是第一生产力"这个新论断，反映了科学技术在当代发展的新形势和对我国现代化建设的新要求。

解析：邓小平看到了生产力的重要性，注重生产力和生产关系的统一，提出要解放生产力，发展生产力。

忆往昔

1978年3月全国科学大会召开，这次科学大会的意义非同寻常。人们都说，它象征着科学的春天到来了。正是在这次会议上，千百万科技工作者感受到了科学的春天。

"在社会主义社会里，工人阶级自己培养的脑力劳动者，已经是无产阶级自己的一部分，从事体力劳动者，从事脑力劳动者，都是社会主义的劳动者。"当谈到要"加强科技队伍的党委领导"时，邓小平又真诚地吐露了自己的心声，"为了实现科学研究计划，为了把科学研究工作搞上去，我愿意当大家的'后勤部长'。"

其实，从1977年第三次复出以后，邓小平就一直关心着科学家和科学事业，他是中国科学界的一位名副其实的"后勤部长"，人们一次次感受到这位老人爱惜人才的无私情结和发展中国科技事业的急切之情。

1992年邓小平最后一次来到南方视察。这位已经88岁高龄的老人，依旧关心和关注着中国高科技的发展。当来到珠海经济特区时，他要求看一看这里的高科技产业。得知年轻的科技人员在发展高科技产业中所起的作用和取得的成果时，老人的脸上浮现出欣慰的笑容："越新越好，越高越好，越高越新我也就越高兴，我高兴人民高兴，还有中国这个国家高兴。"

（资料来源：《十个历史故事，回顾邓小平光辉一生》，中国军网，http://military.cnr.cn/kx/20170219/t20170219_523608874_9.html）

5. "三步走"战略

1987年10月，党的十三大明确提出：第一步，从1981年到1990年实现国民生产总值比1980年翻一番，解决人民的温饱问题；第二步，从1991年到20世纪末，使国民生产总值再翻一番，人民生活达到小康水平；第三步，到21世纪中叶，人均国民生产总值达到中等发达国家水平，人民生活比较富裕，基本实现现代化。然后在这个基础上继续前进。

解析： 和人一样，一个国家要发展，也要有自己的目标，一步一个脚印，不能走得太快，不能把目标定得太远，要一个阶段一个阶段地去实现。

6. 改革开放理论

邓小平明确指出："改革是中国的第二次革命。""要发展生产力，经济体制改革是必由之路。""对外开放具有重要意义，任何一个国家要发展，孤立起来，闭关自守是不可能的，不加强国际交往，不引进发达国家的先进经验、先进科学技术和资金，是不可能的。"

解析： 注意制度和体制的区别：制度是不可以改的，只能完善和发展；体制是可以改的。现代化本身就是一场革命，只有通过改革，才能实现现代化。改革开放40多年的实践使我们进一步加深了对这些论断的认识。改革旧的体制适应了生产力发展的客观要求，为我国的现代化扫清了障碍、开辟了道路。改革使从经济、政治到思想、文化，从生产方式、生活方式到行为方式、思维方式完成了现代化所要实现的从传统文明向现代文明的转型。全面改革推动着社会主义现代化不断向纵深发展，也为实现全面现代化创造了条件。

7. 社会主义市场经济理论

党的十二届三中全会通过的《中共中央关于经济体制改革的决定》提出了社会主义经济是"公有制基础上的有计划的商品经济"的论断。在南方谈话中，邓小平明确提出："计划经济不等于社会主义，资本主义也有计划；市场经济不等于资本主义，社会主义也有市场。"社会主义市场经济理论的要点有：一是计划经济和市场经济不是划分社会制度的标志，计划经济不等于社会主义，市场经济也不等于资本主义；二是计划和市场都是经济手段，对经济活动的调节各有优势和长处，社会主义实行市场经济要把两者结合起来；三是市场经济作为资源配置的一种方式本身不具有制度属性，可以和不同的社会制度结合，从而表现出不同的性质。

解析： 注意不要死板地把计划经济等同于社会主义，把市场经济等同于资本主义，要看到市场经济是没有制度属性的。计划经济有计划，但是缺乏活力和效率；市场经济有活力和效率，但是没有计划，容易造成通货膨胀。因此，要把二者相结合，既有计划，又有活力和效率。

8. "两手抓，两手都要硬"

邓小平理论提出了一系列"两手抓"思想：一手抓物质文明，一手抓精神文明；一手抓建设，一手抓法制；一手抓改革开放，一手抓惩治腐败。两手抓，两手都要硬。

解析：概括来说，就是要双管齐下，不能顾此失彼，造成严重的后果。

9. "一国两制"

面对当时港澳台地区尚未统一的问题，邓小平提出"一个国家、两种制度"的构想。"和平统一、一国两制"构想的基本内容主要有：坚持一个中国，这是"和平统一、一国两制"的核心，是发展两岸关系和实现和平统一的基础；两制并存，在祖国统一的前提下，国家的主体部分实行社会主义制度，同时在台湾、香港、澳门保持原有的社会制度和生活方式长期不变；高度自治，祖国完全统一后，台湾、香港、澳门作为特别行政区，享有不同于中国其他省、市、自治区的高度自治权，台湾、香港、澳门同胞各种合法权益将得到切实尊重和维护；尽最大努力争取和平统一，但不承诺放弃使用武力；解决台湾问题，实现祖国完全统一，寄希望于台湾人民。

解析："一国两制"是祖国实现统一的最佳方案。它符合港澳台和中国大陆由于历史原因存在社会制度、生活习惯等差异的历史实际；它符合中国大陆和港澳台经济共同发展的要求，既保证了双方的稳定，又能为各自发展提供充足的空间；它照顾到了一些西方国家在这些地区的利益。要注意台湾和香港、澳门的区别，香港、澳门是中国与英国政府、葡萄牙政府的问题，台湾问题属于内政，与外国没有关系，也不容许外国干涉。

10. 中国问题的关键在于党

邓小平指出："没有中国共产党，就没有社会主义的新中国。"在中国这样一个大国，现代化建设，国家的统一，人民的团结，社会的安定，民主的发展，都要靠党的领导。加强党的建设，是我们党领导人民取得革命和建设胜利的一个法宝。

解析：党是新中国的缔造者，新中国的建设和发展也都是在党的领导下进行的，因此，只有党建设得好了，中国的一切问题才能解决好，中国才能发展得好。

相关链接：
伟大转折

◎ 要点四：邓小平理论的历史地位

邓小平理论是马克思列宁主义、毛泽东思想的继承和发展，是中国特色社会主义理论体系的开篇之作，是改革开放和社会主义现代化建设的科学指南。

解析：邓小平提出了"有中国特色的社会主义"，是中国特色社会主义的开创者，是改革开放的"总设计师"，他还提出了社会主义现代化建设。邓小平理论作为中国特色社会主义理论体系的开篇之作，对以后的继承者和发展者有非常重要的借鉴和指导意义。

案例精选

改革开放取得伟大成就的密码

习近平总书记指出："改革开放是决定当代中国命运的关键一招，也是决定实现'两个一百年'奋斗目标、实现中华民族伟大复兴的关键一招。"改革开放40多年来，我国各领域发展取得巨大成就，经济实力、科技实力、综合国力和人民生活水平跃上新的大台阶，创造了世所罕见的经济快速发展奇迹和社会长期稳定奇迹，人民群众的获得感、幸福感、安全感显著增强。改革开放为什么能取得举世瞩目的伟大成就？我们可以从不同角度总结出很多原因，但以下几个方面无疑是其中非常重要的成功密码。

坚强的领导核心。中国是一个拥有14亿多人口的发展中大国，必须有一个坚强的领导核心，才能把这么多的人口团结起来，形成推动改革开放和经济社会发展的强大力量。中国共产党正是这个坚强领导核心。我们党建立了由党的中央组织、地方组织和基层组织构成的科学严密的组织体系，形成了强大的组织动员能力。同时，我们党坚持把民主集中制作为党的根本组织原则，既充分发扬党内民主，又坚持党中央的集中统一领导，保证全党的团结统一和行动一致，保证党的决定得到迅速有效的贯彻执行。正是因为有中国共产党这个坚强领导核心，改革开放才能始终沿着正确方向坚定前行，我们才能成功应对一系列重大风险挑战、克服一系列艰难险阻，不断取得伟大成就。

坚定的人民立场。改革开放是党的事业，也是亿万中国人民自己的事业。改革开放是为了解放生产力、发展生产力，不断提高人民生活水平，实现好、维护好、发展好最广大人民的根本利益。改革开放之所以能够取得伟大成就，主要在于我们党始终坚持以人民为中心的发展思想，把改革开放事业深深扎根于人民群众之中，从而得到了人民群众的广泛拥护。可以说，在推进改革开放事业过程中，我们在认识和实践上的每一次突破和发展，每一个方面经验的创造和积累，都来自亿万人民的实践和智慧。从人民实践创造和发展要求中获得前进动力，让人民共享改革开放成果，我国改革开放事业就获得了源源不断的力量。

科学的思想指引。改革开放以来，我们党坚持马克思主义指导地位，不断推进实践基础上的理论创新，又用发展着的理论指导发展着的实践。坚持运用马克思主义认识世界发展大势、分析中国国情和党情新变化，作出了和平与发展是当今时代主题的判断，开启了改革开放历史新时期；作出中国仍处于并将长期处于社会主义初级阶段的重大判断，制定了党在社会主义初级阶段的基本路线；作出以改革创新精神推进党的建设新的伟大工程的正确决策，确保我们党始终走在时代前列，始终成为改革开放和社会主义现代化建设的坚强领导核心；以巨大的政治勇气和智慧，提出全面深化改革总目标是完善和发展中国特色社会主义制度、推进国家治理体系和治理能力现代化，改革呈现全面发力、多点突破、蹄疾步稳、纵深推进的局面……在改革开放的历史进程中，我们党勇敢推进理论创新、实践创新、制度创新、文化创新以及各方面创新，不断赋予中国特色社会主义以鲜明的实践特色、理论特色、民族特色、时代特色，形成了中国特色社会主义道路、理论、制度、文化，确保改革开放行稳致远。

正确的改革方法。在40多年的改革开放进程中，我们党始终坚持辩证唯物主义和历史唯物主义世界观方法论，不断深化对改革开放规律的认识。始终坚持解放思想、实事求是、与时俱进、求真务实，注重调查研究，在深入研究新情况、不断解决新问题的实践中增强本领、提高能力。不断提高战略思维、历史思维、辩证思维、创新思维、法治思维、底线思维等科学思维能力，增强工作的科学性、预见性、主动性和创造性。始终坚持系统观念，注重各项改革的相互促进、良性互动，形成推动改革开放的强大合力。始终坚持稳中求进工作总基调，既注重改革的系统性、整体性、协同性，又鼓励大胆试验、大胆突破，不断把改革开放引向深入。始终坚持问题导向和目标导向相统一，把化解矛盾、破解难题作为深化改革的突破口，克服了改革中一个又一个难题。始终发扬钉钉子精神，稳扎稳打向前走，一张蓝图绘到底，不断取得改革开放和社会主义现代化建设新胜利。

（资料来源：《人民日报》2021年5月27日13版）

案例解析：邓小平指出："贫穷不是社会主义""我们要赶上时代，这是改革要达到的目的"。改革开放40多年积累的宝贵经验是党和人民弥足珍贵的精神财富，对新时代坚持和发展中国特色社会主义有着极为重要的指导意义，必须倍加珍惜、长期坚持，并在实践中不断丰富和发展。

经典品读

《解放思想，实事求是，团结一致向前看》（节选）

（邓小平 1978年12月）

今天，我主要讲一个问题，就是解放思想，开动脑筋，实事求是，团结一致向前看。

一、解放思想是当前的一个重大政治问题

解放思想，开动脑筋，实事求是，团结一致向前看，首先是解放思想。只有思想解放了，我们才能正确地以马列主义、毛泽东思想为指导，解决过去遗留的问题，解决新出现的一系列问题，正确地改革同生产力迅速发展不相适应的生产关系和上层建筑，根据我国的实际情况，确定实现四个现代化的具体道路、方针、方法和措施。

在我们的干部特别是领导干部中间，解放思想这个问题并没有完全解决。不少同志的思想还很不解放，脑筋还没有开动起来，也可以说，还处在僵化或半僵化的状态。这并不是因为他们不是好同志。这种状态是在一定历史条件下形成的。

一是因为十多年来，林彪、"四人帮"大搞禁区、禁令，制造迷信，把人们的思想封闭在他们假马克思主义的禁锢圈内，不准越雷池一步。否则，就要追查，就要扣帽子、打棍子。在这种情况下，一些人就只好不去开动脑筋，不去想问题了。

二是因为民主集中制受到破坏，党内确实存在权力过分集中的官僚主义。这种官僚主义常常以"党的领导""党的指示""党的利益""党的纪律"的面貌出现，这是真正的管、卡、压。许多重大问题往往是一两个人说了算，别人只能奉命行事。这样，大家就什么问题都用不着思考了。

三是因为是非功过不清，赏罚不明，干和不干一个样，甚至干得好的反而受打击，什么事不干的，四平八稳的，却成了"不倒翁"。在这种不成文法底下，人们就不愿意去动脑筋了。

四是因为小生产的习惯势力还在影响着人们。这种习惯势力的一个显著特点，就是因循守旧，安于现状，不求发展，不求进步，不愿接受新事物。

思想不解放，思想僵化，很多的怪现象就产生了。

思想一僵化，条条、框框就多起来了。比如说，加强党的领导，变成了党去包办一切、干预一切；实行一元化领导，变成了党政不分、以党代政；坚持中央的统一领导，变成了"一切统一口径"。违反中央政策根本原则的"土政策"要

反对，但是也有的"土政策"确是从实际出发的，是得到群众拥护的。这些正确政策现在往往也受到指责，因为它"不合统一口径"。

思想一僵化，随风倒的现象就多起来了。不讲党性，不讲原则，说话做事看来头、看风向，满以为这样不会犯错误。其实随风倒本身就是一个违反共产党员党性的大错误。独立思考，敢想、敢说、敢做，固然也难免犯错误，但那是错在明处，容易纠正。

思想一僵化，不从实际出发的本本主义也就严重起来了。书上没有的，文件上没有的，领导人没有讲过的，就不敢多说一句话，多做一件事，一切照抄照搬照转。把对上级负责和对人民负责对立起来。

不打破思想僵化，不大大解放干部和群众的思想，四个现代化就没有希望。

目前进行的关于实践是检验真理的唯一标准问题的讨论，实际上也是要不要解放思想的争论。大家认为进行这个争论很有必要，意义很大。从争论的情况来看，越看越重要。一个党，一个国家，一个民族，如果一切从本本出发，思想僵化，迷信盛行，那它就不能前进，它的生机就停止了，就要亡党亡国。这是毛泽东同志在整风运动中反复讲过的。只有解放思想，坚持实事求是，一切从实际出发，理论联系实际，我们的社会主义现代化建设才能顺利进行，我们党的马列主义、毛泽东思想的理论也才能顺利发展。从这个意义上说，关于真理标准问题的争论，的确是个思想路线问题，是个政治问题，是个关系到党和国家的前途和命运的问题。

实事求是，是无产阶级世界观的基础，是马克思主义的思想基础。过去我们搞革命所取得的一切胜利，是靠实事求是；现在我们要实现四个现代化，同样要靠实事求是。不但中央、省委、地委、县委、公社党委，就是一个工厂、一个机关、一个学校、一个商店、一个生产队，也都要实事求是，都要解放思想，开动脑筋想问题、办事情。

在党内和人民群众中，肯动脑筋、肯想问题的人愈多，对我们的事业就愈有利。干革命、搞建设，都要有一批勇于思考、勇于探索、勇于创新的闯将。没有这样一大批闯将，我们就无法摆脱贫穷落后的状况，就无法赶上更谈不到超过国际先进水平。我们希望各级党委和每个党支部，都来鼓励、支持党员和群众勇于思考、勇于探索、勇于创新，都来做促进群众解放思想、开动脑筋的工作。

（资料来源：《邓小平文选》第二卷，人民出版社 1994 年版）

习题演练

一、单项选择题

1. 党的十三大召开前夕，邓小平强调指出："社会主义本身是共产主义的初级阶段，而我们中国又处在社会主义的初级阶段，就是不发达阶段，一切都要从这个实际出发，根据这个实际来制定规划。"这一论述（   ）。

　　A. 首次提出了社会主义初级阶段概念

　　B. 首次系统阐述了社会主义初级阶段理论

　　C. 首次把社会主义初级阶段作为事关全局的基本国情加以把握

　　D. 首次对社会主义发展阶段进行了划分

2. 邓小平强调，发展是硬道理，中国解决所有问题的关键是要靠（   ）。

　　A. 对外输出资本　　　　　　B. 不断引进技术

　　C. 自己的不断发展　　　　　D. 构建和谐社会

3. 新世纪以来，我国经济和社会发展呈现出一系列新的阶段性特征，但是这些新的阶段性特征的出现并没有改变我国仍处于社会主义初级阶段这一基本事实，这表明社会主义初级阶段是（   ）。

　　A. 科学社会主义基本原则与时代精神相结合的过程

　　B. 长期性与阶段性统一的动态过程

　　C. 社会性质与发展程度的有机统一过程

　　D. 先进社会制度与落后社会生产的矛盾过程

4. 邓小平理论的精髓是（   ）。

　　A. 解放生产力，发展生产力　　B. 解放思想，实事求是

　　C. 坚持四项基本原则　　　　　D. "三个有利于"标准

5. "发展才是硬道理""发展是党执政兴国的第一要务""发展是解决中国一切问题的总钥匙"，这是对社会主义建设历史经验的深刻总结。中国解决所有问题的关键是要靠自己的发展，而发展的根本目的是（   ）。

　　A. 增强综合国力

　　B. 体现社会主义优越性

　　C. 消灭剥削，消除两极分化

　　D. 使人民共享发展成果，实现共同富裕

6. 邓小平在不同场合，针对不同问题，提出过一系列"两手抓"的论断。在这一系列的"两手抓"的方针中，关键是（   ）。

　　A. 一手抓物质文明，一手抓精神文明　B. 一手抓改革开放，一手抓打击犯罪

　　C. 一手抓经济建设，一手抓民主法制　D. 一手抓改革开放，一手抓惩治腐败

7. 下列关于改革的阐述，不正确的是（　　　）。

A. 改革开放是新时期最鲜明的特点

B. 改革是社会主义社会发展的直接动力

C. 改革是社会主义制度的自我完善和发展

D. 改革是一个阶级推翻另一个阶级的革命

8. 下列关于邓小平对计划经济和市场经济的阐述，不正确的是（　　　）。

A. 计划经济是社会主义的基本特征，市场经济是资本主义特有的东西

B. 计划经济不等于社会主义，资本主义也有计划

C. 市场经济不等于资本主义，社会主义也有市场

D. 计划经济和市场经济不是划分社会制度的标志

9. 下列关于"一国两制"的阐述，不正确的是（　　　）。

A. 一个中国原则是"和平统一、一国两制"的核心

B. "一国两制"伟大构想的提出是从解决台湾问题开始的

C. "一国两制"伟大构想在实践中首先运用于解决香港问题、澳门问题

D. "一国两制"伟大构想强调完全自治原则

10. "改革是中国的第二次革命"是从（　　　）说的。

A. 扫除发展社会生产力的障碍这个意义上

B. 对社会各个方面要进行根本性变革的意义上

C. 根本上改革束缚我国生产力的经济体制的意义上

D. 根本上改革束缚我国生产力的政治体制的意义上

二、多项选择题

1. 在邓小平理论的形成过程中，被称作两个解放思想、实事求是的"宣言书"的是（　　　）。

A.《解放思想，实事求是，团结一致向前看》

B.《中国共产党第十二次全国代表大会上的开幕词》

C. 1992 年春邓小平视察南方的重要谈话

D.《党和国家领导制度的改革》

E.《革命和建设都要走自己的路》

2. 我们在处理改革、发展和稳定的关系时，必须做到（　　　）。

A. 把改革的力度、发展的速度和社会可承受程度统一起来

B. 把不断改善人民生活作为处理三者关系的重要结合点

C. 在社会稳定中推进改革和发展

D. 通过改革发展促进社会稳定

3. 邓小平理论形成的条件（或依据）是（　　　）。

A. 马克思列宁主义是其理论基础

B. 和平与发展成为时代主题是其时代背景

C. 社会主义国家兴衰成败的历史经验是其历史依据

D. 我国改革开放和现代化建设的实践是其现实基础

4. 下列选项中，不正确的观点是（　　　）。

A. 物质文明搞好了，有了物质基础，再去抓精神文明建设就容易了

B. 精神文明和物质文明的发展总是同步的，有了一定的物质文明，就会自然而然地产生与它相适应的精神文明

C. 在社会主义初级阶段必须以经济建设为中心，所以应当先抓物质文明建设，后抓精神文明建设

D. 在现代化建设的一定阶段，牺牲精神文明是搞好物质文明必然要付出的代价

5. "三个有利于"标准，是指是否有利于（　　　）。

A. 发展社会主义社会的生产力

B. 社会主义精神文明建设

C. 建设高度的社会主义民主

D. 增强社会主义国家的综合国力

E. 提高人民的生活水平

6. 党的十八届三中全会作出了《中共中央关于全面深化改革若干重大问题的决定》。下列对全面深化改革的认识，正确的有（　　　）。

A. 全面深化改革的总目标是完善和发展中国特色社会主义制度，推进国家治理体系和治理能力现代化

B. 全面深化改革要立足于我国长期处于社会主义初级阶段这个最大实际，坚持发展仍是解决我国所有问题的关键

C. 全面深化改革需要加强顶层设计和整体谋划，注重各项改革的关联性、系统性、可行性

D. 改革已进入攻坚期和深水区，深化改革要攻坚涉险，涉及的利益越来越复杂，碰到的阻力也越来越大

7. 公有制经济包括（　　　）。

A. 国有经济　　　B. 集体经济　　　C. 股份经济　　　D. 中外合资经济

E. 混合所有制经济中的国有和集体成分

8. 邓小平理论是马克思主义在当代中国发展的新阶段，基本标志是（　　　）。

A. 开拓了马克思主义的新境界

B. 提出了新的世界观和方法论

C.把对社会主义的认识提高到新的科学水平

D.对当今时代特征和总体国际形势作出了新的科学判断

E.形成了新的建设有中国特色社会主义理论的科学体系

9.邓小平关于社会主义本质的科学概括的显著特点是（ ）。

A.突出社会主义市场经济 B.突出社会主义价值目标

C.突出生产力的基础地位 D.在目标层次上界定社会主义的本质

E.在动态中描述社会主义的本质

10. 1992年初，邓小平在南方谈话中指出："社会主义的本质是解放生产力，发展生产力，消灭剥削，消除两极分化，最终达到共同富裕。"这一概念对社会主义传统认识的突破主要体现在（ ）。

A.破除了脱离生产力水平抽象谈论社会主义的认识

B.否定了社会主义必须坚持公有制和按劳分配原则的认识

C.摆脱了长期以来忽视建设社会主义根本目的和目标的认识

D.制止了把社会主义本质等同于社会主义具体做法的认识

三、简答题

1.为什么说邓小平理论是马克思主义在中国发展的新阶段？

2.为什么说改革是社会主义社会发展的动力？

3.邓小平理论形成和发展的社会历史条件是什么？

4.如何认识邓小平理论的历史地位？

四、论述题

1.论述社会主义初级阶段的基本特征。

2.论述"改革是中国的第二次革命"。

实践篇

实践项目一　　时事评论——《外商投资法》与对外开放

⚙ 实践目标

在概论课程中适时、适当地让学生进行时事评论，不仅能提高概论课的教学质量，增强教育效果，还能发挥学生的主体作用，增强学生的自主探究能力，达到素质教育的目标。

本次实践通过讨论《中华人民共和国外商投资法》(以下简称《外商投资法》)与对外开放，用实际问题去检验理论知识，让学生在实际生活中体会改革开放的重大意义，理解依法开放的重要性，从而真正理解并认同新时代我国坚持并扩大对外开放的重大意义。

📠 实践方案

1. 任课教师简要介绍《外商投资法》，简单快速导入本课主题"《外商投资法》与对外开放"，让学生从《外商投资法》来看我国的对外开放。

2. 将学生分为若干小组，每组5～6人，并选出1名小组长，组长负责本小组讨论活动的有序开展。

3. 任课教师指导学生收集外商投资的相关信息。资料收集可以从以下几个方面入手：(1)我国实际使用外资的数据变化；(2)我国吸引外商投资的主要原因；(3)外商在中国投资经营所面临的问题；(4)外资从本国走出来所面临的问题。学生在收集资料时所遇到的难题或疑惑需记录在册，以便课堂讨论。

4. 学生带着自己在收集资料过程中所遇到的问题阅读《外商投资法》文本，看看能否找到自己想要的答案。

5. 任课教师引导学生探讨他们在资料收集过程中所遇到的问题，然后引导学生讨论以下问题：(1)在资本相对充足的情况下，为什么还要进一步引进外资？(2)在科技水平提高的情况下，为什么还要进一步引进外资？(3)在西方加强外资审查的情况下，为什么还要进一步引进外资？(4)《外商投资法》是一部怎样的法律？(5)《外商投资法》正式实施后，会对自己未来的职业发展产生什么影响？

6. 任课教师点评各小组讨论交流的总体表现，对发言质量较高的小组给予表扬。

7. 任课教师让学生自己进行讨论小结，以最大限度地达成共识，帮助学生抓住本次实践活动的重点。

8. 教师总结：中国要永远做一个学习大国，把对外开放提高到新的水平。

🖥 参考资料

 **相关链接：**
《中华人民共和国外商投资法》

活动评分表

评分标准	分值	教师评价
准备扎实，讨论稿制作精美，能主动发现问题，并且发现的问题有思考和讨论价值。能积极参与讨论，态度认真、表达清晰且有一定的说服力，与其他同学有互动、论辩。思想观点有一定深度，条理清晰、有理有据	90～100	
讨论稿制作规范，能主动发现问题，但是发现的问题不太具有思考和讨论价值。能积极参与讨论，态度认真、表达清晰。思想观点明确，条理清晰、有理有据	70～90	
能积极参与讨论，态度认真，能按要求按时撰写讨论稿，没有抄袭现象	60～70	
不积极参与讨论，态度不认真，不按要求按时撰写讨论稿，甚至出现抄袭现象	60以下	

第_____组　　得分：_____

实践项目二　　社会调研——城镇居民消费结构

⚙ 实践目标

通过对居民消费结构进行调查，了解城镇居民在社会主义市场经济条件下的生活水平和消费现状。

📋 实践方案

1. 任课教师布置任务，将学生分为若干小组，每组5～8人，各小组选1名组长，负责本小组各项事务。

2. 各小组了解该城镇居民情况，准备、印制调查问卷。

3. 各小组选定社区，联系社区负责人，在该社区进行上门随机问卷的发放与回收。邀请居民配合填写调查问卷，如果不配合不要强求。

4. 以小组为单位对回收的有效问卷进行统计。

5. 统计调查结果，写成书面报告。

6. 任课教师组织学生对调查结果进行讨论和分析，并对活动作出评价和总结。

参考资料

活动评分表

评分项目	评分标准	分值	得分	教师点评
问卷质量	题量适中、针对性强	20		
调研表现	积极参与、配合度高	30		
调研报告	内容客观、分析透彻	25		
课堂讨论	发言积极、总结深刻	25		
	第_____组　　总分：_____			

_____社区居民消费结构调查问卷

您好！为了了解本市城镇居民消费结构，我们设计了此调查问卷。希望您能协助我们填写以下调查问卷，感谢您的配合，我们将为您所提供的个人信息严格保密。

1. 您的居住地是（　　　　）。

A. 直辖市　　　　　B. 省会城市　　　　C. 地市级城市　　　D. 县级城市

2. 您的家庭人口数是（　　　　）人。

3. 您的家庭就业人口数是（　　　　）人。

4. 您的年龄段是（　　　　）。

A. 30 岁以下　　　B. 30～45 岁　　　C. 45～60 岁　　　D. 60 岁以上

5. 您的家人主要从事的职业是（　　　　）。（可多选）

A. 企事业管理人员　　　　　　　　B. 服务销售商贸人员

C. 公务员　　　　　　　　　　　　D. 教师、警察、医生

E. 企业职员　　　　　　　　　　　F. 工人

G. 学生　　　　　　　　　　　　　H. 离退休人员

I. 自由职业

其他（请写出）：_____

6. 您的文化程度是（　　　　）。

A. 初中及以下　　　　　　　　　　B. 高中（包括中专）

C. 大学　　　　　　　　　　　　　D. 研究生及以上

7. 您的家庭月收入大概为（　　　　）。

A. 3000 元以下　　　　　　　　　　B. 3000～5000 元

C. 5000～10000 元　　　　　　　　D. 10000 元以上

8. 您的家庭月支出大概为（　　　　）。

A. 3000 元以下　　　　　　　　　　B. 3000～5000 元

C. 5000～10000 元　　　　　　　　D. 10000 元以上

9. 您的家庭每月住房支出占总支出的比例大概为（　　　　）。（包括房屋的修理和房租）

A. 10% 以下　　　B. 10%～20%　　C. 20%～30%　　D. 30% 以上

10. 您的家庭每月在食品方面的支出占总支出的比例大概为（　　　）。

A. 30% 以下　　　B. 30%～40%　　C. 40%～50%　　D. 50% 以上

11. 您的家庭每月在衣着方面的支出占总支出的比例大概为（　　　）。

A. 20% 以下　　　B. 20%～30%　　C. 30%～40%　　D. 40% 以上

12. 您的家庭每月的通信费用大概为（　　　）。（手机、网络等）

A. 50 元以下　　　B. 50～100 元　　C. 100～200 元　D. 200 元以上

13. 您的家庭每月在出行方面的花费大概为（　　　）。

A. 100 元以下　　B. 100～200 元　　C. 200～300 元　D. 300 元以上

14. 您的家庭每月娱乐服务方面的支出大概为（　　　）。

A. 200 元以下　　B. 200～400 元　　C. 400～600 元　D. 600 元以上

15. 您的家庭在投资方面的支出大概为（　　　）。

A. 500 元以下　　　　　　　　　　B. 500～2000 元

C. 2000～5000 元　　　　　　　　D. 5000 元以上

16. 您的家庭每月在医疗保健方面的支出大概为（　　　）。

A. 200 元以下　　B. 200～400 元　　C. 400～600 元　D. 600 元以上

17. 您的家庭每月在人情往来方面的支出大概为（　　　）。

A. 500 元以下　　　　　　　　　　B. 500～1000 元

C. 1000～1500 元　　　　　　　　D. 1500 元以上

18. 您的家庭每年在旅游上的支出大概为（　　　）。

A. 500 元以下　　　　　　　　　　B. 500～2000 元

C. 2000～5000 元　　　　　　　　D. 5000 元以上

19. 您的家庭每月在教育文化上的支出大概为（　　　）。

A. 200 元以下　　B. 200～400 元　　C. 400～600 元　D. 600 元以上

20. 您现在或短期内会为自己投入较多的教育花费吗？（　　　）

A. 不会，觉得现在的知识还够用或现在学习收益不大

B. 不会，资金不足，但以后有钱就会

C. 会

21. 如果您手头有一笔钱，您会用来（　　　）。

A. 购房　　　　B. 购车　　　　C. 购债券　　　　D. 存银行

E. 炒股　　　　F. 买基金　　　　G. 其他

22. 您的消费理念是（　　　）。

A. 能省则省　　　　　　　　　B. 事先做好消费计划再花钱

C. 毫不在乎，想花就花　　　　D. 其他

再次感谢您的参与，祝您工作顺利、生活愉快！

第六章 "三个代表"重要思想

导航篇

知识网络

第六章 "三个代表"重要思想
- 一、"三个代表"重要思想的形成
  - "三个代表"重要思想的形成条件
  - "三个代表"重要思想的形成过程
- 二、"三个代表"重要思想的核心观点和主要内容
  - "三个代表"重要思想的核心观点
  - "三个代表"重要思想的主要内容
- 三、"三个代表"重要思想的历史地位
  - 中国特色社会主义理论体系的丰富发展
  - 加强和改进党的建设、推进中国特色社会主义事业的强大理论武器

学习指南

⊙ 学习目标

通过学习，了解"三个代表"重要思想形成发展的社会历史条件，把握"三个代表"重要思想的科学内涵和精神实质；认识"三个代表"重要思想的丰富内容；理解"三个代表"重要思想的历史地位和指导意义。进而，全面、深刻领会"三个代表"重要思想是对马克思列宁主义、毛泽东思想、邓小平理论的继承和发展，反映了当代世界和中国的发展变化对党和国家工作的新要求，是加强和改进党的建设、推进我国社会主义自我完善和发展的强大理论武器，是中国共产党集体智慧的结晶，是党必须长期坚持的指导思想。始终做到"三个代表"，是我们党的立党之本、执政之基、力量之源。

⊙ 学习思路

"三个代表"重要思想是中国特色社会主义理论体系的重要组成部分，学习本章要从中国特色社会主义理论体系的完整性、发展性中把握其历史地位。本章

主要观点的逻辑关系和"邓小平理论"是相同的，注意其形成、内容和历史地位的衔接。在学习"三个代表"重要思想的过程中注意理论的发展过程和对每个阶段思想创新点的高度概括，还要注意与"邓小平理论"对比着学，认识"三个代表"重要思想对"邓小平理论"的发展性。

理论篇

要点解析

要点一："三个代表"重要思想的形成

"三个代表"重要思想是以江泽民为主要代表的中国共产党人在准确判断当前世情、国情、党情的基础上形成的。

（1）世情。世界多极化和经济全球化在曲折中发展；科技进步日新月异，综合国力竞争日趋激烈；各种思想文化相互激荡；霸权主义和强权政治出现新特点，恐怖主义危害上升；国际环境错综复杂，东欧剧变、苏联解体；社会主义事业面临空前困难和压力。

（2）国情。改革开放和社会主义现代化建设取得巨大成就，中国共产党人从容应对一系列关系我国主权和安全的突发事件，中国特色社会主义事业健康发展，进入了全面建设小康社会的发展阶段。

（3）党情。党员数量和结构发生重大变化，新党员数量大幅度增加，干部队伍新老交替；党所处的地位和环境、肩负的历史任务发生重大变化，党的自身建设要和发展环境相适应；我们党面临进一步提高党的领导水平和执政水平、提高拒腐防变和抵御风险能力两大历史性课题。

江泽民在党的十六大报告中，全面阐述了"三个代表"重要思想形成的时代背景、历史地位、精神实质和指导意义。党的十六大将"三个代表"重要思想与马克思列宁主义、毛泽东思想和邓小平理论一道确立为党必须长期坚持的指导思想，并写入党章。

解析：东欧剧变、苏联解体是社会主义阵营一个影响巨大的事件，曾经世界上最大的社会主义国家，一夜之间轰然倒塌，其他社会主义国家一度面临巨大的困难和压力，我们不得不思考接下来该如何推进社会主义事业继续向前发展。在国内，中国的改革开放和社会主义现代化建设正如火如荼地进行着，如何建设好党和国家，要深刻吸取苏联的经验教训，认真分析国际国内的复杂局势，稳定国内党心、人心，继续推进社会主义事业稳步向前。

◎ 要点二："三个代表"重要思想的核心观点

1. 始终代表中国先进生产力的发展要求

（1）始终代表中国先进生产力的发展要求，大力促进先进生产力的发展，是我们党站在时代前列，保持先进性的根本体现和根本要求。

（2）广大工人、农民和知识分子始终是推动我国先进生产力发展和社会全面进步的根本力量。

（3）人是生产力中最活跃的因素，必须树立人才资源是第一资源的思想。

（4）科学技术是第一生产力，是先进生产力的集中体现和主要标志。科技进步和创新是发展生产力的决定因素。

（5）科学的本质是创新。只有大力推进知识创新、科技创新，才能实现技术的跨越式发展。

（6）促进先进生产力的发展，就要使生产关系和上层建筑的各个方面不断体现先进生产力的发展要求。

2. 始终代表中国先进文化的前进方向

（1）发展社会主义先进文化，就是建设社会主义精神文明。江泽民指出，社会主义精神文明，是我们进行改革开放和现代化建设的重要目标，也是搞好改革开放和现代化建设的重要保证。

（2）发展社会主义先进文化，就是发展面向现代化、面向世界、面向未来的，民族的科学的大众的社会主义文化。江泽民指出，加强文化建设，必须"以科学的理论武装人，以正确的舆论引导人，以高尚的精神塑造人，以优秀的作品鼓舞人"。

（3）发展社会主义先进文化，必须弘扬民族精神。在5000多年的发展中，中华民族形成了以爱国主义为核心的团结统一、爱好和平、勤劳勇敢、自强不息的伟大民族精神。

（4）发展社会主义先进文化，必须加强社会主义思想道德建设，这是发展先进文化的重要内容和中心环节。

（5）发展社会主义先进文化，必须做好思想政治工作。

3. 始终代表中国最广大人民的根本利益

（1）人民是我们国家的主人，是决定我国前途和命运的根本力量，是历史的真正创造者。我们全部工作的出发点和落脚点，就是不断实现好维护好发展好最广大人民的根本利益。

（2）我们党来自于人民，植根于人民，服务于人民。党的全部任务和责任，就是为实现人民群众的根本利益而奋斗。

（3）我们党始终坚持人民的利益高于一切。

（4）要努力使工人、农民、知识分子和其他群众共同享受到经济社会发展的成果。

解析：社会主义的任务是解放生产力，发展生产力，所以，党的理论、路线、纲领、方针等各项工作都要符合生产力发展的规律，通过发展生产力提高人民的生活水平。文化是经济发展和社会进步的精神动力和智力支持，因此，党的理论、路线、纲领、方针等各项工作必须体现民族的科学的大众的社会主义文化的要求。人民利益高于一切，党的理论、路线、纲领、方针等各项工作，必须坚持把人民的根本利益作为出发点和归宿。

忆往昔

20世纪80年代末90年代初，国际形势发生巨变。英国政府改变了对港政策，企图故意为香港政权交接制造障碍。

1989年12月4日，英国首相撒切尔夫人派外交顾问柯利达作为首相特使秘密访华，转交她给江泽民总书记的正式信函。时任外交部部长的钱其琛清楚地记得："撒切尔首相致江总书记的信相当长。她在信中表示，希望双方扭转两国关系恶化的趋势，恢复过去的良好沟通，并重申了英方的立场：信守联合声明，特别保证'无意让香港被用作进行颠覆的基地'，也不试图使香港问题'国际化'。然后撒切尔夫人笔锋一转，提出英方面临着'大大增加'香港1991年立法局直选议员名额的巨大压力，对此不能视而不见。她要求中方起草基本法时，能与英方的安排保持协调。"

第二天，江泽民会见柯利达，会谈进行了近两个小时。柯利达说："双方如能就基本法和香港直选问题达成谅解，恢复两国良好关系的大门就是敞开的。"这显然是把香港选举问题当作恢复双边关系的先决条件。江泽民当即顶回了英方这种施压的手段。

大约半个月后，江泽民正式复信撒切尔夫人。1990年3月20日，在会见新加坡国会议员、总理政治秘书吴博韬时，江泽民回忆了这封信的内容："我在给撒切尔夫人的回信中说，保持香港稳定繁荣是我们的基本国策，香港稳定繁荣对双方都有利。英国打'民主牌'，这是玩火……有人曾酝酿花10亿英镑在1997年后继续租香港。我看，不要说10亿，就是100亿、1000亿，我也不会出卖香港。我绝不做第二个李鸿章！"

（资料来源：肖忠善、刘振龙《江泽民：绝不做第二个李鸿章》，

《华龙年鉴》2012年第2期）

◎ 要点三："三个代表"重要思想的主要内容

1. 发展是党执政兴国的第一要务

江泽民指出，发展是硬道理，中国解决所有问题的关键在于依靠自己的发展。紧紧抓住发展这个执政兴国的第一要务，党才能实现历史使命和奋斗目标。只有发展，才能实现全面建设小康社会的宏伟目标，进一步提高人民的物质文化生活水平；才能增强我国的综合国力，实现中华民族的伟大复兴。

2. 建立社会主义市场经济体制

江泽民根据邓小平南方谈话精神，明确提出使用"社会主义市场经济体制"这个提法。党的十四大正式把建立社会主义市场经济体制确立为我国经济体制改革的目标。

建立社会主义市场经济体制，必须坚持和完善公有制为主体、多种所有制经济共同发展的社会主义基本经济制度。必须毫不动摇地巩固和发展公有制经济。必须毫不动摇地鼓励、支持和引导非公有制经济发展。

3. 全面建设小康社会

江泽民在党的十五大报告中初步勾画了实现第三步战略目标的蓝图：21世纪第一个十年实现国民生产总值比2000年翻一番，使人民的小康生活更加宽裕，形成比较完善的社会主义市场经济体制；再经过十年的努力，到建党一百年时，使国民经济更加发展，各项制度更加完善；到21世纪中叶新中国成立一百年时，基本实现现代化，建成富强民主文明的社会主义国家。十五届五中全会进一步提出，从新世纪开始，我国将进入全面建设小康社会、加快推进社会主义现代化的新的发展阶段。

4. 建设社会主义政治文明

发展社会主义民主政治，建设社会主义政治文明，是社会主义现代化建设的重要目标。建设社会主义政治文明，最根本的就是要坚持党的领导、人民当家作主和依法治国的有机统一。

5. 推进党的建设新的伟大工程

江泽民强调，推进党的建设新的伟大工程，重点是加强党的执政能力建设，不断提高科学判断形势的能力、驾驭市场经济的能力、应对复杂局面的能力、依法执政的能力、总揽全局的能力。

坚持中国共产党的领导，就是要坚持党在建设中国特色社会主义事业中的领导核心地位，发挥党总揽全局、协调各方的作用；坚持党的领导，核心是坚持党的先进性；领导干部一定要讲学习、讲政治、讲正气；坚持党要管党、从严治党的方针；坚决反对和防止腐败。

6.“三个代表”重要思想的其他内容

“三个代表”重要思想还包括关于大力弘扬与时俱进的精神；社会主义初级阶段的基本纲领；中国特色社会主义改革开放的理论；建立巩固的国防、加强军队的革命化现代化正规化建设的思想；坚持和发展爱国统一战线理论；中国特色社会主义外交和国际战略；推进祖国完全统一，提出发展两岸关系八项主张的理论等。

解析：“三个代表”重要思想创造性地回答了“建设什么样的党、怎样建设党”的问题，把党的建设新的伟大工程同中国特色社会主义伟大事业紧密联系起来，赋予党的性质、宗旨、指导思想和任务以丰富的时代内容，确定了党的建设的总体部署。

◎ 要点四：“三个代表”重要思想的历史地位

“三个代表”重要思想是中国特色社会主义理论体系的接续发展，是加强和改进党的建设、推进中国特色社会主义事业的强大理论武器。

解析：邓小平理论是中国特色社会主义理论体系的开篇之作，“三个代表”重要思想是接续发展。

相关链接：

理论故事：贯彻“三个代表”重要思想

案例精选

党的十五大——把建设有中国特色社会主义事业全面推向二十一世纪

世纪之交的关键时刻，中国面临着举什么旗、走什么路、如何把中国特色社会主义事业继续推向前进的历史抉择。

1997年金秋，党的十五大在京召开。大会报告以“高举邓小平理论伟大旗帜，把建设有中国特色社会主义事业全面推向二十一世纪”为主题，旗帜鲜明地宣示了我们党的坚强决心和信心。

党的十五大，是在世纪之交，承前启后，继往开来，坚定不移地沿着十一届三中全会以来正确路线胜利前进的大会。

旗帜就是方向，旗帜就是形象

“离开会时间还有1个多小时，数百名中外记者便已簇拥在大会堂东门外的台阶上”“北京火车站南来北往的旅客簇拥在巨大的电视屏前，长安街上行色匆匆的京城百姓放慢了脚步”……1997年9月13日出版的人民日报，记录下了国内外对大会的瞩目。

党的十五大正式代表2048人，特邀代表60人，代表着全国5800多万党员。

翻开历史的照片。人民大会堂庄严雄伟。大礼堂主席台正上方悬挂着"中国共产党第十五次全国代表大会"的巨幅会标。大礼堂二楼上挂着"高举邓小平建设有中国特色社会主义理论伟大旗帜，把建设有中国特色社会主义事业全面推向二十一世纪！"巨型横幅。

历史铭记，党的十五大作出的一大历史贡献，就是把邓小平理论确立为党的指导思想，并写入党章。大会首次使用"邓小平理论"这个概念，并旗帜鲜明地指出，"在跨越世纪的新征途上，一定要高举邓小平理论的伟大旗帜"。

旗帜问题至关紧要。旗帜就是方向，旗帜就是形象。"我们这次大会的灵魂，就是高举邓小平理论的伟大旗帜。十五大无疑将以这一点为标志载入史册。"党的十五大报告明确指出。大会通过关于《中国共产党章程修正案》的决议，把邓小平理论确立为党的指导思想并写进党章。大会认为，在党章中明确规定中国共产党以马克思列宁主义、毛泽东思想、邓小平理论作为自己的行动指南，这对于保证我们党领导人民坚定地走有中国特色社会主义道路，把我国建设成为富强民主文明的社会主义现代化国家，具有重大而深远的意义。

"这是党经过近20年改革开放和社会主义现代化建设的成功实践作出的历史性决策。"党的十五大代表、原中共中央党史研究室副主任李忠杰说，作出这个决策，表明中央领导集体和全党把邓小平开创的中国特色社会主义全面推向前进的决心和信念，也反映了全国人民的共识和心愿。

"邓小平同志向人们展示了建设有中国特色社会主义的科学构想。"李忠杰说，早在1992年，党的十四大确立邓小平建设有中国特色社会主义理论在全党的指导地位。党的十五大把邓小平理论确立为党的指导思想，对邓小平理论的历史地位、指导意义、科学体系和时代精神作了新的阐述，表明我们党对建设有中国特色社会主义的认识达到了新的高度。

"吃了'定心丸'，思想更解放了"

1997年9月29日，三秋大忙季节。山东省最大的私营农场胶州市环海农场，机声隆隆，一片繁忙，近千亩稻田金浪翻滚。当年10月3日人民日报头版《开荒大户放手大干》记录下了这样的场景——

地头上，场长徐宝荣正拿着"大哥大"指挥收稻子。这位种粮大户投资300多万元，承包了胶州市近海1万亩荒滩进行改良开发。十五大报告提出，对个体、私营等非公有制经济要继续鼓励、引导。"这下，我的信心更足了。我要放开手脚大干。"

"非公有制经济是我国社会主义市场经济的重要组成部分。"党的十五大报告明确指出，"公有制为主体、多种所有制经济共同发展，是我国社会主义初级阶段的一项基本经济制度。"

党的十五大提出了许多新思想、新观点，进一步释放了经济社会发展活力。不少人感到，"吃了'定心丸'，思想更解放了"。

"十五大对我国社会主义初级阶段的所有制结构和公有制实现形式以及依法治国、建设社会主义法治国家等重大问题作出新的阐述。"中共中央党校（国家行政学院）党史教研部主任罗平汉表示，这些论述，体现了党在探索回答什么是社会主义、怎样建设社会主义问题上的又一次思想解放和认识深化。

值得注意的是，党的十五大进一步分析社会主义初级阶段的基本国情，并根据邓小平理论和党的基本路线，提出了党在社会主义初级阶段的基本纲领，进一步阐明了建设有中国特色社会主义的经济、政治、文化的基本特征和基本要求。

"这个基本纲领，是邓小平理论的重要内容，是党的基本路线在经济、政治、文化等方面的展开，是这些年来最主要经验的总结。"罗平汉说。

在世纪之交的关键时刻，党的十五大承前启后、继往开来，明确回答了改革开放和社会主义现代化建设的一系列重大理论和实践问题，从思想上、政治上、组织上为我国实现跨世纪发展提供了重要保证。

为了人民的美好生活，几代人接续奋斗

朝着 21 世纪阔步前进，党的十五大报告提出展望："第一个十年实现国民生产总值比二〇〇〇年翻一番，使人民的小康生活更加宽裕，形成比较完善的社会主义市场经济体制；再经过十年的努力，到建党一百年时，使国民经济更加发展，各项制度更加完善；到世纪中叶建国一百年时，基本实现现代化，建成富强民主文明的社会主义国家。"

报告进一步指出，"在中国这样一个十多亿人口的国度里，进入和建设小康社会，是一件有伟大意义的事情。"

忆往昔、看今朝。如今，党的十五大报告中提出的展望很多已经实现。2020年，全面建成小康社会取得伟大历史性成就，决战脱贫攻坚取得决定性胜利。

"到建党100周年时，全面建成惠及十几亿人口的更高水平的小康社会，是我们党进入新世纪后，在基本建成小康社会基础上提出的奋斗目标，是对人民的庄严承诺。"习近平总书记指出，自改革开放之初党中央提出小康社会的战略构想以来，我们把人民对美好生活的向往作为奋斗目标，几代人一以贯之、接续奋斗。

胸怀千秋伟业，恰是百年风华。当前，我国正处在实现中华民族伟大复兴的关键时期，站在"两个一百年"历史交汇点上，全面建设社会主义现代化国家新征程顺利开启。

征途漫漫，惟有奋斗。我们通过奋斗，披荆斩棘，走过了万水千山。我们还要继续奋斗，勇往直前，创造更加灿烂的辉煌！

（资料来源：《人民日报》2021 年 4 月 1 日 05 版）

案例解析：党的十五大确定了我国跨世纪发展的战略部署，并对21世纪的发展作了展望。大会把邓小平理论确立为全党的指导思想，对于全党、全国各族人民胜利实现20世纪末的奋斗目标，进而在21世纪开创更加壮阔、更加辉煌的前程产生极其重大而深远的影响。

经典品读

《讲学习，讲政治，讲正气》（节选）

（江泽民 1995年11月）

现在，有些地方、部门和社会领域出现一些消极混乱现象，而且往往得不到及时纠正，虽然有多方面的原因，但根本的一条是由于那里的党政领导不力，甚至放弃领导。这种状况必须引起我们高度重视。

要加强领导，首先必须加强对干部特别是领导干部的教育，努力提高他们的素质、责任感和工作水平。改革开放和现代化建设越深入，越要加强对干部的教育。这是摆在全党面前的一项严重任务。陈希同问题和王宝森案件以及一些类似问题的发生，深刻地说明了这一点。在党的建设中，必须把教育干部摆在突出的位置，作为关键的一环来抓。

根据当前干部队伍的状况和存在的问题，在对干部进行教育当中，要强调讲学习，讲政治，讲正气。全国都应这样做，北京市更要起带头作用。

讲学习，历来十分重要。我们这个国家和民族，自古以来就以重视学习、讲究学问之道而著称于世。我国历史上出现了许多有作为的政治家、志士仁人和著名学者，他们的建树都是同勤于学习、具有丰富的知识分不开的。今天，你不学习马克思列宁主义、毛泽东思想、邓小平建设有中国特色社会主义理论，不学习历史知识、经济知识和其他科学文化知识，你的思想理论水平和精神境界怎么提高，怎么能防止发生错误和失误？自我改造也是一种重要的学习。周恩来同志说过，领导干部要活到老，学到老，改造到老。面对改革开放这场深刻而伟大的历史变革，你不在改造客观世界的同时努力改造主观世界，怎么能够当好领导，又怎么能够始终经受住权力、金钱、美色的考验？

知识在不断更新，我们各级领导干部更应自觉地加紧学习，争取掌握更多的现代科学文化知识。昨天晚上，我们去参观"八五"国防科技预研成果展览，里面的许多东西，包括一些专用术语，如果不学习、不请教，就看不大懂。什么叫现代战争？海湾战争可以说给我们上了一课。如果我们不掌握现代科技知识、军事知识，怎么能懂得高技术条件下的现代战争？军事方面是如此，经济、文化等方面也是如此，知识的海洋太浩瀚了。所以，大家都要学习、学习、再学习。应该学会毛泽东同志所提倡的"挤"和"钻"的精神，先挤出时间来学习，然后再钻研进去。没有一股自觉的挤劲和钻劲，是学不好的。我再三讲，我们的领导干部，应该少搞一点卡拉OK，少搞一点应酬活动，多搞一点学习。自己掌握的知识多了，学问多了，精神境界也就会高起来。

讲政治，对共产党人来说任何时候都要坚持。我在党的十四届五中全会上强调，领导干部特别是高级干部一定要讲政治。这也是针对当前党内一些干部的现状而言的，是有的放矢的。现在，有些领导干部脑子里政治这根弦可以说比较松了，有的甚至到了是非不辨、美丑不分的地步。有的同志产生了一种误解，以为坚持以经济建设为中心，就可以不注意政治了。这完全不符合邓小平同志的思想和中央的要求。邓小平同志在改革开放之初就明确提出，搞经济建设、搞现代化建设，必须有政治保证。坚持四项基本原则，警惕西方敌对势力西化、分化我国的政治图谋，反对李登辉和达赖分裂祖国的行为，抵制封建主义、资本主义腐朽思想文化的侵蚀，都是政治。同外国人做生意，要坚持维护国家利益和民族利益，这既是一种经济要求，也是一种政治要求。不讲这些，我们的改革开放和经济建设就不可能顺利进行，就不可能保证建设有中国特色社会主义事业的成功。总之，对于邓小平同志所说的什么时候都得讲政治，大家一定要加深理解、自觉遵循。

讲正气，是中华民族也是我们党的一个优良传统。古语所说的"我善养吾浩然之气"，"一点浩然气，千里快哉风"，等等，都是讲一个人必须树立正气，必须有正义感。有了一腔浩然正气，才能无所畏惧地前进，才能不屈不挠地为国家、为社会建功立业。文天祥专门写过一篇《正气歌》，他在《过零丁洋》中写下的"人生自古谁无死，留取丹心照汗青"，以及顾炎武的"天下兴亡，匹夫有责"，等等，为什么会成为千古传诵的名句？就是因为充满着高昂激越的爱国正气。我们党的宗旨是全心全意为人民服务，这就是全党同志首先是各级领导干部必须坚持树立和发扬的最大的正气。大大发扬这种正气，以权谋私和拜金主义、享乐主义、极端个人主义的邪气就滋长不起来。要教育干部自觉地树立正气，坚决同歪风邪气作斗争。

（资料来源：《江泽民文选》第一卷，人民出版社2006年版）

习题演练

一、单项选择题

1. 中国共产党第十六次全国代表大会的历史性贡献是（　　）。

A. 把"三个代表"重要思想确立为党必须长期坚持的指导思想

B. 提出在新世纪新阶段全面建设小康社会的奋斗目标

C. 总结了党领导人民建设有中国特色社会主义必须坚持的十条基本经验

D. 提出了全面推进党的建设新的伟大工程

2. 江泽民在党的十六大报告中提出，贯彻"三个代表"重要思想的根本要求，核心在（　　）。

A. 坚持与时俱进　　　　　　B. 坚持党的先进性

C. 坚持执政为民　　　　　　D. 坚持发展先进生产力。

3. 下列关于反腐的说法，错误的是（　　）。

A. 反腐是关系党和国家生死存亡的严重政治斗争

B. 腐败严重损害党同人民群众的血肉联系

C. 腐败使党的执政地位有丧失的危险

D. 反腐应该只抓苍蝇，不打老虎

4. 贯彻"三个代表"重要思想，必须使全党始终保持与时俱进的精神状态，与时俱进就是（　　）。

A. 党的全部理论和工作要体现时代性，把握规律性，富于创造性

B. 要看到我国社会主义建设发生的重大变化

C. 要看到广大党员干部和人民群众工作、生活条件和社会环境发生的重大变化

D. 要自觉地把思想认识从那些不合时宜的观念、做法和体制的束缚中解放出来

5. 1992年，党的十四大提出了我国经济体制改革的目标是建立社会主义市场经济体制，经过党的十四大到党的十八届三中全会20多年的实践，党对政府和市场的关系有了新的科学定位，提出使市场在资源配置中起（　　）。

A. 决定性作用　B. 基础性作用　C. 辅助性作用　D. 补充性作用

6. 改革开放以来，我们党对公有制认识上的一个重大突破，就是明确了公有制和公有制的实现形式是两个不同层次的问题。公有制的实现形式是指资产或资本的（　　）。

A. 占有形式　　　　　　　　B. 分配形式

C. 所有权归属　　　　　　　D. 组织形式与经营形式

7. 劳动、资本、技术、管理等生产要素是社会主义生产不可或缺的因素，在我国社会主义初级阶段，实行按生产要素分配的必要性和根据是（　　）。

A. 我国社会存在着生产要素的多种所有制

B. 按生产要素分配是按劳分配的补充

C. 生产要素可以转化为生产力

D. 生产要素是价值的源泉

8.我们党全部工作的出发点和落脚点就是（　　）。

A.实现中华民族伟大复兴中国梦

B.全面建成小康社会

C.坚持与时俱进

D.不断实现好维护好发展好最广大人民的根本利益

9.标志着我国对外开放进入新阶段的重大举措是（　　）。

A.兴办经济特区　　　　　　　B.开放浦东新区

C.扩大出口　　　　　　　　　D.实施"走出去"战略

10.下列关于"三个代表"重要思想理解错误的是（　　）。

A.是开辟建设中国特色社会主义新道路的宣言书

B.同马列主义、毛泽东思想、邓小平理论是一脉相承的

C.是中国实现全面建设小康社会宏伟目标的根本指针

D.是马克思主义同中国具体实际相结合产生的又一重大理论成果

二、多项选择题

1.社会主义市场经济体制是社会主义基本制度与市场经济的融合，这一特点既具有社会主义制度特征，又具有市场经济的一般特征。社会主义市场经济体制体现社会主义制度特征的方面主要表现在（　　）。

A.在所有制结构上，以公有制为主体、多种所有制经济共同发展

B.在分配制度上，以按劳分配为主体、多种分配方式并存

C.在宏观调控上，以实现最广大劳动人民的利益为出发点和归宿

D.在资源配置上，以市场为手段，发挥市场对资源的基础性配置作用

2.坚持和完善社会主义初级阶段基本经济体制，必须毫不动摇巩固和发展公有制经济，必须毫不动摇鼓励、支持、引导非公有制经济发展。这是因为，公有制经济和非公有制经济都是我国（　　）。

A.社会主义经济的重要组成部分

B.社会主义市场经济的重要组成部分

C.社会主义经济制度的基础

D.经济社会发展的重要基础

3.党的十六大提出的全面建设小康社会的目标是（　　）。

A.在优化结构和提高效益的基础上，国内生产总值到2020年力争比2000年翻两番

B.社会主义民主更加完善，社会主义法制更加完备

C.全民族的思想道德素质、科学文化素质和健康素质明显提高

D.可持续发展能力不断增强

4. 以（　　）为核心的现代科学技术日新月异，并且深刻地推动着世界经济的发展与全球化进程，并越来越在国家社会经济的发展中起着决定性的作用。

　　A. 信息技术　　　　B. 生命科学　　　　C. 科学技术　　　　D. 制造技术

5. "三个代表"重要思想是对马克思列宁主义、毛泽东思想和邓小平理论的继承和发展，是中国特色社会主义理论体系的重要组成部分，因为它们都（　　）。

　　A. 面对着同样的历史任务

　　B. 贯穿着辩证唯物主义和历史唯物主义的世界观和方法论

　　C. 是同中国革命和建设实践相结合的产物

　　D. 代表着最广大人民的根本利益

　　E. 是中国共产党集体智慧的结晶

6. 党的十六大报告指出，贯彻"三个代表"重要思想，必须（　　）。

　　A. 使全党始终保持与时俱进的精神状态，不断开拓马克思主义理论发展的新境界

　　B. 把发展作为党执政兴国的第一要务，不断开创现代化建设的新局面

　　C. 最广泛最充分地调动一切积极因素，不断为中华民族的伟大复兴增添新力量

　　D. 以改革的精神推进党的建设，不断为党的肌体注入新活力

7. 实现党的建设"新的伟大工程"的总目标，需要解决的两大历史性课题有（　　）。

　　A. 不断壮大党的队伍

　　B. 不断提高领导水平和执政水平

　　C. 不断提高拒腐防变和抵御风险的能力

　　D. 不断巩固党的领导地位

　　E. 不断推进党的事业

8. 全面建设小康社会，必须毫不放松地加强和改善党的领导，全面推进党的建设新的伟大工程，保证我们党（　　）。

　　A. 始终是中国工人阶级的先锋队，同时是中国人民和中华民族的先锋队

　　B. 始终是中国特色社会主义事业的领导核心

　　C. 始终代表中国先进生产力的发展要求，代表中国先进文化的前进方向，代表中国最广大人民的根本利益

　　D. 始终坚持马克思列宁主义和中国具体实际相结合的正确方向

　　E. 始终坚持独立自主、自力更生的基本方针

9. 发展社会主义先进文化，必须大力倡导（　　）。

　　A. 一切有利于发扬爱国主义、集体主义、社会主义的思想和精神

　　B. 一切有利于改革开放和现代化建设的思想和精神

C. 一切有利于民族团结、社会进步、人民幸福的思想和精神

D. 一切用诚实劳动争取美好生活的思想和精神

10. 做大分好社会财富这个"蛋糕"始终是我国政府面临的重要任务。做大"蛋糕"是政府的责任，分好"蛋糕"是政府的良知。合理调整收入分配、分好社会财富这个"蛋糕"是（　　　）。

A. 实现社会公平的重要体现

B. 解决当前收入分配领域突出问题的需要

C. 实现共同富裕的内在要求

D. 为了使人民共享改革发展的成果

三、简答题

1. 简述"三个代表"重要思想形成的社会历史条件。

2. 如何准确把握"三个代表"重要思想的核心观点？

3. 如何发展社会主义民主政治？

4. 为什么说"三个代表"重要思想是对马克思主义建党学说的新发展？

四、论述题

1. 论述"三个代表"重要思想的基本内涵。

2. "三个代表"重要思想的内容有哪些？

实践篇

实践项目一　　课堂讨论——加入世贸组织对中国有什么影响

⚙ 实践目标

通过收集资料及课堂讨论，了解中国当时为什么要加入世贸组织、为加入世贸组织所做的努力以及加入世贸组织对中国有什么影响，感受加入世贸组织以来中国经济的发展，了解社会主义市场经济对中国的重要作用。

📋 实践方案

1. 任课教师宣布讨论主题，明确讨论方向。

2. 将学生分为若干小组并指定组长，组长负责本小组讨论活动的有序开展。

3.任课教师监督和指导各小组的讨论活动。

4.讨论结束后，小组代表分享本组的讨论成果。

5.任课教师指定小组发言，并对每一位小组代表的发言进行引导性点评，对发言质量较高的小组给予表扬。

6.任课教师组织全班学生对讨论过程中产生的焦点问题进行进一步讨论，最后对讨论活动作总结。

参考资料

中国加入世贸组织 实现更广泛共赢

2001 年 12 月 11 日，历经 15 年谈判，中国正式加入世界贸易组织（以下简称世贸组织）成为第 143 个成员。中国加入世贸组织是中国深度参与经济全球化的里程碑，标志着中国改革开放进入历史新阶段。加入世贸组织以来，中国积极践行自由贸易理念，全面履行加入承诺，大幅开放市场，实现更广互利共赢，在对外开放中展现了大国担当。

眼前是宁波舟山港的繁忙景象。2001 年时，这里的集装箱吞吐量为 120 万标箱；20 年后，这里的集装箱吞吐量翻了 20 多倍，上升至全球第三，货物吞吐量更是连续 12 年保持全球第一。20 年间，宁波舟山港已经跃升为世界一流强港。

港口的繁荣是中国与世界深度融合的折射。入世近 20 年，中国已经发展成为全球第二大经济体、第一大货物贸易国和第一大外资流入国。

中国深度融入世界也让百姓的生活品质不断提高，进口的泰国榴莲、智利西梅、波士顿龙虾等这些 20 年前的"稀罕物"，如今成了不少中国百姓家中的寻常物。

进出口贸易繁荣强劲、百姓生活显著改善、中国经济快速发展，中国在全球产业链上的地位越来越不容忽视。这一切都离不开 2001 年年底的那一声槌响。

2001 年 11 月 10 日，在卡塔尔多哈举行的世界贸易组织第四届部长级会议上，全体协商一致，审议并通过了中国加入世贸组织的决定。向世贸组织秘书处递交中国入世批准书 30 天后，中国正式加入世贸组织。

中国入世首席谈判代表龙永图：宣布中国加入世贸组织的大会结束以后，我接受了中外记者的采访，当时我用了一个字来表达当时兴奋和自豪的心情——"爽"！确实经过那么多年的谈判，中国终于回到了世界经济的大舞台。回想多年的谈判，确实克服了很多的困难。其中，最艰难的谈判是和美国代表团进行的，美国代表团提出了很多的要求，但是归纳起来，无非就是两条，一个是要我们中国遵守国际规则，第二要求我们中国开放市场。后来我们也想，遵守国际规则和开放市场符合我们改革开放大的方向，也符合中国和世界实现共赢的总的格局。

加入世贸组织后，中国全面履行加入承诺。大规模开展法律法规清理修订工作，完善基于规则的市场经济法律法规，构建符合多边贸易规则的法律体系；大幅降低进口关税，显著削减非关税壁垒；全面放开外贸经营权；广泛开放服务市场，持续减少限制措施。

这些广泛而深入的开放承诺，让国内企业直接面对国际竞争，多数产业面临较大困难。面对挑战，中国企业主动应对，大力推进产业结构调整，积极参与全球价值链，国际竞争力明显提高。

入世后的中国，不断优化市场"软"环境，持续提升中国发展的"硬"实力，成为世界经济增长的主要稳定器和动力源。

中国美国商会发布的《2021中国商务环境调查报告》表明，在华外企看好未来中国经济发展前景，75%受访企业对今后两年中国市场前景持乐观态度，81%企业认为2021年本行业的中国市场将实现正增长。

如今，在华设立的外资企业已超过100万家，2020年，中国成为全球最大的外资流入国。

以市场化、法治化、国际化为方向，中国改善营商环境的步子在加快。世界银行发布的《2020营商环境报告》显示，中国营商环境在全球190个经济体中排名第31位，中国连续两年被世界银行评为全球营商环境改善幅度最大的10个经济体之一。

（资料来源：央视网，https://news.cctv.com/2021/03/16/ARTImo9AA7yLwLKadExGjVog210316.shtml）

实践项目二　　实地参观——体验科技新生活

实践目标

通过参观学校附近的科技展览馆，体会科技给我们的生活带来的巨大变化，深刻理解科技对于解放和发展生产力的重要作用。

实践方案

1. 将参与活动的班级分成几个小组，每组成员自由组合（5～6人），任课教师在课堂上或通过QQ、电话、微信等通信工具，告知学生前期准备以及参观途中需要注意的事项，并提前布置好参观后应当完成的作业。

2. 每组指定1名组长，负责该小组参观时间、地点和具体流程的策划以及课后作业的收集工作。任课教师在此基础上完成各班实践小组分组名单。

3.参观前，任课教师要给各小组开会，要求各小组组长负责此次参观活动的组织、纪律、安全等问题，督促班委在实践活动中要切实履行班干部职责，保证实践活动的顺利开展。

4.各小组组长提前一周设计出参观路线、参观内容等，并提交任课教师审阅。

5.任课教师应注意考查学生设计出的参观路线是否合理，安全措施是否到位，参观内容是否科学，并提出相应的整改意见。

6.学生根据任课教师提出的整改意见，对相关内容进行商讨并作出相应整改。

7.学生按照计划进行参观，要求在参观过程中将有意义的瞬间拍照留存。任课教师可以视具体情况决定是否进行现场指导。

8.各小组在完成参观后，在组长的召集下，进行讨论与总结。

9.每位学生在参观结束后，完成一篇参观报告。要求如下：第一，报告要有明确的主题；第二，能够充分体现参观时的感受；第三，能够充分表达参观之后的思考与体悟；第四，字数在800字以上，不允许抄袭。如需要制作参观相册，要求如下：第一，小组的每位学生都要出镜；第二，根据相片内容写出当时最真挚的感受和感悟；第三，装订成册，小组成员人手一份。

10.要求每个小组制作PPT汇报材料、视频等，开展分享会，每个小组选派代表依次上台展示，交流参观感受。

11.任课教师对活动进行总结和评分，选择较好的参观报告供学生交流观摩，学习先进，弥补不足。

🔍 参考资料

活动评分表

评分项目	评分标准	分值	得分	教师点评
准备情况	准备充分、规划合理	20		
参观情况	参观认真、团队意识强	40		
参观报告	贴合主题、感受深刻	40		
第_____组　总分：_____				

参观报告模板

姓名		学号		班级	
参观地点、路线：					

续表

参观报告：

（此页不够可另附纸张）

成绩评定		评定人	

第七章 科学发展观

导航篇

知识网络

第七章 科学发展观

- 一、科学发展观的形成
  - 科学发展观的形成条件
  - 科学发展观的形成过程
- 二、科学发展观的科学内涵和主要内容
  - 科学发展观的科学内涵
  - 科学发展观的主要内容
- 三、科学发展观的历史地位
  - 中国特色社会主义理论体系的接续发展
  - 全面建设小康社会、加快推进社会主义现代化的根本指针

学习指南

⊙ 学习目标

了解科学发展观的形成过程及其产生的社会历史条件；深入理解并掌握科学发展观的科学内涵和主要内容；充分认识科学发展观的历史地位和重要意义，树立科学的发展观。联系国家发展实际，理解中国经济发展进入新常态，为解决新情况新问题，党中央进一步提出了五大发展理念，充实完善了科学发展观，把中国特色社会主义推进到一个新的发展阶段。

⊙ 学习思路

科学发展观是中国特色社会主义理论体系的重要组成部分，是以胡锦涛同志为主要代表的中国共产党人，在毛泽东思想、邓小平理论和"三个代表"重要思想的基础上，围绕中国应该实现什么样的发展、怎样发展的问题，提出的重大战略思想。本章按照科学发展观的形成条件、科学发展观的科学内涵和主要内容、科学发展观的历史地位依次展开，层层深入。科学发展观的形成条件是理论依据

和逻辑起点，科学发展观的科学内涵和主要内容是本章重点，也是对科学发展观这一理论的概括总结，科学发展观的历史地位是落脚点。

理论篇

要点解析

◎ 要点一：科学发展观的形成

科学发展观是在深刻把握我国基本国情和新的阶段性特征的基础上形成和发展的，科学发展观是在深入总结改革开放以来特别是党的十六大以来实践经验的基础上形成和发展的，科学发展观是在深刻分析国际形势、顺应世界发展趋势、借鉴国外发展经验的基础上形成和发展的。

科学发展观在抗击非典疫情和探索完善社会主义市场经济体制的过程中逐步形成，在加强和改善宏观调控的实践中不断充实丰富，以党的十七大为标志，科学发展观进一步走向成熟。2007年，党的十七大报告提出了"中国特色社会主义理论体系"的科学概念，把科学发展观写入党章，成为党必须长期坚持的指导思想。

解析：科学发展观继承了马克思主义，借鉴了国外的有益经验，吸收了我国优秀历史文化传统中的精华，全面反映了我国社会主义建设的经验、社会主义初级阶段的客观实际和现阶段经济社会发展的迫切需要。注意几个概念的提出时间，党的十二大提出了"中国特色社会主义"，党的十三大提出了"中国特色社会主义理论"，党的十七大提出了"中国特色社会主义理论体系"。

◎ 要点二：科学发展观的科学内涵

1. 推动经济社会发展是科学发展观的第一要义

科学发展观是用来指导发展的理论，中国特色社会主义是靠发展来不断巩固和前进的。在当代中国，坚持发展是硬道理的本质要求就是坚持科学发展。

坚持科学发展，必须加快转变经济发展方式；坚持科学发展，必须善于抓住和用好机遇。

> 发展是解决中国一切问题的"总钥匙"，发展对于全面建设小康社会、加快推进社会主义现代化，对于开创中国特色社会主义事业新局面、实现中华民族伟大复兴，具有决定性意义。
>
> ——胡锦涛

2.以人为本是科学发展观的核心立场

以人为本是科学发展观的核心立场，以人为本就是以最广大人民的根本利益为本。

坚持以人为本，就要坚持发展为了人民，始终把最广大人民的根本利益放在第一位；坚持以人为本，就要坚持发展依靠人民，从人民群众的伟大创造中汲取智慧和力量；坚持以人为本，就要坚持发展成果由人民共享，着力提高人民物质文化生活水平；坚持以人为本，最终是为了实现人的全面发展。

3.全面协调可持续是科学发展观的基本要求

全面协调可持续中的"全面"是指发展要有全面性、整体性，不仅经济发展，而且各个方面都要发展；"协调"是指发展要有协调性、均衡性，各个方面、各个环节的发展要相互适应、相互促进；"可持续"是指发展要有持久性、连续性，不仅当前要发展，而且要保证长远发展。

坚持全面发展，就是要按照中国特色社会主义事业总体布局，正确认识和把握经济建设、政治建设、文化建设、社会建设、生态文明建设是相互联系、相互促进的有机统一体；坚持协调发展，就是保证中国特色社会主义各个领域协调推进；坚持可持续发展，必须走生产发展、生活富裕、生态良好的文明发展道路，还必须建设生态文明。

4.统筹兼顾是科学发展观的根本方法

坚持统筹兼顾，必须正确认识和妥善处理中国特色社会主义事业中的重大关系；坚持统筹兼顾，必须认真考虑和对待各方面的发展需要，正确反映和兼顾各阶层各群体的利益要求；坚持统筹兼顾，要牢牢掌握统筹兼顾的科学思想方法，努力提高战略思维、创新思维、辩证思维能力，不断增强统筹兼顾的本领，更好地推动科学发展；坚持统筹兼顾，还要求我们既立足当前，又着眼长远，做到兼顾各方、综合平衡。

解析：经济是基础，要牢牢抓住经济建设这个中心，聚精会神搞建设、一心一意谋发展；最广大人民的根本利益是党和国家一切工作的出发点和落脚点；经济、政治、文化、社会各个方面、各个环节要协调，生产力和生产关系、上层建筑和经济基础要协调；妥善处理中国特色社会主义事业各个方面的关系，总揽全局、统筹规划。

◎ 要点三：科学发展观的主要内容

1.加快转变经济发展方式

推动经济持续健康发展，必须坚持以科学发展为主题，以加快转变经济发展方式为主线。

科学发展观强调，全面深化经济体制改革是加快转变经济发展方式的关键；

实施创新驱动发展战略，是转变经济发展方式的重大战略决策；推动经济结构战略性调整，是提升国民经济整体素质、赢得国际经济竞争主动权的根本途径，是加快转变经济发展方式的主攻方向；促进区域协调发展是我国现代化建设中的一个重大战略；积极稳妥推进城镇化是优化城乡经济结构、促进国民经济良性循环和社会协调发展的重要措施；推动城乡发展一体化，是解决"三农"问题的根本途径；实现工业化、信息化、城镇化、农业现代化，是我国社会主义现代化建设的战略任务，也是加快形成新的经济发展方式、促进经济持续健康发展的重要动力。

解析：经过改革开放以来的发展，我国经济已经发展到了一定程度，有了一定的基础，这时候就不能再采用粗放式发展了，就不能不顾环境等其他因素了，要从追求速度转变为追求质量。

2.发展社会主义民主政治

科学发展观强调，社会主义民主政治的本质和核心是人民当家作主。发展社会主义民主政治，必须坚定不移地走中国特色社会主义政治发展道路，坚持党的领导、人民当家作主、依法治国的有机统一。

3.推进社会主义文化强国建设

科学发展观强调，要树立高度的文化自觉和文化自信，兴起社会主义文化建设新高潮，提高国家文化软实力，加快建设与我国深厚文化底蕴和丰富文化资源相匹配、与中国特色社会主义事业总体布局相适应、与建设富强民主文明和谐的社会主义现代化国家的目标相承接的社会主义文化强国。

相关链接：
2022年北京冬奥会宣传片

4.构建社会主义和谐社会

胡锦涛明确指出："社会和谐是中国特色社会主义的本质属性。"民主法治、公平正义、诚信友爱、充满活力、安定有序、人与自然和谐相处，是构建社会主义和谐社会的总要求。

5.推进生态文明建设

科学发展观强调，建设生态文明，实质上就是要建设以资源环境承载力为基础、以自然规律为准则、以可持续发展为目标的资源节约型、环境友好型社会。要坚持节约资源和保护环境的基本国策，坚持节约优先、保护优先、自然恢复为主的方针，着力推进绿色发展、循环发展、低碳发展，形成节约资源和保护环境的空间格局、产业结构、生产方式、生活方式，从源头上扭转生态环境恶化趋势，为人民创造良好生产生活环境，为全球生态安全作出贡献。

6. 全面提高党的建设科学化水平

新形势下全面提高党的建设科学化水平的总要求是：要增强紧迫感和责任感，牢牢把握加强党的执政能力建设、先进性和纯洁性建设这条主线，坚持解放思想、改革创新，坚持党要管党、从严治党，全面加强党的思想建设、组织建设、作风建设、反腐倡廉建设、制度建设，增强自我净化、自我完善、自我革新、自我提高能力，建设学习型、服务型、创新型的马克思主义执政党，确保党始终成为中国特色社会主义事业的坚强领导核心。

解析： 经济、政治、文化、社会、生态在不同的发展阶段都会有不同的新的要求，而这些事业都需要坚持党的统一领导，只有这样才能稳定有序地向前发展。

◎ 要点四：科学发展观的历史地位

科学发展观是中国特色社会主义理论体系的接续发展，是全面建设小康社会、加快推进社会主义现代化的根本指针，是发展中国特色社会主义必须长期坚持的指导思想。

解析： 科学发展观系统科学地解决了"实现什么样的发展，怎样发展"的问题，是邓小平理论和"三个代表"重要思想的接续发展，是党和国家发展长期坚持的指导思想。

忆往昔

2008年5月12日14时28分，四川省汶川县发生8级特大地震，造成了极其巨大的人员伤亡和经济损失。

胡锦涛在当晚的中央政治局常委会上说："得到（汶川地震）的消息以后，我和家宝同志很快进行商量，采取了几个措施。一是由家宝同志率领国务院有关部门负责同志赶往灾区现场。刚才得到消息，他们已经到了成都，但继续往前走就进不去了，断路了。现在他们还在设法进去。二是我马上给部队下达命令，要总参和武警都派负责同志随同家宝同志赶赴救灾第一线；要求各有关部队及时跟地方联系，按照地方要求迅速投入抗震救灾工作。三是知道救援人员进不去后，我命令成都军区十三集团军陆航二团的两架直升机进去，了解灾情，看怎么往里运送需要的救灾物资。我又命令十三集团军、武警三十八师，加上省武警总队，大概五千人，徒步前进，迅速赶赴灾区。我还要克强同志在北京把后勤保障应急机制建立起来，及时对外发布信息，稳定人心。"（《胡锦涛文选》第三卷，人民出版社216年版）

5月17日晚，救援"黄金72小时"时间已过。胡锦涛在成都召开抗震救灾工作会议，强调："只要有一线希望，只要有一线生还可能，我们就要作出百倍努力。"（《胡锦涛文选》第三卷，人民出版社216年版）他要求着力抓好，继续争分夺秒搜救被困群众，全力救治受伤人员，想方设法安排好受灾群众基本生活，抓紧抢修因灾损坏的基础设施，做好恢复重建准备工作，切实加强抗震救灾工作领导这六件事。

2008年10月8日，胡锦涛在全国抗震救灾表彰大会上说："党中央总揽全局，审时度势，在震后第一时间就把抗震救灾确定为全党全国最重要最紧迫的任务，成立国务院抗震救灾总指挥部，周密组织、科学调度，建立上下贯通、军地协调、全民动员、区域协作的工作机制，迅速组织各方救援力量赶赴灾区，紧急调集大批救灾物资运往灾区，精心部署受灾群众安置工作，及时推动灾后恢复重建，举全国之力抗震救灾。"（《胡锦涛文选》第三卷，人民出版社216年版）

（资料来源：四川省人民政府网，
http://www.sc.gov.cn/10462/12771/2016/9/21/10396657.shtml）

案例精选

后发赶超的化屋村，从悬崖村变成了旅游村

化屋基，意为悬崖下的村寨。

日前，"修好共产党人心学——丰碑与实践"主题采访团来到化屋村，探访苗寨奋力后发赶超的精彩故事。驱车进入化屋村，双向车道的柏油路在山间环绕，一座座独具特色的民居掩映在青山绿水间，旅游已成为当地乡村振兴的"招牌"。

"早年前，化屋村麻窝寨的村民要出山甚至需翻过悬崖'手扒岩'，由于交通闭塞，出行艰难，很多苗族同胞甚至一辈子都未曾踏出过这片土地。"化屋村驻村干部艾星说。

曾经，走出化屋村，有两条路。一条是乘木船走水路到鸭池河，到老贵毕公路上拦车。一条是走山路，双手扒着岩石翻过陡峭的山崖，往黔西县城方向。在各级各部门的支持下，新仁乡党员干部齐心协力、奋勇拼搏，2004年，新仁乡到化屋村的毛路修通；2007年，硬化的旅游公路通达化屋村；2017年，通村通组路修到群众家门口。

路通了，怎么发展？化屋村地处乌江南源和北源交汇处，这里山势雄奇，水

域宽广，风景如画，被誉为"乌江源百里画廊"，保存完好的原生态美景成了化屋苗寨的优势，依靠奇山秀水，化屋村做起了旅游文章：实施特色民居改造，建成化屋码头、舞台、广场、宾馆、接待中心。旅游基础设施逐渐完善，基础好了，乡村美了，游客也来了。

记者在化屋码头看到，自驾游、组团游的旅客络绎不绝，人流涌入苗家小寨，为当地旅游发展注入了鲜活的动力。"从春节期间到现在，我家开船的营业额达到9万元，是以前的3倍。平均500元渡一趟，除开100元油费，能赚400元。"驾驶游船的村民尤荣学说，随着乡村旅游的发展，以后的生活越来越有盼头。

在乡村旅游的带动下，如今化屋村已有星级度假酒店1家、特色民宿6栋、农家乐近20户、农家旅馆4户，全村三分之一的农户吃上了"旅游饭"。"我们还开设了长桌宴和组建了歌舞队，平时组织村民排练苗家敬酒歌、舞蹈，有游客来便为他们表演，让游客不仅能观赏美景，还能感受最淳朴的苗家文化。"艾星说。

乡村振兴离不开产业支撑，这两年化屋村还开办了民族苗绣、蜡染制作的扶贫车间，发挥民族手工艺优势带动群众增收。目前，扶贫车间有刺绣车间、缝纫车间、蜡染室、设计室、裁剪室、产品展示间等厂房18间，解决当地群众就业30人，其中固定职工25人、临时工5人。

"目前车间年生产苗族服装可达3000套，实现了非常可观的经济效益，今年预计产值将达600万元。"扶贫车间负责人杨文丽说。为了紧跟年轻消费者的市场，杨文丽尝试直播带货，一场直播销量最好的时候能卖十几套民族服饰，交易额达到5万元，扶贫车间的香包已经卖到香港。

如今的化屋村，风景优美、产业兴旺，民族特色刺绣、生态养殖乌鸡、经果林套种中草药、乡村旅游业等产业风生水起，"手扒岩"的过往已经刻在历史的年轮上，化屋苗寨正以全新的面貌迎接乡村振兴的到来。

（资料来源：人民网，http://gz.people.com.cn/n2/2021/0621/c371753-34785912.html）

案例解析：悬崖村的扶贫成果给了我们惊喜，这种可持续的扶贫发展经验，将为中国社会的发展带来新的期待。事实也证明，那些因外部环境，如自然条件而陷入贫困的人，往往并非不可突破的扶贫难点。缺乏内在活力和主动性的贫困者，才是最难啃的"硬骨头"。"扶贫重在扶志。"所谓"扶志"，即对个体活力和主动性的培养与激发。从"扶贫"到"精准扶贫"，可以说，正是要求我们在工作方法上进一步深化并贯彻"以人为本"的科学发展理念。从具体的操作层面来看，尤为重要的一个工作方向，是对贫困户的自主行动空间进行积极扩展。如同家长适时"放手"更利于孩子的独立成长，在特定情景中，扶贫工作也需要学会"放手"。这有利于避免贫困户对于外部帮扶形成心理依赖，可以激发他们脱贫的内在活力和主动性，推动劳动致富长效机制的最终形成。"互助资金借贷关系明确，干什么、怎么干，农民自己决策"——近年来不少地方积极实施的"参与式扶贫"，正是通过扩展贫困户的自主行动空间，最终收获了十分显著的成效。

经典品读

《树立和落实科学发展观》（节选）

（胡锦涛 2003 年 10 月）

树立和落实全面发展、协调发展和可持续发展的科学发展观，对于我们更好地坚持发展才是硬道理的战略思想具有重大意义。树立和落实科学发展观，这是二十多年改革开放实践的经验总结，是战胜非典疫情给我们的重要启示，也是推进全面建设小康社会的迫切要求。实现全面建设小康社会的宏伟目标，就是要使经济更加发达、民主更加健全、科教更加进步、文化更加繁荣、社会更加和谐、人民生活更加殷实。要全面实现这个目标，必须促进社会主义物质文明、政治文明和精神文明协调发展，坚持在经济发展的基础上促进社会全面进步和人的全面发展，坚持在开发利用自然中实现人与自然的和谐相处，实现经济社会的可持续发展。这样的发展观符合社会发展的客观规律。生产力的发展是人类社会发展的最终决定力量。只有坚持以经济建设为中心，不断解放和发展生产力，才能为社会全面进步和人的全面发展奠定坚实的物质基础。同时，经济发展又是同政治发展和文化发展紧密联系的。从根本上说，经济发展决定政治发展和文化发展，但政治发展和文化发展也会反过来对经济发展产生作用，在一定条件下还可以产生决定性作用。树立和落实科学发展观，十分重要的一环就是要正确处理增长的数量和质量、速度和效益的关系。增长是发展的基础，没有经济的数量增长，没有物质财富的积累，就谈不上发展。但增长并不简单地等同于发展，如果单纯扩大数量，单纯追求速度，而不重视质量和效益，不重视经济、政治和文化的协调发展，不重视人与自然的和谐，就会出现增长失调、从而最终制约发展的局面。忽视社会主义民主法制建设，忽视社会主义精神文明建设，忽视各项社会事业的发展，忽视资源环境保护，经济建设是很难搞上去的，即使一时搞上去了最终也可能要付出沉重的代价。各级党委和政府一定要坚持科学发展观，不断探索促进全面发展、协调发展和可持续发展的新思路新途径，进一步提高发展质量，实现更快更好的发展。

（资料来源：《十六大以来重要文献选编（上）》，中央文献出版社2005年版）

习题演练

一、单项选择题

1.科学发展观强调，加快转变经济发展方式的关键是（　　　）。

A.实施创新驱动发展战略　　　　B.全面深化经济体制改革

C.城镇化建设　　　　D.促进区域协调发展

2.2004年5月，胡锦涛在江苏考察工作时指出："科学发展观总结了二十多年来我国改革开放和现代化建设的成功经验，揭示了经济社会发展的客观规律，反映了我们党对（　　　）的新认识。"

A.政治问题　　　　B.社会问题　　　　C.外交问题　　　　D.发展问题

3.科学发展观强调，实施创新驱动发展战略是（　　　）。

A.转变经济发展方式的重大战略决策

B.全面深化经济体制改革

C.加快转变经济发展方式的关键

D.推动经济结构战略性调整

4.党的十七大通过的党章把"和谐"与"富强、民主、文明"一起作为社会主义现代化建设的目标写入了社会主义初级阶段的基本路线，其原因在于社会和谐是（　　　）。

A.中国特色社会主义的本质属性　　　B.中国传统文化的价值取向

C.经济建设的内在要求　　　D.解决收入分配差距的重要途径

5.实现经济社会可持续发展的关键是（　　　）。

A.速度、比例和效益的统一

B.经济发展与人口、资源、环境相协调

C.形成一、二、三产业的合理结构

D.科技、教育与经济的紧密结合

6.坚持以人为本，最终是为了实现（　　　）。

A.经济的全面发展

B.共产党的全面发展

C. 人的全面发展

D. 中国特色社会主义文化事业的全面发展

7. 科学发展观强调坚持以经济建设为中心，把发展生产力作为首要任务，把经济发展作为一切发展的前提，体现了（　　）关于生产力是人类社会发展的基础的观点。

A. 主观唯心主义　　　　　　　B. 客观唯心主义

C. 历史唯物主义　　　　　　　D. 辩证法

8. 中国特色社会主义事业进入新世纪新阶段，经济社会发展呈现一系列新的阶段性特征。关于这些特征，下列描述不正确的是（　　）。

A. 自主创新能力不强，粗放型增长方式尚未根本改变

B. 收入分配差距拉大趋势还未根本扭转

C. 城乡、区域发展差距问题基本解决

D. 改革攻坚面临深层次矛盾和问题

9. 长期以来，人类创造了前所未有的经济增长成就，但一些国家发展遇到了这样那样的问题，这些问题不包括（　　）。

A. 经济结构失衡　B. 人口膨胀　　　C. 能源资源紧张　D. 生态环境恶化

10. 科学发展观第一要义是发展。关于实现经济社会科学发展问题，下列说法中错误的是（　　）。

A. 正确处理好发展"好"与"快"的辩证关系

B. 加快经济发展速度

C. 把资源节约型、环境友好型社会作为重要着力点

D. 把保障和改善民生作为根本出发点和落脚点

二、多项选择题

1. 科学发展观是（　　）形成和发展的。

A. 在深刻把握我国基本国情和新的阶段性特征的基础上

B. 在深入总结改革开放以来特别是党的十六大以来实践经验的基础上

C. 在深刻分析国际形势、顺应世界发展趋势、借鉴国外发展经验的基础上

D. 研究中国历史的过程中

2. 党的十七大报告明确指出："科学发展观，是（　　）。"

A. 对党的三代中央领导集体关于发展的重要思想的继承和发展

B. 同马克思列宁主义、毛泽东思想、邓小平理论和"三个代表"重要思想既一脉相承又与时俱进的科学理论

C. 我国经济社会发展的重要指导方针

D. 发展中国特色社会主义必须坚持和贯彻的重大战略思想

3. 科学发展观的科学内涵有（　　　　）。

A. 第一要义是发展
B. 核心立场是以人为本
C. 基本要求是全面协调可持续
D. 根本方法是统筹兼顾

4. 坚持全面发展，就是要按照中国特色社会主义事业总体布局，正确认识和把握（　　　　）是相互联系、相互促进的有机统一体。

A. 经济建设　　　B. 政治建设　　　C. 文化建设　　　D. 社会建设

E. 生态文明建设　　F. 法治建设

5. 坚持可持续发展，必须走（　　　）的文明发展道路。

A. 经济增长第一　B. 生产发展　　　C. 生活富裕　　　D. 生态良好

6. 科学发展观的主要内容有（　　　　）。

A. 加快转变经济发展方式

B. 发展社会主义民主政治

C. 推进社会主义文化强国和生态文明建设

D. 构建社会主义和谐社会和全面提高党的建设科学化水平

7. 构建社会主义和谐社会的总要求是（　　　　）。

A. 民主法治
B. 生活富裕
C. 诚信友爱
D. 充满活力
E. 安定有序
F. 人与自然和谐相处

8. 下列属于科学发展观最鲜明的精神实质的有（　　　　）。

A. 解放思想
B. 实事求是
C. 与时俱进
D. 艰苦奋斗

9. 要正确认识和处理发展"好"与"快"的辩证关系，抓紧解决我国发展面临的突出矛盾和问题，促进经济增长（　　　　）。

A. 由主要依靠投资、出口拉动向依靠消费、投资、出口协调拉动转变

B. 由主要依靠第二产业带动向依靠第一、第二、第三产业协同带动转变

C. 由主要依靠增加物质资源消耗向主要依靠科技进步、劳动者素质提高、管理创新转变

D. 由主要依靠消费、投资、出口拉动向依靠投资、出口协调拉动转变

10. 新形势下，党面临的"主要考验"有（　　　　）。

A. 执政考验
B. 改革开放考验
C. 市场经济考验
D. 外部环境考验

三、简答题

1. 简述党的十七大概括的"十个结合"。

2. 科学发展观的科学内涵和精神实质分别是什么？

3. 可持续发展的含义是什么？

4. 如何理解科学发展观的历史地位和指导意义？

四、论述题

1. 进入新世纪新阶段，我国经济社会发展呈现的阶段性特征是什么？

2. 论述构建社会主义和谐社会的总要求。

实践篇

实践项目一　　　　环保实践——农村生态调研

⚙ 实践目标

通过社会实践，引导大学生走出校园，跟农村来一次"亲密接触"，更多地关注农村、了解农村，积极回报社会，培养社会责任感，增强生态环保意识和为农民服务的精神；深入农村，了解农村饮用水源地、生活污染、工业污染、土壤污染、畜禽水产养殖污染、农业面源污染现状，搜集农村环境基础数据，为农村发展项目规划、农村环境污染治理及社会主义新农村建设提供参考。

🔖 实践方案

1. 任课教师提前布置任务，向学生说明活动主题、活动内容及注意事项。

2. 将学生分为若干小组，每组5～6人，各小组选1名组长，负责本小组各项工作。

3. 各小组自行讨论决定采用何种方式进行调研，并做好相应的准备工作。

4. 任课教师提前联系好调研对象，做好准备工作。

5. 各小组前往目标地，分工合作，展开调研，做好拍摄和文字记录；调研过程中注意言行举止不要引起村民的反感及愤怒。

6. 调研结束后，任课教师带领学生回到学校。

7. 各小组总结调研情况，作出调研报告，并在课堂上作汇报。

8. 任课教师根据活动表现及汇报情况进行评分。

📖 参考资料

活动评分表

评分项目	评分标准	分值	得分	教师点评
调研情况	注意礼仪、积极参与	40		
调研报告	内容丰富、分析透彻	30		
汇报情况	逻辑清晰、讲解生动	30		
第_____组　　总分：_____				

调研内容及方式

1. 调研内容

（1）调研对象详细信息，调研农户的姓名及联系方式；

（2）调研对象家庭情况，生存来源、生产方式；

（3）调研对象所处的环境与生态现状，经济现状；

（4）调研对象所在村的环境状况（包括农村饮用水源地、生活污染、工业污染、土壤污染、畜禽水产养殖污染、农业面源污染情况调查）；

（5）调研对象的知识素质和生态环保意识；

（6）调研对象对外部帮助的观点和配合意向；

（7）调研对象以往接受社会或政府扶持的情况；

（8）调研者的观点和扶持农村可持续发展的建议；

（9）调研者对建设社会主义新农村与加强农村环境保护工作的建议。

2. 调研方式

入户访谈调查、问卷调查、观察调查。

✂ 实践项目二　　主题演讲——发展是解决中国一切问题的"总钥匙"

⚙ 实践目标

发展是人类文明进步的基础，我们在思考发展的同时也应当思考如何更好地发展。通过演讲比赛，促使学生对此进行深入思考，并对科学发展观的提出与形成历程有更加深刻的理解。

📋 实践方案

1. 任课教师提前布置任务，给大家充足的准备时间；选定1名主持人，负责活动的策划、组织和实施。

2. 每 5 人分为 1 组，各小组确定要演讲的内容，小组成员分工合作：收集资料、撰写演讲稿、练习演讲、准备评语。

3. 演讲开始，各小组各派出 1 名代表依次进行演讲，每人 3～5 分钟。

4. 1 名学生演讲完之后，该小组成员对演讲进行评价，每人 1～2 分钟。

5. 全部演讲完毕，学生以小组为单位自由讨论，评选表现出色的小组。

6. 各小组组长进行总结，选出表现出色的小组。

7. 活动结束，各小组提交活动总结。

8. 任课教师作最终评价及总结。（100 分）

（1）资料收集丰富，准备工作充分。（20 分）

（2）演讲稿内容逻辑清晰，贴合主题，依据真实。（20 分）

（3）演讲情绪、语气到位，进度把握适当，感染力强。（30 分）

（4）小组总结客观、到位、深刻，有自己的看法和见解。（30 分）

参考资料

活动评分表

评分项目	得分	教师点评
资料收集、准备情况		
讲稿内容		
演讲表现		
总结内容		
第_____组　　总分：_____		

下篇

习近平新时代中国特色社会主义思想

第八章　习近平新时代中国特色社会主义思想及其历史地位

导航篇

知识网络

第八章 习近平新时代中国特色社会主义思想及其历史地位

一、习近平新时代中国特色社会主义思想创立的社会历史条件
- 中国特色社会主义进入新时代　历史方位.
- 世界正经历百年未有之大变局
- 中华民族伟大复兴正处于关键时期

二、习近平新时代中国特色社会主义思想的科学体系
- 习近平新时代中国特色社会主义思想的核心要义
- 习近平新时代中国特色社会主义思想的主要内容
- 习近平新时代中国特色社会主义思想的理论特质

三、习近平新时代中国特色社会主义思想的历史地位
- 当代中国马克思主义、21世纪马克思主义
- 实现中华民族伟大复兴的行动指南
- 建设美好世界的中国智慧和中国方案

学习指南

⊙ 学习目标

　　准确把握中国特色社会主义进入新时代的历史方位；掌握习近平新时代中国特色社会主义思想的主要内容；认识习近平新时代中国特色社会主义思想的重要历史地位。

⊙ *学习思路*

本章作为"习近平新时代中国特色社会主义思想"的开篇，可以看作第三部分的总论，学好本章内容，不仅关系到学生对本章内容的把握，而且关系到学生对习近平新时代中国特色社会主义思想的总体认识以及对后面几章内容的把握。本章逻辑关系与之前三章几乎一样，都是按照该思想产生的背景条件、该思想的主要内容、该思想的历史地位的顺序展开，需要注意的是，本章没有明确阐述习近平新时代中国特色社会主义思想产生的背景条件，但其实中国特色社会主义进入新时代就是其背景，因此，在学习习近平新时代中国特色社会主义思想产生的背景条件时，对新时代的特点、矛盾和新变化要加以关注。学生在重点掌握教材理论知识的基础上，可以通过各种渠道关注习近平新时代中国特色社会主义思想的新理论、新阐释、新发展，了解这一套理论体系如何在实践中指导治国理政、管党治党的各个方面，以及如何践行坚持和发展中国特色社会主义这一鲜明主题。

理论篇

要点解析

◎ 要点一：习近平新时代中国特色社会主义思想创立的社会历史条件

1. 中国特色社会主义进入新时代

中国特色社会主义新时代具有丰富内涵和深远意蕴。从历史脉络看，新时代是承前启后、继往开来、在新的历史条件下继续夺取中国特色社会主义伟大胜利的时代。从实践主题看，新时代是决胜全面建成小康社会、进而全面建设社会主义现代化强国的时代。从人民性来看，新时代是全国各族人民团结奋斗、不断创造美好生活、逐步实现全体人民共同富裕的时代。从民族性来看，新时代是全体中华儿女勠力同心、奋力实现中华民族伟大复兴中国梦的时代。从世界性来看，新时代是我国日益走近世界舞台中央、不断为人类作出更大贡献的时代。

中国特色社会主义进入新时代，在中华人民共和国发展史、中华民族发展史、世界社会主义发展史和人类社会发展史上都具有重大意义。

相关链接：

中国特色社会主义进入新时代

2. 世界正经历百年未有之大变局

当今世界正经历百年未有之大变局，这是以习近平同志为核心的党中央科学认识全球发展大势、深刻洞察世界格局变化而作出的重大战略判断。其具体表现为：一是世界经济版图发生的深刻变化前所未有，新兴经济体和发展中国家在世界经济中占据越来越大的份额，世界经济重心加快"自西向东"位移。二是新一轮科技革命和产业变革带来的新陈代谢和激烈竞争前所未有，深刻改变人类社会生产生活方式和思维方式，推动生产关系变革，给国际格局和国际体系带来广泛深远影响。三是国际力量对比发生的革命性变化前所未有，发达国家内部矛盾重重、实力相对下降，一大批发展中国家群体性崛起，成为影响国际政治经济格局的重要力量。四是全球治理体系的不适应、不对称前所未有，西方发达国家主导的国际政治经济秩序越来越难以为继，发展中国家在国际事务中的代表性和发言权不断扩大，全球治理越来越向着更加公平合理的方向发展。五是人类前途命运的休戚与共前所未有，各国相互联系和彼此依存比过去任何时候都更频繁、更紧密，整个世界日益成为你中有我、我中有你的人类命运共同体。

3. 中华民族伟大复兴正处于关键时期

新中国成立以来特别是改革开放以来，我国社会生产力、综合国力、人民生活水平实现了历史性跨越，经济实力、科技实力、国防实力进入世界前列。今日之中国，早已告别了积贫积弱的时代，也早已告别了物质短缺的时代，人民生活实现了从温饱不足到小康富裕的伟大飞跃，我们比历史上任何时期都更接近、更有能力和信心实现中华民族伟大复兴的目标。

习近平新时代中国特色社会主义思想，正是在中华民族迎来从站起来、富起来到强起来的伟大飞跃中，在不断推进党的自我革命，实现党的自我净化、自我完善、自我革新、自我提高的过程中创立并不断丰富发展的。

解析：过去，我国发展水平和人民生活水平较低，跟世界上很多国家都存在很大差距，改革开放以来特别是党的十八大以来，我国发展突飞猛进，很多方面已经位居世界前列甚至处于领先地位。新时代是中国的新时代，某种意义上也是中国参与全球治理、贡献中国方案、彰显中国智慧的时代。同时，也要看到世界正经历百年未有之大变局，我们处在中华民族伟大复兴的关键时刻，此时离胜利最近，阻力同样也是最大的，全党全国要时刻绷紧心弦，坚持和发展中国特色社会主义，一刻也不能放松警惕。

◎ 要点二：习近平新时代中国特色社会主义思想的科学体系

1. 习近平新时代中国特色社会主义思想的核心要义

坚持和发展中国特色社会主义，是习近平新时代中国特色社会主义思想的核心要义。

对新时代坚持和发展什么样的中国特色社会主义，习近平从理论渊源、历史根据、本质特征、独特优势、强大生命力等多方位多角度作出了深刻回答；对新时代怎样坚持和发展中国特色社会主义，习近平深刻回答了新时代坚持和发展中国特色社会主义的总目标、总任务、总体布局、战略布局和发展方向、发展方式、发展动力、战略步骤、外部条件、政治保证等基本问题。

2. 习近平新时代中国特色社会主义思想的主要内容

习近平新时代中国特色社会主义思想的主要内容是党的十九大报告概括的"八个明确"和"十四个坚持"。

"八个明确"：第一，明确坚持和发展中国特色社会主义，总任务是实现社会主义现代化和中华民族伟大复兴，在全面建成小康社会的基础上，分两步走在本世纪中叶建成富强民主文明和谐美丽的社会主义现代化强国。第二，明确新时代我国社会主要矛盾是人民日益增长的美好生活需要和不平衡不充分的发展之间的矛盾，必须坚持以人民为中心的发展思想，不断促进人的全面发展、全体人民共同富裕。第三，明确中国特色社会主义事业总体布局是"五位一体"、战略布局是"四个全面"，强调坚定道路自信、理论自信、制度自信、文化自信。第四，明确全面深化改革总目标是完善和发展中国特色社会主义制度、推进国家治理体系和治理能力现代化。第五，明确全面推进依法治国总目标是建设中国特色社会主义法治体系、建设社会主义法治国家。第六，明确党在新时代的强军目标是建设一支听党指挥、能打胜仗、作风优良的人民军队，把人民军队建设成为世界一流军队。第七，明确中国特色大国外交要推动构建新型国际关系，推动构建人类命运共同体。第八，明确中国特色社会主义最本质的特征是中国共产党领导，中国特色社会主义制度的最大优势是中国共产党领导，党是最高政治领导力量，提出新时代党的建设总要求，突出政治建设在党的建设中的重要地位。

"十四个坚持"：坚持党对一切工作的领导；坚持以人民为中心；坚持全面深化改革；坚持新发展理念；坚持人民当家作主；坚持全面依法治国；坚持社会主义核心价值体系；坚持在发展中保障和改善民生；坚持人与自然和谐共生；坚持总体国家安全观；坚持党对人民军队的绝对领导；坚持"一国两制"和推进祖国统一；坚持推动构建人类命运共同体；坚持全面从严治党。

忆往昔

　　写信，是习近平总书记同青年交流的方式之一。

　　时隔30多年，中国农业大学教授曹兵海仍然记得1983年12月的一天，他和其他几位河北农业大学正定籍的同学一起读信时的感动。

信，来自时任正定县委书记习近平同志。

"农村迫切需要农大学生，农大学生同样也离不开农村。可以说，家乡的40多万父老乡亲都在翘首以待，盼望着你们早日以优异成绩成就学业，为祖国的四化建设挑梁扛柱，竭智尽才。"字里行间，满是求贤若渴的期盼，满是对异乡负笈人的牵挂。

信的落款一句"你们的同志 习近平"，拉近了家乡书记同远方学子的心。

受到习近平同志的真情感召，河北农业大学1984届至1987届正定籍51名大学生中有一多半人回到正定工作。

当年陆续回乡工作的大学生，如今已在当地农业、畜牧、林业等一线部门独当一面，他们中还走出了多位石家庄市、河北省乃至全国的专家。

一封封书信，一段段寄语，记录着习近平同志求才思贤的真情。

（资料来源：《新华每日电讯》2021年5月3日01版）

3.习近平新时代中国特色社会主义思想的理论特质

习近平新时代中国特色社会主义思想秉持人民至上，彰显历史自觉，坚持实事求是，突出问题导向，强化战略思维，发扬斗争精神。"十个明辨"

解析：核心要义提出了主题，"八个明确"揭示了内容，即"是什么"，"十四个坚持"揭示了实践要求，即"怎么做"。"八个明确"与"十四个坚持"体现了习近平新时代中国特色社会主义思想理论与实践的统一。

◎ 要点三：习近平新时代中国特色社会主义思想的历史地位

习近平新时代中国特色社会主义思想是当代中国马克思主义、21世纪马克思主义，是全面建设社会主义现代化国家、实现中华民族伟大复兴中国梦的行动指南，是建设美好世界的中国智慧和中国方案。

解析：习近平新时代中国特色社会主义思想是中国特色社会主义进入新时代以来的第一个马克思主义思想成果，集中回答了"新时代坚持和发展什么样的中国特色社会主义、怎样坚持和发展中国特色社会主义"的重大时代课题，是新时代党和人民奋斗的指导思想和行动指南。在建设新时代中国特色社会主义的同时，习近平新时代中国特色社会主义思想提出的"一带一路""人类命运共同体"等理念也给建设美好世界提供了中国智慧和中国方案。

中国特色社会主义进入新时代（辉煌历程）

历史的长河中，总有一些重要的时间节点，犹如一座座高高耸立的灯塔，指引着人们前行的方向。

2012 年 11 月 8 日，举世瞩目的中国共产党第十八次全国代表大会在北京开幕，中国共产党在开放与自信中写下继往开来、团结奋进的时代篇章。

中国共产党第十八次全国代表大会，是在我国进入全面建成小康社会决定性阶段召开的一次十分重要的大会。大会的主题是：高举中国特色社会主义伟大旗帜，以邓小平理论、"三个代表"重要思想、科学发展观为指导，解放思想，改革开放，凝聚力量，攻坚克难，坚定不移沿着中国特色社会主义道路前进，为全面建成小康社会而奋斗。

高举中国特色社会主义伟大旗帜

"在改革开放三十多年一以贯之的接力探索中，我们坚定不移高举中国特色社会主义伟大旗帜，既不走封闭僵化的老路、也不走改旗易帜的邪路。"党的十八大发出的庄严宣告，表达了当代中国共产党人的坚定信念。

坚持和发展中国特色社会主义是贯穿党的十八大报告的一条主线。

毛泽东同志曾指出，主义譬如一面旗子，旗子立起了，大家才有所指望，才知所趋赴。

1982 年 9 月，党的十二大上，邓小平同志提出了建设有中国特色社会主义这一历史性命题。30 年过去，中国共产党在实践中不断丰富其思想内涵，旗帜更加鲜明，道路日益宽广。

党的十八大报告指出，中国特色社会主义道路，中国特色社会主义理论体系，中国特色社会主义制度，是党和人民九十多年奋斗、创造、积累的根本成就，必须倍加珍惜、始终坚持、不断发展。

党的十八大阐明了中国特色社会主义道路、中国特色社会主义理论体系、中国特色社会主义制度的科学内涵及其相互联系，强调：中国特色社会主义道路是实现途径，中国特色社会主义理论体系是行动指南，中国特色社会主义制度是根本保障，三者统一于中国特色社会主义伟大实践。这是中国特色社会主义的最鲜明特色。

经济建设、政治建设、文化建设、社会建设、生态文明建设——着眼于全面建成小康社会、实现社会主义现代化和中华民族伟大复兴，党的十八大报告对推进中国特色社会主义事业作出"五位一体"总体布局。

发展中国特色社会主义是一项长期的艰巨的历史任务，必须准备进行具有许多新的历史特点的伟大斗争。这就要求我们必须毫不动摇坚持、与时俱进发展中国特色社会主义，不断丰富中国特色社会主义的实践特色、理论特色、民族特色、时代特色，不断把中国特色社会主义伟大事业推向前进！

为全面建成小康社会而奋斗

千百年来，小康一直是中国人民最朴素的愿望和憧憬。

党的十八大明确提出，确保到2020年实现全面建成小康社会宏伟目标。

从"全面建设小康社会"到"全面建成小康社会"，一字之变，为我们扎扎实实迈向中华民族伟大复兴提供了一个看得见、摸得着、感受得到的阶段性目标。

习近平总书记强调，全面建成小康社会，是我们对全国人民的庄严承诺，必须实现，而且必须全面实现，没有任何讨价还价的余地。

为了这个承诺，以习近平同志为核心的党中央把人民对美好生活的向往作为奋斗目标，把握人民群众多样化多层次需要，将人民满意作为检验一切工作成效的标准，不断增强人民群众的获得感、幸福感、安全感。

为了这个承诺，以习近平同志为核心的党中央把脱贫攻坚摆在治国理政的突出位置，作为全面建成小康社会的底线任务，组织开展了声势浩大的脱贫攻坚人民战争。

为了这个承诺，习近平总书记把一件件民生事，作为念兹在兹的心事，当作党和国家工作的大事，要求件件有着落、事事有回音，让群众看到变化、得到实惠。

2021年2月25日，习近平总书记在全国脱贫攻坚总结表彰大会上庄严宣告，经过全党全国各族人民共同努力，在迎来中国共产党成立一百周年的重要时刻，我国脱贫攻坚战取得了全面胜利，现行标准下9899万农村贫困人口全部脱贫，832个贫困县全部摘帽，12.8万个贫困村全部出列，区域性整体贫困得到解决，完成了消除绝对贫困的艰巨任务，创造了又一个彪炳史册的人间奇迹！

农村贫困人口全部脱贫，为实现全面建成小康社会目标任务作出了关键性贡献。全面建成小康社会，实现第一个百年奋斗目标，在中国共产党奋斗史、新中国发展史、中华民族文明史上都具有里程碑意义。

实现中华民族伟大复兴的中国梦

党的十八大报告指出，建设中国特色社会主义，"总任务是实现社会主义现代化和中华民族伟大复兴"。新一届中央领导集体，接过了历史的接力棒。

党的十八大闭幕两周后，习近平总书记在参观《复兴之路》展览时提出和阐述了"中国梦"。总书记指出："每个人都有理想和追求，都有自己的梦想。现在，大家都在讨论中国梦，我以为，实现中华民族伟大复兴，就是中华民族近代以来最伟大的梦想。"从这时起，"中国梦"就成为全党全社会乃至全世界高度关注的一个重要思想概念。

2013 年 3 月，习近平总书记在第十二届全国人民代表大会第一次会议上发表重要讲话时进一步指出，实现全面建成小康社会、建成富强民主文明和谐的社会主义现代化国家的奋斗目标，实现中华民族伟大复兴的中国梦，就是要实现国家富强、民族振兴、人民幸福，既深深体现了今天中国人的理想，也深深反映了我们先人们不懈追求进步的光荣传统。

党的十八大以来，我们党以巨大的政治勇气和强烈的责任担当，提出一系列新理念新思想新战略，出台一系列重大方针政策，推出一系列重大举措，推进一系列重大工作，解决了许多长期想解决而没有解决的难题，办成了许多过去想办而没有办成的大事，推动党和国家事业发生历史性变革。

"经过长期努力，中国特色社会主义进入了新时代，这是我国发展新的历史方位。"2017 年 10 月 18 日，习近平总书记在党的十九大报告中作出这一重大判断。

奋斗百年路，启航新征程。在以习近平同志为核心的党中央坚强领导下，全党全国各族人民坚定信心决心，以永不懈怠的精神状态、一往无前的奋斗姿态，真抓实干、埋头苦干，一定能够实现第二个百年奋斗目标，实现中华民族伟大复兴的中国梦！

（资料来源：《人民日报》2021 年 4 月 16 日 05 版）

📌 **案例解析：** 本案例主要讲述了党的十八大以来中国特色社会主义的发展历程及中国特色社会主义进入新时代的内涵及主要奋斗目标。2020 年底，我国脱贫攻坚战取得了全面胜利，这充分证明了中国特色社会主义道路的正确性，这个旗帜要继续高举下去，这条道路也要继续走下去，可以预见，在不久的将来，中华民族伟大复兴的中国梦也必然会实现。

经典品读

《决胜全面建成小康社会　夺取新时代中国特色社会主义伟大胜利》（节选）

（习近平 2017 年 10 月）

二、新时代中国共产党的历史使命

一百年前，十月革命一声炮响，给中国送来了马克思列宁主义。中国先进分子从马克思列宁主义的科学真理中看到了解决中国问题的出路。在近代以后中国社会的剧烈运动中，在中国人民反抗封建统治和外来侵略的激烈斗争中，在马克思列宁主义同中国工人运动的结合过程中，一九二一年中国共产党应运而生。从此，中国人民谋求民族独立、人民解放和国家富强、人民幸福的斗争就有了主心骨，中国人民就从精神上由被动转为主动。

中华民族有五千多年的文明历史，创造了灿烂的中华文明，为人类作出了卓越贡献，成为世界上伟大的民族。鸦片战争后，中国陷入内忧外患的黑暗境地，中国人民经历了战乱频仍、山河破碎、民不聊生的深重苦难。为了民族复兴，无数仁人志士不屈不挠、前仆后继，进行了可歌可泣的斗争，进行了各式各样的尝试，但终究未能改变旧中国的社会性质和中国人民的悲惨命运。

实现中华民族伟大复兴是近代以来中华民族最伟大的梦想。中国共产党一经成立，就把实现共产主义作为党的最高理想和最终目标，义无反顾肩负起实现中华民族伟大复兴的历史使命，团结带领人民进行了艰苦卓绝的斗争，谱写了气吞山河的壮丽史诗。

我们党深刻认识到，实现中华民族伟大复兴，必须推翻压在中国人民头上的帝国主义、封建主义、官僚资本主义三座大山，实现民族独立、人民解放、国家统一、社会稳定。我们党团结带领人民找到了一条以农村包围城市、武装夺取政权的正确革命道路，进行了二十八年浴血奋战，完成了新民主主义革命，一九四九年建立了中华人民共和国，实现了中国从几千年封建专制政治向人民民主的伟大飞跃。

我们党深刻认识到，实现中华民族伟大复兴，必须建立符合我国实际的先进社会制度。我们党团结带领人民完成社会主义革命，确立社会主义基本制度，推进社会主义建设，完成了中华民族有史以来最为广泛而深刻的社会变革，为当代中国一切发展进步奠定了根本政治前提和制度基础，实现了中华民族由近代不断衰落到根本扭转命运、持续走向繁荣富强的伟大飞跃。

我们党深刻认识到，实现中华民族伟大复兴，必须合乎时代潮流、顺应人民意愿，勇于改革开放，让党和人民事业始终充满奋勇前进的强大动力。我们党团结带领人民进行改革开放新的伟大革命，破除阻碍国家和民族发展的一切思想和体制障碍，开辟了中国特色社会主义道路，使中国大踏步赶上时代。

九十六年来，为了实现中华民族伟大复兴的历史使命，无论是弱小还是强大，无论是顺境还是逆境，我们党都初心不改、矢志不渝，团结带领人民历经千难万险，付出巨大牺牲，敢于面对曲折，勇于修正错误，攻克了一个又一个看似不可攻克的难关，创造了一个又一个彪炳史册的人间奇迹。

同志们！今天，我们比历史上任何时期都更接近、更有信心和能力实现中华民族伟大复兴的目标。

行百里者半九十。中华民族伟大复兴，绝不是轻轻松松、敲锣打鼓就能实现的。全党必须准备付出更为艰巨、更为艰苦的努力。

实现伟大梦想，必须进行伟大斗争。社会是在矛盾运动中前进的，有矛盾就会有斗争。我们党要团结带领人民有效应对重大挑战、抵御重大风险、克服重大阻力、解决重大矛盾，必须进行具有许多新的历史特点的伟大斗争，任何贪图享受、消极懈怠、回避矛盾的思想和行为都是错误的。全党要更加自觉地坚持党的领导和我国社会主义制度，坚决反对一切削弱、歪曲、否定党的领导和我国社会主义制度的言行；更加自觉地维护人民利益，坚决反对一切损害人民利益、脱离群众的行为；更加自觉地投身改革创新时代潮流，坚决破除一切顽瘴痼疾；更加自觉地维护我国主权、安全、发展利益，坚决反对一切分裂祖国、破坏民族团结和社会和谐稳定的行为；更加自觉地防范各种风险，坚决战胜一切在政治、经济、文化、社会等领域和自然界出现的困难和挑战。全党要充分认识这场伟大斗争的长期性、复杂性、艰巨性，发扬斗争精神，提高斗争本领，不断夺取伟大斗争新胜利。

实现伟大梦想，必须建设伟大工程。这个伟大工程就是我们党正在深入推进的党的建设新的伟大工程。历史已经并将继续证明，没有中国共产党的领导，民族复兴必然是空想。我们党要始终成为时代先锋、民族脊梁，始终成为马克思主义执政党，自身必须始终过硬。全党要更加自觉地坚定党性原则，勇于直面问题，敢于刮骨疗毒，消除一切损害党的先进性和纯洁性的因素，清除一切侵蚀党的健康肌体的病毒，不断增强党的政治领导力、思想引领力、群众组织力、社会号召力，确保我们党永葆旺盛生命力和强大战斗力。

实现伟大梦想，必须推进伟大事业。中国特色社会主义是改革开放以来党的全部理论和实践的主题，是党和人民历尽千辛万苦、付出巨大代价取得的根本成就。中国特色社会主义道路是实现社会主义现代化、创造人民美好生活的必由之路，中国特色社会主义理论体系是指导党和人民实现中华民族伟大复兴的正确理论，中国特色社会主义制度是当代中国发展进步的根本制度保障，中国特色社会主义文化是激励全党全国各族人民奋勇前进的强大精神力量。全党要更加自觉地增强道路自信、理论自信、制度自信、文化自信，既不走封闭僵化的老路，也不走改旗易帜的邪路，保持政治定力，坚持实干兴邦，始终坚持和发展中国特色社会主义。

伟大斗争，伟大工程，伟大事业，伟大梦想，紧密联系、相互贯通、相互作用，其中起决定性作用的是党的建设新的伟大工程。推进伟大工程，要结合伟大斗争、伟大事业、伟大梦想的实践来进行，确保党在世界形势深刻变化的历史进程中始终走在时代前列，在应对国内外各种风险和考验的历史进程中始终成为全国人民的主心骨，在坚持和发展中国特色社会主义的历史进程中始终成为坚强领导核心。

同志们！使命呼唤担当，使命引领未来。我们要不负人民重托、无愧历史选择，在新时代中国特色社会主义的伟大实践中，以党的坚强领导和顽强奋斗，激励全体中华儿女不断奋进，凝聚起同心共筑中国梦的磅礴力量！

（资料来源：新华网，http://www.xinhuanet.com/politics/19cpcnc/2017-10/27/c_1121867529.htm）

习题演练

一、单项选择题

1. 党的十九大明确指出，我国社会主要矛盾已经转化为（　　）。
A. 人民日益增长的美好生活需要和不平衡不充分的发展之间的矛盾
B. 人民日益增长的物质文化需要同落后的社会生产之间的矛盾
C. 人民对于建设先进的工业国的要求同落后的农业国的现实之间的矛盾
D. 人民对于经济文化迅速发展的需要同当前经济文化不能满足人民需要的状况之间的矛盾

2. 中国特色社会主义最本质的特征是（　　）。
A. 党的领导　　　B. 以德治国　　　C. 依法治国　　　D. 政治协商

3. 中国共产党的根本宗旨是（　　）。
A. 实现中华民族伟大复兴　　　B. 维护国家统一及社会和谐稳定
C. 全心全意为人民服务　　　D. 统筹经济社会等各方面发展

4. 我国社会主要矛盾的变化，没有改变我们对我国社会主义所处历史阶段的判断，我国仍将处于并长期处于（　　）的基本国情没有变，我国是世界最大发展中国家的国际地位没有变。
A. 社会主义发展阶段　　　B. 社会主义初级阶段
C. 社会主义中级阶段　　　D. 社会主义高级阶段

5. 习近平新时代中国特色社会主义思想的核心要义是（　　）。
A. 坚持和发展中国特色社会主义　　　B. 坚持解放思想、实事求是
C. 坚持中国共产党的领导　　　D. 坚持辩证唯物主义和历史唯物主义

6. 习近平新时代中国特色社会主义思想内涵十分丰富，其中最重要、最核心的内容就是党的十九大报告概括的（　　）。
A. "五位一体"　　B. "八个明确"　　C. "四个全面"　　D. "十四个坚持"

7. 党的十九大报告明确指出，从2020年到本世纪中叶可以分为两个阶段。第一个阶段的奋斗目标是（　　）。
A. 实现共同富裕
B. 全面实现社会主义现代化

C. 基本实现社会主义现代化

D. 实现国家治理体系和治理能力现代化

8. 实现社会主义现代化和中华民族伟大复兴，是坚持和发展中国特色社会主义的（　　　）。

　A. 总路线　　　　　　　　　　B. 总依据

　C. 总布局　　　　　　　　　　D. 总任务

9. 统筹发展和安全，增强忧患意识，做到居安思危，是我们党治国理政的一个重大原则，必须坚持国家利益至上，以（　　　）为宗旨。

　A. 政治安全　　　　　　　　　B. 人民安全

　C. 传统安全　　　　　　　　　D. 非传统安全

10. （　　　）是时代的声音，坚持（　　　）导向是马克思主义的鲜明特点。

　A. 问题　　　B. 历史　　　C. 思想　　　D. 开放

二、多项选择题

1. 经过长期努力，中国特色社会主义进入了新时代，这是我国发展新的历史方位。中国特色社会主义进入新时代这一判断是基于（　　　）。

　A. 中国特色社会主义进入新的发展阶段

　B. 我国社会主要矛盾发生了新的变化

　C. "两个一百年"历史交汇期新的奋斗目标

　D. 我国面临的国际环境发生了新变化

2. 影响满足人民美好生活需要的因素很多，但主要是发展（　　　）问题。

　A. 不完善　　　B. 不平衡　　　C. 不够快　　　D. 不充分

3. 习近平新时代中国特色社会主义思想是（　　　）的集中体现。

　A. 党的意志　　　　　　　　　B. 国家意志

　C. 人民意志　　　　　　　　　D. 群众意志

4. 关于新时代中国特色社会主义的基本方略表达正确的有（　　　）。

　A. 是习近平新时代中国特色社会主义思想的重要组成部分

　B. 是落实习近平新时代中国特色社会主义思想的实践要求

　C. 是习近平新时代中国特色社会主义思想在行动纲领层面的表述

　D. 回答的是新时代怎样坚持和发展中国特色社会主义的问题

5. 发展是解决我国一切问题的基础和关键，发展必须是科学发展，必须坚定不移贯彻（　　　）的发展理念。

　A. 创新　　　B. 协调　　　C. 绿色

　D. 共享　　　E. 开放

6. 坚持推动构建人类命运共同体，必须统筹国内国际两个大局，始终不渝走和平发展道路、奉行互利共赢的开放战略，坚持正确义利观，树立（　　）的新安全观。

A. 共同　　　　B. 综合　　　　C. 合作　　　　D. 可持续

7. 习近平新时代中国特色社会主义思想是党和人民实践经验和集体智慧的结晶，习近平新时代中国特色社会主义思想（　　）。

A. 开辟了马克思主义的新境界

B. 是实现中华民族伟大复兴的行动指南

C. 是中国特色社会主义理论体系的重要组成部分

D. 是新时代党和人民共同奋斗的精神旗帜

8. 习近平新时代中国特色社会主义思想内涵十分丰富，其中最重要、最核心的内容就是党的十九大报告概括的"八个明确"。"八个明确"（　　）。

A. 是指导思想层面的表述

B. 是行动纲领层面的表述

C. 回答的是新时代坚持和发展什么样的中国特色社会主义的问题

D. 回答的是新时代怎样坚持和发展中国特色社会主义的问题

9. 习近平新时代中国特色社会主义思想是（　　）。

A. 马克思主义中国化的新飞跃　　　B. 当代中国马克思主义

C. 21 世纪马克思主义　　　　　　　D. 马克思主义中国化最新成果

10. 习近平新时代中国特色社会主义思想围绕（　　）进行谋篇布局。

A. 坚持和发展什么样的中国特色社会主义

B. 怎样坚持和发展中国特色社会主义

C. 什么是社会主义

D. 怎样建设社会主义

三、简答题

1. 简述习近平新时代中国特色社会主义思想的核心内容。
2. 简述习近平新时代中国特色社会主义思想的历史地位。
3. 简述习近平新时代中国特色社会主义思想的核心要义。

四、论述题

如何理解中国特色社会主义进入了新时代？

实践篇

✕ 实践项目一　　研讨会——社会主要矛盾的变化

⚙ 实践目标

通过查阅资料及收集家庭收支数据，感受改革开放以来尤其是党的十八大以来家庭生活需求的变化，了解我国社会主要矛盾的变化，感悟社会主要矛盾变化的重大意义，提升理性分析和表达能力。

🗂 实践方案

1.任课教师布置任务，说明实践主题及内容。

2.将学生分为若干小组，5～6人为一组，每小组各选1名组长。

3.各小组成员分别到图书馆及网上查阅资料，向爷爷奶奶爸爸妈妈询问家庭近10年来收支情况。

4.根据收集的资料和数据，各小组作出分析讨论，形成报告。

5.每小组各选1名代表在课堂上进行汇报演讲，讲解社会主要矛盾的变化。

6.任课教师对活动进行点评和总结。

🖥 参考资料

活动评分表

评分项目	评分标准	分值	得分	教师点评
资料收集	资料丰富、内容详细	30		
报告内容	分析合理、总结到位	30		
课堂发言	表现大方、逻辑清晰	40		
第_____组　　总分：_____				

✕ 实践项目二　　歌唱比赛——唱响新时代

⚙ 实践目标

通过歌唱新时代新面貌相关歌曲，感受新时代的蓬勃生机，感悟新青年的奋进力量，进而领会新时代中国特色社会主义的光明前景，增强对祖国、对社会主义的自豪感和使命感。

🖥 实践方案

1. 任课教师提前1～2周布置任务，说明注意事项，明确活动主题。

2. 将学生分为若干小组，10人为1组，选组长1名，负责选曲、排练等事宜。

3. 任课教师统一组织，安排演出，设主持人1～2名，负责主持、维持活动秩序及把控活动节奏；设录像人员1～2名，负责拍摄活动过程及后期剪辑合成。

4. 各小组根据选定的曲目自行决定演唱方式（独唱或合唱）及演唱人数，组长组织组员进行排练，并写一段歌曲介绍交给主持人，供主持人报幕使用。

5. 比赛开始，主持人介绍歌曲产生背景、表现的精神，每首1～2分钟。

6. 各小组依次进行演唱。

7. 任课教师进行点评。

8. 任课教师根据歌曲介绍、表演效果为各组打分，并对排名靠前的两个小组进行奖励。

🖵 参考资料

活动评分表

评分项目	评分标准	分值	得分	教师点评
歌曲介绍	准确得当、简明扼要	20		
团队配合	分工明确、合作默契	30		
表演效果	精神饱满、情感充沛	50		
第_____组　　总分：_____				

参考曲目

《光荣与梦想》《天耀中华》《共筑中国梦》《中国之梦》《再扬帆》《共圆中国梦》《美丽中国梦》《天地人心》《我们的中国梦》《这条路》《美丽中国进行曲》《好儿好女好江山》《我的中国梦》《梦想星光》《梦圆中国》《中国梦在你我心中》《美丽的中国梦》《我的梦 中国梦》《我的要求不算高》《坐上高铁去北京》《时间都去哪儿了》《中国梦》《百年一梦》《北京时间》《孝和中国》《儿女情长》《美丽中国》《假如今天你还在》《同心逐梦》《担当之歌》《强军战歌》《与祖国有约》《搭把手》《梦想起飞的地方》《老百姓的爱》《站在草原望北京》《感谢你中国》《我梦最美》《最美是你》《大梦中国》《海峡月光曲》《中国梦最漂亮》《放飞梦想》《点亮未来》《江河恋》《扬鞭策马追梦忙》《情对祖国讲，爱对祖国说》《美丽大中国》《少年中国梦》《我们的美好时代》《爱国之恋》《富强之路》《民族辉煌》《乡愁》《把心交给你》《我家住在长江边》《时代的勇气》《记住乡愁》《敬业之德》《中国梦 我们的梦》《刻骨铭心》《我们从古田再出发》《和平——命运共同体》《好人》《游子吟》《阳光》《要靠你我他》《六尺巷》《感动》《每个人都有一个中国梦》《中国印》《揣着梦想走四方》《相信你》《中华好家风》《长征颂歌》《心弦为谁拨响》《雪恋》《一生只为一个梦想》《英雄》《光荣》《美丽中国走起来》《走在小康路上》《前进吧 中国共产党》《推开这扇门》《铁血忠诚》《小梦想大梦想》《信仰的光芒》《父子》《相信梦想》《相逢春天》《人都有老的时候》《一家亲一个梦》《四有军人歌》《召唤》《丝路》《你是英雄》《全家福》《老百姓的梦》《幸福来》《丝绸之路》《不忘初心》《冷的铁索热的血》。

第九章　坚持和发展中国特色社会主义的总任务

导航篇

知识网络

第九章 坚持和发展中国特色社会主义的总任务

- 一、实现中华民族伟大复兴的中国梦
  - 中华民族近代以来最伟大的梦想
  - 中国梦的科学内涵
  - 奋力实现中国梦
- 二、建成社会主义现代化强国的战略安排
  - 开启全面建设社会主义现代化强国的新征程
  - 实现社会主义现代化强国"两步走"战略的目标要求
- 三、建设社会主义现代化国家的战略导向
  - 立足新发展阶段
  - 贯彻新发展理念
  - 构建新发展格局

学习指南

⊙ 学习目标

　　完整、准确地认识和了解实现中华民族伟大复兴的中国梦和建成社会主义现代化强国的战略安排和战略导向；认识到实现中华民族伟大复兴是近代以来中华民族最伟大的梦想，中国梦的本质是国家富强、民族振兴、人民幸福，实现中国梦必须走中国道路、弘扬中国精神、凝聚中国力量；正确理解和把握建设社会主义现代化国家要立足新发展阶段、贯彻新发展理念、构建新发展格局。

⊙ 学习思路

　　总任务的提出为后面的一系列工作提供了实践性目标，高屋建瓴地为坚持和发展什么样的中国特色社会主义、怎样坚持和发展中国特色社会主义指明了方向。学好本章对学习后面的工作部署有重要意义。本章内容逻辑清晰，主要讲新时代的总任务和新时代如何实现总任务两方面内容。学习过程中要注意厘清这两方面的逻辑关系，还要注意"三步走"发展战略和"两步走"发展战略之间的顺承关系。

理论篇

要点解析

◎ 要点一：实现中华民族伟大复兴的中国梦

1. 中华民族近代以来最伟大的梦想

　　坚持和发展中国特色社会主义的总任务，是实现社会主义现代化和中华民族伟大复兴，在全面建成小康社会的基础上，在本世纪中叶建成富强民主文明和谐美丽的社会主义现代化强国。

2. 中国梦的科学内涵

　　习近平指出："中国梦的本质是国家富强、民族振兴、人民幸福。"国家富强、民族振兴是人民幸福的基础和保障；人民幸福是国家富强、民族振兴的题中之义和必然要求；人民幸福是国家富强、民族振兴的根本出发点和落脚点。中国梦归根到底是人民的梦，是国家的梦、民族的梦，也是每一个中国人的梦。中国梦与世界各国人民的美好梦想相通。

3. 奋力实现中国梦

　　习近平指出："实现中国梦必须走中国道路、弘扬中国精神、凝聚中国力量。"中国道路，就是中国特色社会主义道路；中国精神，就是以爱国主义为核心的民族精神和以改革创新为核心的时代精神；中国力量，就是全国各族人民大团结的力量。

　　解析：中国梦不仅凝聚了几代中国人的理想夙愿，而且集中体现了中华民族的最高利益和根本利益，中国梦就是全体中国人民的奋斗目标；中国梦不仅是每一个中国人的追求，也与世界人民息息相关，中国的发展有益于世界，中国的发展也离不开世界的发展；要实现中国梦，每一个中国人都要坚定道路、弘扬精神、团结一致、艰苦奋斗。

相关链接：

实现中华民族伟大复兴的中国梦

◎ 要点二：建成社会主义现代化强国的战略安排

1. 开启全面建设社会主义现代化强国的新征程

习近平在党的十九大报告中指出，全面建设社会主义现代化国家的进程分两个阶段来安排，第一个阶段从 2020 年到 2035 年，在全面建成小康社会的基础上，再奋斗 15 年，基本实现社会主义现代化。第二个阶段从 2035 年到本世纪中叶，在基本实现现代化的基础上，再奋斗 15 年，把我国建成富强民主文明和谐美丽的社会主义现代化强国。在全面建成小康社会的基础上，提出全面建成社会主义现代化强国，是中国共产党对新时代中国特色社会主义发展作出的战略安排。

2. 实现社会主义现代化强国"两步走"战略的目标要求

（1）从 2020 年到 2035 年基本实现社会主义现代化的目标要求。①经济实力、科技实力、综合国力将大幅跃升，经济总量和城乡居民人均收入将再迈上新的大台阶，关键核心技术实现重大突破，进入创新型国家前列；②基本实现新型工业化、信息化、城镇化、农业现代化，建成现代化经济体系；③基本实现国家治理体系和治理能力现代化，人民平等参与、平等发展权利得到充分保障，基本建成法治国家、法治政府、法治社会；④建成文化强国、教育强国、人才强国、体育强国、健康中国，国民素质和社会文明程度达到新高度，国家文化软实力显著增强；⑤广泛形成绿色生产生活方式，碳排放达峰后稳中有降，生态环境根本好转，美丽中国建设目标基本实现；⑥形成对外开放新格局，参与国际经济合作和竞争新优势明显增强；⑦人均国内生产总值达到中等发达国家水平，中等收入群体显著扩大，基本公共服务实现均等化，城乡区域发展差距和居民生活水平差距显著缩小；⑧平安中国建设达到更高水平，基本实现国防和军队现代化；⑨人民生活更加美好，人的全面发展、全体人民共同富裕取得更为明显的实质性进展。

（2）从 2035 年到本世纪中叶建成社会主义现代化强国的目标要求。一是拥有高度的物质文明，社会生产力水平大幅提高，核心竞争力名列世界前茅，经济总量和市场规模超越其他国家，建成富强的社会主义现代化强国；二是拥有高度的政治文明，形成又有集中又有民主、又有纪律又有自由、又有统一意志又有个人心情舒畅生动活泼的政治局面，依法治国和以德治国有机结合，建成民主的社会主义现代化强国；三是拥有高度的精神文明，践行社会主义核心价值观成为全社会自觉行动，国民素质显著提高，中国精神、中国价值、中国力量成为中国发展的重要影响力和推动力，建成文明的社会主义现代化强国；四是拥有高度的社会文明，城乡居民将普遍拥有较高的收入、富裕的生活、健全的基本公共服务，享有更加幸福安康的生活，全体人民共同富裕基本实现，公平正义普遍彰显，社会充满活力而又规范有序，建成和谐的社会主义现代化强国；五是拥有高度的生态文明，天蓝、地绿、水清的优美生态环境成为普遍常态，开创人与自然和谐共生新境界，建成美丽的社会主义现代化强国。

解析： 习近平总书记提出的"两步走"战略是对邓小平提出的"三步走"战略的传承和发展，是在中国特色社会主义进入新时代后提出来的，学习时要注意将两者进行对比。到21世纪中叶建成拥有高度物质、政治、精神、社会、生态文明的社会主义现代化强国。这是在综合分析国际国内形势和我国发展条件之后作出的重大决策，也是我们党适应我国发展实际作出的必然选择。

◎ 要点三：建设社会主义现代化国家的战略导向

1. 立足新发展阶段

全面建成小康社会、实现第一个百年奋斗目标之后，我们乘势而上开启全面建设社会主义现代化国家新征程、向第二个百年奋斗目标进军，这标志着我国进入了一个新发展阶段。

从理论依据来看，新发展阶段是社会主义初级阶段中的一个阶段，是其中经过几十年积累、站到了新的起点上的一个阶段；从历史依据来看，新发展阶段是我们党带领人民迎来从站起来、富起来到强起来历史性跨越的新阶段；从现实依据来看，我们已经拥有开启新征程、实现新的更高目标的雄厚物质基础。

忆往昔

金寨县是国家级首批重点贫困县，2011年被确定为大别山片区扶贫攻坚重点县。2016年4月24日下午，习近平总书记来到安徽省金寨县花石乡大湾村走访村民，同当地干部群众共商脱贫攻坚大计。68岁的贫困户汪能保看到习近平总书记沿着石阶走向他家，快步迎了上去，紧紧握住总书记的手，激动不已。总书记说："老汪你好，来看望你们。"汪能保说："做梦都没想到您会到家里来，共产党政策好，给我们带来好多福分啊！"习近平总书记拿起桌上的扶贫手册，一边看一边询问老汪家的情况。

听说老汪爱人有高血压，一年药费要花两三千块钱，习近平总书记说，因病致贫、因残致贫问题时有发生，扶贫机制要进一步完善兜底措施，在医保、新农合方面给予更多扶持。

走进村民陈泽平家两间简陋的房子，总书记仔细察看，询问家里的情况。身体还好吗？这个季节屋里还有点冷吧？家里种几亩地？种的茶叶几年能收获？养了几头猪？猪肉价格还可以吧？总书记问得十分细致。看到床边堆着几包稻谷，总书记说，这里又住人又是仓库啊，并问陈泽平存的粮食够吃多长时间。总书记还指着屋顶说："这里拉的电线可有点乱啊。"村干部递上《建档立卡贫困户基本情况调查表》。"移民直补""公益林补贴""计生奖""劳务收入"……总书记一边念着表格上的项目，一边向陈泽平了解贫困户搬迁等支出和补贴情况，问他愿不愿意搬迁到山下去。陈泽平回答说："党的这个政策好，我欢迎。"

总书记一连走进大湾村5户农家，听取村民对实施光伏发电扶贫项目、种植茶叶、发展养殖业以及移民搬迁等的想法，了解省市县开展扶贫工作的具体做法和取得的成效。他对乡亲们说："我这次专门来看望大家。从北京坐了1个半小时飞机到合肥，又坐了1个半小时汽车到金寨，再用1个多小时进山来到你们这里，就是要了解农村脱贫特别是革命老区扶贫的真实情况。"

习近平总书记要求各级党委和政府要怀着对人民的热爱，按照党中央提出的精准扶贫要求，打好脱贫攻坚战，让老区人民过上幸福美好的生活。

（资料来源：霍小光《习近平考察安徽金寨：扶贫机制要进一步完善兜底措施》，新华网，http://www.xinhuanet.com/politics/2016-04/24/c_1118719708.htm）

2. 贯彻新发展理念

新发展阶段必须坚定不移贯彻创新、协调、绿色、开放、共享的发展理念。

创新是引领发展的第一动力，创新发展注重的是解决发展动力问题，必须把创新摆在国家发展全局的核心位置，让创新贯穿党和国家一切工作。协调是持续健康发展的内在要求，协调发展注重的是解决发展不平衡问题，必须正确处理发展中的重大关系，不断增强发展整体性。绿色是永续发展的必要条件和人民对美好生活追求的重要体现，绿色发展注重的是解决人与自然和谐共生问题，必须实现经济社会发展和生态环境保护协同共进，为人民群众创造良好生产生活环境。开放是国家繁荣发展的必由之路，开放发展注重的是解决发展内外联动问题，必须发展更高层次的开放型经济，以扩大开放推进改革发展。共享是中国特色社会主义的本质要求，共享发展注重的是解决社会公平正义问题，必须坚持全民共享、全面共享、共建共享、渐进共享，不断推进全体人民共同富裕。

完整、准确、全面贯彻新发展理念，一要从根本宗旨把握新发展理念；二要从问题导向把握新发展理念；三要从忧患意识把握新发展理念。

3. 构建新发展格局

立足新发展阶段，贯彻新发展理念，要致力构建以国内大循环为主体、国内国际双循环相互促进的新发展格局。

从发展进程看，改革开放特别是加入世界贸易组织后，我国深度参与国际分工，融入国际大循环，形成市场和资源"两头在外"的发展格局；从世界比较看，大国经济的特征都是内需为主导、内部可循环；从国际形势看，近几年全球政治经济环境发生深刻变化，逆全球化趋势加剧，有的国家大搞单边主义、保护主义，我国必须坚持立足国内、依托国内大市场优势，化解外部冲击和外需下降带来的影响，增强我们的生存力、竞争力、发展力、持续力。

构建新发展格局的最本质特征是实现高水平的自立自强，必须更加强调自主创新，集合优势资源，有力有序推进创新攻关的新体制机制。

解析：新中国成立不久，我们党就提出建设社会主义现代化国家的目标，经过 13 个五年规划（计划），我们已经为实现这个目标奠定了坚实基础，未来 30 年将是我们完成这个历史宏愿的新发展阶段。我们已经明确了未来发展的路线图和时间表。我们建设的现代化必须是具有中国特色、符合中国实际的，就是我国现代化是人口规模巨大的现代化，是全体人民共同富裕的现代化，是物质文明和精神文明相协调的现代化，是人与自然和谐共生的现代化，是走和平发展道路的现代化。这是我国现代化建设必须坚持的方向。

案例精选

正确认识新发展阶段的历史方位

习近平总书记在省部级主要领导干部学习贯彻党的十九届五中全会精神专题研讨班开班式上指出，正确认识党和人民事业所处的历史方位和发展阶段，是我们党明确阶段性中心任务、制定路线方针政策的根本依据，也是我们党领导革命、建设、改革不断取得胜利的重要经验。全面建成小康社会、实现第一个百年奋斗目标之后，我们要乘势而上开启全面建设社会主义现代化国家新征程、向第二个百年奋斗目标进军，这标志着我国进入了一个新发展阶段，我国发展站在了一个新的历史方位。正确认识这个新的历史方位，对于我们提高站位、开阔视野，统一思想、协调行动，确保全面建设社会主义现代化国家开好局、起好步，确保我国社会主义在进一步巩固和发展的基础上向更高阶段迈进，具有重大而深远的指导意义。

新发展阶段是我们党带领人民从站起来、富起来到强起来历史性跨越的新阶段

党的十八大以来，以习近平同志为核心的党中央团结带领人民进行伟大斗争、建设伟大工程、推进伟大事业、实现伟大梦想，推动党和国家事业取得全方位、开创性历史成就，发生深层次、根本性历史变革，中国特色社会主义进入了新时代，中华民族迎来了从站起来、富起来到强起来的伟大飞跃。到 2020 年末，随着"十三五"规划圆满收官，我国经济实力、科技实力、综合国力和人民生活水平又跃上了一个新的大台阶，决胜全面建成小康社会取得决定性成就，中华民族在富起来的基础上向强起来迈出了坚实的一大步。随着"十四五"规划的实施，我们开启了全面建设社会主义现代化国家新征程，为到 2035 年基本实现社会主义现代化的远景目标，本世纪中叶把我国建成富强民主文明和谐美丽的社会主义现代化强国的伟大梦想而进行新的伟大斗争、建设新的伟大工程、推进新的伟大事业，我国由此进入了新发展阶段。

在新发展阶段，我们面对的内部条件和外部环境都发生了深刻复杂的变化。从内部来讲，经过新中国成立以来特别是改革开放 40 多年的不懈奋斗，我们已经拥有开启新征程、实现新的更高目标的雄厚物质基础；从外部来讲，当今世界正经历百年未有之大变局，但时与势都在我们一边，我们有定力和底气、有决心和信心锲而不舍地实现既定目标。这就要求我们利用好新的重要战略机遇期，统筹好中华民族伟大复兴战略全局和世界百年未有之大变局，继续谦虚谨慎、艰苦奋斗，调动一切可以调动的积极因素，团结一切可以团结的力量，全力办好自己的事；完整、准确、全面贯彻新发展理念，把科技自立自强作为国家发展的战略支撑，把共同富裕作为关系党的执政基础的重大政治问题，引领我国实现更高质量、更有效率、更加公平、更可持续、更为安全的发展；加快构建以国内大循环为主体、国内国际双循环相互促进的新发展格局，把扩大内需作为经济增长的战略基点，调整和完善经济现代化的路径选择。立足新发展阶段、贯彻新发展理念、构建新发展格局，我们才能在各种可以预见和难以预见的狂风暴雨、惊涛骇浪中，增强生存力、竞争力、发展力、持续力，实现从站起来、富起来到强起来的历史性跨越，实现中华民族伟大复兴的中国梦。这是新发展阶段要求我们完成、我们也一定能够完成的历史任务。

新发展阶段处于我国社会主义初级阶段

党的十一届三中全会后，我们党创造性地提出了社会主义初级阶段理论。党的十三大对它进行了系统阐发，强调社会主义初级阶段"不是泛指任何国家进入社会主义都会经历的起始阶段，而是特指我国在生产力落后、商品经济不发达条件下建设社会主义必然要经历的特定阶段。我国从 50 年代生产资料私有制的社会主义改造基本完成，到社会主义现代化的基本实现，至少需要上百年时间，都

属于社会主义初级阶段"。社会主义初级阶段是当代中国的最大国情、最大实际以及建设中国特色社会主义的总依据，强调我们在任何情况下都要牢牢把握这个最大国情，推进任何方面的改革都要牢牢立足这个最大实际。

习近平总书记在省部级主要领导干部学习贯彻党的十九届五中全会精神专题研讨班开班式上指出："社会主义初级阶段不是一个静态、一成不变、停滞不前的阶段，也不是一个自发、被动、不用费多大气力自然而然就可以跨过的阶段，而是一个动态、积极有为、始终洋溢着蓬勃生机活力的过程，是一个阶梯式递进、不断发展进步、日益接近质的飞跃的量的积累和发展变化的过程。"通过这个过程，我们要实现社会主义现代化，但由于我国的社会主义脱胎于半殖民地半封建社会，在开始进行现代化建设的时候，生产力水平还远远落后于发达国家，这就决定了在初级阶段建设社会主义现代化国家是一项长期、艰巨的历史任务。早在全面建设社会主义时期，我们党就提出过分"两步走"实现四个现代化的设想。改革开放后，我们党对社会主义现代化建设作出了新的战略安排，提出了分"三步走"基本实现现代化的战略目标。经过全党全国各族人民的共同努力，在解决人民温饱问题的第一步目标和人民生活总体上达到小康水平的第二步目标均已提前实现的情况下，党的十五大把第三步目标进一步具体化为"两个一百年"奋斗目标。党的十八大明确了全面建成小康社会的战略目标。到 2017 年，全面建成小康社会的第一个百年奋斗目标实现在即，党的十九大又吹响了向第二个百年奋斗目标进军的号角，并对从 2020 年到本世纪中叶我国现代化建设作出了两个阶段的安排。

党的十九大提出"中国特色社会主义进入新时代，我国社会主要矛盾已经转化为人民日益增长的美好生活需要和不平衡不充分的发展之间的矛盾"之后，特别强调："我国社会主要矛盾的变化，没有改变我们对我国社会主义所处历史阶段的判断，我国仍处于并将长期处于社会主义初级阶段的基本国情没有变，我国是世界最大发展中国家的国际地位没有变。"

新发展阶段是我国社会主义发展进程中的一个重要阶段

社会主义必然取代资本主义，人类最终必然走向共产主义，这是马克思主义揭示的人类社会发展规律。根据这一规律，中国共产党成立以来一直把实现共产主义作为自己的最高理想和最终目标，为了实现共产主义，首先得建设社会主义；为了建设社会主义，首先得进行民主主义革命和社会主义革命。在革命、建设、改革的不同时期，中国共产党始终是最低纲领与最高纲领的统一论者，既坚持着实现共产主义的最高纲领，又根据国情和不同时代的特点，不断制定出符合时代发展要求的阶段性目标和具体行动纲领，即最低纲领。

毛泽东同志指出："一切事物总是有'边'的。事物的发展是一个阶段接着一个阶段不断地进行的，每一个阶段也是有'边'的。不承认'边'，就是否认质变或部分质变。"（《毛泽东文集》第8卷，人民出版社1999年版，第108页）新发展阶段是我国社会主义发展进程中承前启后的一个重要阶段。经过新发展阶段的发展，我国物质文明、政治文明、精神文明、社会文明、生态文明将全面提升。我们必须立足全面建设社会主义现代化国家的奋斗目标，扎实做好新发展阶段的每一项工作，同时始终牢记，我们现在的努力以及将来许多代人的持续努力，都是朝着最终实现共产主义这个远大目标前进的。

（资料来源：《红旗文稿》2021年第11期）

案例解析： 古人云："人贵有自知之明。"纵观党和新中国的历史，我们之所以能取得一个又一个胜利，一个重要的原因就是能够认清不同时期我们所处的位置和现状，立足自身现状去制定下一阶段的目标和策略，才能走得更稳、走得更好。全面建成小康社会、实现第一个百年奋斗目标之后，我们就处在了新的历史方位，即新发展阶段。准确认识和把握新发展阶段，对下一步该怎么走、怎么走得更好具有重大意义。

经典品读

《在全国脱贫攻坚总结表彰大会上的讲话》（节选）

（习近平　2021年2月）

伟大事业孕育伟大精神，伟大精神引领伟大事业。脱贫攻坚伟大斗争，锻造形成了"上下同心、尽锐出战、精准务实、开拓创新、攻坚克难、不负人民"的脱贫攻坚精神。脱贫攻坚精神，是中国共产党性质宗旨、中国人民意志品质、中华民族精神的生动写照，是爱国主义、集体主义、社会主义思想的集中体现，是中国精神、中国价值、中国力量的充分彰显，赓续传承了伟大民族精神和时代精神。全党全国全社会都要大力弘扬脱贫攻坚精神，团结一心，英勇奋斗，坚决战胜前进道路上的一切困难和风险，不断夺取坚持和发展中国特色社会主义新的更大的胜利！

脱贫攻坚战的全面胜利，标志着我们党在团结带领人民创造美好生活、实现共同富裕的道路上迈出了坚实的一大步。同时，脱贫摘帽不是终点，而是新生活、新奋斗的起点。解决发展不平衡不充分问题、缩小城乡区域发展差距、实现人的全面发展和全体人民共同富裕仍然任重道远。我们没有任何理由骄傲自满、松劲歇脚，必须乘势而上、再接再厉、接续奋斗。

"胜非其难也，持之者其难也。"我们要切实做好巩固拓展脱贫攻坚成果同乡村振兴有效衔接各项工作，让脱贫基础更加稳固、成效更可持续。对易返贫致贫人口要加强监测，做到早发现、早干预、早帮扶。对脱贫地区产业要长期培育和支持，促进内生可持续发展。对易地扶贫搬迁群众要搞好后续扶持，多渠道促进就业，强化社会管理，促进社会融入。对脱贫县要扶上马送一程，设立过渡期，保持主要帮扶政策总体稳定。要坚持和完善驻村第一书记和工作队、东西部协作、对口支援、社会帮扶等制度，并根据形势和任务变化进行完善。党中央决定，适时组织开展巩固脱贫成果后评估工作，压紧压实各级党委和政府巩固脱贫攻坚成果责任，坚决守住不发生规模性返贫的底线。

乡村振兴是实现中华民族伟大复兴的一项重大任务。要围绕立足新发展阶段、贯彻新发展理念、构建新发展格局带来的新形势、提出的新要求，坚持把解决好"三农"问题作为全党工作重中之重，坚持农业农村优先发展，走中国特色社会主义乡村振兴道路，持续缩小城乡区域发展差距，让低收入人口和欠发达地区共享发展成果，在现代化进程中不掉队、赶上来。全面实施乡村振兴战略的深度、广度、难度都不亚于脱贫攻坚，要完善政策体系、工作体系、制度体系，以更有力的举措、汇聚更强大的力量，加快农业农村现代化步伐，促进农业高质高效、乡村宜居宜业、农民富裕富足。

在全面建设社会主义现代化国家新征程中，我们必须把促进全体人民共同富裕摆在更加重要的位置，脚踏实地、久久为功，向着这个目标更加积极有为地进行努力，促进人的全面发展和社会全面进步，让广大人民群众获得感、幸福感、安全感更加充实、更有保障、更可持续。

回首过去，我们在解决困扰中华民族几千年的绝对贫困问题上取得了伟大历史性成就，创造了人类减贫史上的奇迹。展望未来，我们正在为全面建设社会主义现代化国家的历史宏愿而奋斗。征途漫漫，惟有奋斗。全党全国各族人民要更加紧密地团结在党中央周围，坚定信心决心，以永不懈怠的精神状态、一往无前的奋斗姿态，真抓实干、埋头苦干，向着实现第二个百年奋斗目标奋勇前进！

（资料来源：新华网，http://m.xinhuanet.com/2021-02/25/c_1127140240.htm）

习题演练

一、单项选择题

1. "十四五"规划提到，坚持党的全面领导，健全规划实施保障机制，更好履行政府职责，最大程度激发各类主体的活力和创造力，形成（　　）的强大合力。

A. 全面建设社会主义现代化国家

B. 全面建设新时代社会主义现代化国家

C. 综合建设社会主义现代化国家

D. 积极建设新时代中国特色社会主义现代化国家

2.（　　）具有广泛的包容性，成为激荡在 14 亿多中国人民心中的高昂旋律，是中华民族团结奋斗的最大公约数。

A. 中国梦　　　　　　　　　　B.“三个代表”重要思想

C. 邓小平理论　　　　　　　　D. 科学发展观

3. 中国梦是（　　）的梦，与世界各国人民的美好梦想息息相通。

A. 和平、发展、合作、共赢　　B. 富强、民主、和谐、文明

C. 爱国、敬业、奉献、振兴　　D. 自由、平等、公正、法治

4. 人民幸福的基础和保障是（　　）。

A. 民族振兴、社会和谐　　　　B. 国家富强、世界和平

C. 国家富强、社会和谐　　　　D. 国家富强、民族振兴

5. 坚持和发展中国特色社会主义的总任务是（　　）。

A. 实现民族独立，使中华民族站起来

B. 实行改革开放，使中华民族富起来

C. 建成独立的比较完善的工业体系和国民经济体系

D. 实现社会主义现代化和中华民族伟大复兴

6. 党的十七大、十八大对全面建成小康社会提出了新的要求，作出了新的部署，提出的奋斗目标是（　　）。

A. 可持续发展　　B. 科教兴国　　C. 依法治国　　D.“两个一百年”

7. 实现中国梦必须走中国道路，这就是（　　）。

A. 改革开放的道路　　　　　　B. 科学发展的道路

C. 中国特色社会主义道路　　　D. 生态文明的道路

8. 从全面建成小康社会到基本实现现代化，再到全面建成（　　），是新时代中国特色社会主义发展的战略安排。

A. 创新型国家　　　　　　　　B. 世界一流强国

C. 社会主义现代化大国　　　　D. 社会主义现代化强国

9. 中国梦视野宽广、内涵丰富、意蕴深远。下列不属于中国梦本质的是（　　）。

A. 国家富强　　B. 世界大同　　C. 民族振兴　　D. 人民幸福

10. 习近平总书记在参加十三届全国人大四次会议青海代表团审议时强调，（　　）是“十四五”乃至更长时期我国经济社会发展的主题，关系我国社会主义现代化建设全局。

A. 高质量发展　　　　　　　　B. 立足新发展阶段

C. 贯彻新发展理念　　　　　　D. 构建新发展格局

二、多项选择题

1."雄关漫道真如铁""人间正道是沧桑""长风破浪会有时"生动地诠释了近代以来中国人民（　　）的历史进程。

A.寻梦　　B.造梦　　C.追梦　　D.圆梦

2.到2035年，我国基本实现社会主义现代化的远景目标是建成现代化经济体系，基本实现（　　）。

A.新型工业化　　B.信息化
C.城镇化　　D.农业现代化

3.从2020年到2035年，基本实现社会主义现代化的目标要求，反映在生态文明建设方面就是（　　）。

A.广泛形成绿色生产生活方式　　B.碳排放达峰后稳中有降
C.生态环境根本好转　　D.美丽中国建设目标基本实现

4.中国梦把（　　）融为一体，体现了中华民族和中国人民的整体利益，表达了每一个中华儿女的共同愿景。

A.国家的追求　　B.民族的向往　　C.人民的期盼　　D.世界的统一

5.中国梦的最大特点，就是把（　　）作为一个命运共同体，把国家利益、民族利益和每个人的具体利益紧紧联系在一起，体现了中华民族的"家国天下"情怀。

A.世界　　B.国家　　C.民族　　D.个人

6."两个一百年"奋斗目标指的是（　　）。

A.到建党100年时建成惠及十几亿人口的更高水平的小康社会
B.到新中国成立100年时基本实现现代化，建成社会主义现代化强国
C.到建军100年时建成世界上第一强大国家
D.到改革开放100年时建成世界上第一大国

7.到本世纪中叶，我国将拥有高度的政治文明，形成（　　）的政治局面。

A.又有集中又有民主
B.又有纪律又有自由
C.又有统一意志又有个人心情舒畅生动活泼
D.又有政治权威又有民主监督

8.实现中国梦必须（　　）。

A.走中国道路　　B.弘扬中国精神
C.凝聚中国力量　　D.传播中国文化

9.发展理念是发展行动的先导，是（　　）的集中体现。

A.发展思路　　B.发展模式　　C.发展方向　　D.发展着力点

10. 习近平总书记强调要立足新发展阶段、贯彻新发展理念、构建新发展格局，推动高质量发展，在危机中育先机、于变局中开新局，开启新征程，扬帆再出发。"在危机中育先机、于变局中开新局"主要体现了我们党（　　）。

A. 坚持一切从实际出发，实事求是，立足新发展理念作出精准而科学的战略定位

B. 立足关键部分，贯彻新发展理念，积极应对复杂局面，进行战略谋划

C. 坚持对立统一的观点，看到危机并存、危中有机，创造一切有利条件转危为机

D. 发挥主观能动性，善于准确识变、科学应变、主动求变，开辟新的发展思路

三、简答题

1. 简述新时代建设中国特色社会主义的总任务。
2. 简述全面建设社会主义现代化国家进程分"两个阶段"安排的主要内容。
3. 如何看待开启全面建设社会主义现代化强国的新征程？

四、论述题

1. 从2035年到本世纪中叶，建成社会主义现代化强国目标要求包括哪些方面？
2. 构建新发展格局包括哪些方面？

实践篇

实践项目一　　　征文比赛——中国梦　我的梦

⚙ 实践目标

中国梦是一个新的奋斗目标，既是国家的也是个人的，既是中国的也与世界紧密联系，实现中华民族伟大复兴的中国梦离不开每一个人的梦想。通过实践，畅想自己的理想和梦想，将个人梦与中国梦紧密联系起来，不断为之努力奋斗，从而为实现中国梦贡献自己的一份力量。

📖 实践方案

1. 任课教师宣布实践主题，制订活动计划，包括征文题目、内容要求、字数

要求、交稿时间、评奖规则、奖励方式等。

2.任课教师组织学生推选5位评委，负责对征文进行评审。

3.学生课下查阅资料、完成文稿，每位学生均参与。

4.学生将文稿上交后，评委对文稿进行评审并打分（满分100分），任课教师进行指导并统计分数及名次。

5.任课教师公布评审结果，并对获奖征文作者给予奖励（一等奖1名，二等奖3名，三等奖5名）。

6.任课教师将获奖征文汇编成册，供学生观看。

参考资料

中国梦　我的梦

习近平总书记参观《复兴之路》展览时指出："实现中华民族伟大复兴，就是中华民族近代以来最伟大的梦想。"对此，人们好评如潮。的确，中国梦展现出的是国家富强、民族振兴、人民幸福的壮丽美景，它凝聚了几代中国人的夙愿，体现了中华民族和中国人民的整体利益，是每一个中华儿女的共同期盼。

习近平总书记所提到的中国梦，与我们每个人工作、生活、学习息息相关。怀揣个人梦想是每个人的权利和自由。但是，只有心系祖国、勤奋学习、敬业爱岗、忘我工作，将个人梦想融入祖国建设和改革发展大梦中，融入每个岗位之中，我们每个人才会赢得人生出彩的机会，才能梦想成真。

中国梦、我的梦，不仅勾起了我对许多梦的涟漪：

第一个梦，是冬天能洗上一次热水澡，褪去我一个冬季的污垢

我出生在20世纪60年代初期，一个鲁西南面朝黄土背朝天的农民家庭，当时是生产队实行挣工分、分粮食的大锅饭时代，每当快到过年时节，常常是北风呼啸不止，下过雪后的房檐上挂满了一串串大大小小的冰凌，饭桌上，父亲看着与小伙伴玩耍一天后的我脖子里的一道道脏兮兮的污垢，急得直发脾气却又无奈："你看看你脖子后头的泥，都能上二亩红高粱了，等过几天我有空带你到平阴县城里澡堂子里洗洗去！"

"哦！平阴县城里有澡堂子，大冬天能洗澡！"这便成了我儿时的梦想。

可是，盼来盼去，等来等去，整整20年过去了，父亲也没有把我带进县城的澡堂里，只是到了1985年我参加工作后在县城招待所里，父亲和我才平生在大冬天里洗上了热水澡，圆了我的第一个梦，也圆了父亲的一个梦。其实，到县城里澡堂里洗热水澡，父亲也不过只是随口说说而已，但也是他自己的梦想，实际上他自己一次也没有进过县城的澡堂，一家老少8口人都实指望着父亲一人挣工分养家糊口，平日里哪里有钱和时间带我到县城啊！真正能够在大冬天洗上热水澡的人，是那些在城里上班、吃国库粮的人！但是，这却给了小小年纪的我一个梦想和前进的动力。

如今，在农村，随着改革开放政策的不断深入，党和国家"三农"强农惠农政策的频频发力和农村经济的快速发展，在我的老家，家家户户都安上了太阳能，昔日饱经风霜的农民兄弟，一年四季足不出户都可以在家中洗上热水澡，干干净净地过春节，过着幸福快乐的每一天，这，也终于圆了大多数中国人的梦！

第二个梦，考大学、吃国库粮

我家有一亲戚，师范毕业后在中学当老师，每当跟着母亲到亲戚家串门，都看到他全家在吃白面馒头，心里不禁美滋滋的，而且意犹未尽，羡慕人家：什么时候也能考上大学，脱下农民装混成城里人，去挣工资、吃国库粮。这，便成了我的第二个梦。

我高中毕业时，正逢改革开放开始实行高考制度的第二年。作为恰逢"文化大革命"期间的高中毕业生，虽然是拥有高中毕业证，但由于上学期间整天到生产队里去学农务工，等到毕业时，课本的书皮还是崭新的呢，所学知识就可想而知了。在知识可以改变命运的年代，考大学，无异于"蜀道难、难于上青天"。但是，我偏偏不认输，自信"天生我材必有用"，是第二个梦想支撑我一路艰难前行。我曾经到过3处高中求学复习，冬天，滴水成冰，我只好等学校熄灯、别人熟睡老师查过宿舍后，再悄悄爬起来，站在路灯下苦读。大冬天，北风呼啸，手冻僵了变成了冻疮也浑然不觉，直到现在，左手上还遗留着伤疤。夏天，躲在角落里苦学苦读，不怕蚊虫叮咬。

随着岁月的流逝，那些与我同时参加高考的同学们心中的"大学梦"都破灭了，相继成家立业，结婚生子，只有我一人还在苦苦坚守。不经意间看到年近50岁的双亲，由于过多操劳和生活艰辛，已经满头白发，每天佝偻着腰，还要到田间劳作挣工分，想想自己都长成20岁左右的小伙子了，还要靠老人为我刨食吃、挣花销，心里很是愧疚。父母看出我的心思，一再给我打气，说："只要你愿意学，我们就是砸锅卖铁也供你上学！"就这样，在父母的全力支持下，高考一次不行，接着再来；两次不行，还有第三次。每年追着高考成绩跑，最少时仅差3分。是"大学梦"让我挺直了腰杆，使我跌倒了再爬起，摔倒再站起来，忘记了伤痛和人们的闲言碎语。第四次高考冲刺，终于超过了中专分数线14分，好像老天有意跟我开玩笑，因为别人有门路、走后门，最终我又被挡在大学门外。草根阶层出身的我，家中八辈子没有出一个当官的，还没有等到踏入社会，偏偏又受到不公正对待，这让我不禁想起了公正廉明的包公，"效法包公，报效祖国，维护公平正义"这种朴素的念想便成了我的第三个梦想。到了第五年，不甘屈服命运的我终于熬出了头，考入了济宁供销学校，从而圆了我的中专梦，成了拿工资、吃国库粮的人。

梦在延续，追梦也在继续。书山有路勤为径，学海无涯苦作舟。经过十余年的刻苦学习，我先后圆了大专、大学梦，并被上级行评聘为政工师，1999年又通过了全国经济师资格考试，取得了专业技术人员计算机6个模块合格证书，2010年3月，年近知天命之年，又通过全国职称英语综合类B级考试。2013年上半年，又申报了高级政工师，并通过了人民银行总行的初审，成为2013年全国县支行唯一获准参与总行组织的政工理论考试的职工。

第三个梦，报效祖国、严格执纪，甘当维护公平正义的一粒石子

参加工作后，高考路上的不幸遭遇，让我懂得了社会上腐败现象和不正之风是基层群众上学难、求医难、就业难等的根源。"报效祖国、甘当维护公平正义的铺路石"便成为我工作、学习的梦想和动力。也许是命运的安排，毕业后我被分在县纪委经济检查科工作，对腐败分子疾恶如仇让我所学经济知识在工作上派上了用场。为了维护《党章》的尊严，为了党的路线方针政策顺利贯彻落实，我坚信正义终将战胜邪恶，光明终将战胜黑暗。在纪委领导的大力支持下，根据领导的安排，我先后参与了几起案件的查处。心底无私天地宽。为了查处欺压群众、贪污集体公款的村支书，我与村支书的朋友（也是我的亲戚）一家绝交。面对那些比自己官大、权大的人，也敢于挺起腰杆，据理力争，寸步不让，坚持以法律为准绳，以事实为依据，依法依纪从严查处，让那些藐视法律、肆意践踏党纪政纪、损害群众利益的人付出沉重的代价。

由于工作需要，后来我被调到县金融部门工作，参加工作近30年来我先后从事过纪检监察、人事文秘、稽核、金融监管等工作。围绕中心、服务大局，为金融业务发展保驾护航便成为我工作的出发点。不管干什么工作，我都认真对待，并养成勤奋学习、善于思考总结的习惯。在单位以"对事不对人"、敢于仗义执言而小有名气，对于不严格执行制度的人和事，敢于较真，批评不留情面。在单位党组织的正确领导和大力支持下，与同事一道积极努力，实行超前预防，紧紧筑牢惩治和预防腐败大堤，及时堵塞制度和工作方面的漏洞。27年来，我单位没有发生一起违法违纪案件和责任事故，连续多年被上级单位评为文明单位。2011年，我参与支行所组织的党务公开试点经验交流获得上级行领导肯定，并被济南分行营业管理部推广各县（市）支行执行。随着当前反腐倡廉力度的不断加大，每当看到或听到那些昔日的朋友、同学、熟人或社会上一时叱咤风云的权重名人（大腕），由于违法违纪过早地结束了政治生命，我常常自我反思：思想政治教育力度和深度不够，造成某些人理想信念缺失、追名逐利，加之党内民主监督流于形式，特别是权力不受约束才是腐败现象滋生的温床，才是腐败不断产生的催化剂。"位卑未敢忘忧国。"对此，我常常夜不能寐，作为一名入党27

年的老党员，是立党为公、执政为民的崇高使命感和召唤，让我丢掉了包袱和胆怯心理，做到了立足本职，高效履职，在维护"公平正义"的道路上一路前行。由我撰写的建言献策、党建理论观点和视点多次在上级部门获奖或采用。其中，"助推社会主义新农村建设的建议"荣获人民银行总行2008年建言献策优秀建议奖。"党内民主生活会切莫变味""让同志再响起来""望闻问切是加强新时期思想政治工作的有效形式""建议总行发行钓鱼岛纪念币"等被《中国监察》、山东《支部生活》《中国金融思想政治工作研究》、济南分行《专报信息》采用。

梦在前方、路在脚下。梦想是每个人前进的动力源泉，有梦就有希望、就有机会、就有未来！今天或明天，我们经常会做着各种各样的梦，但是，梦想并不等于现实，梦想需要行动。常言道："七十二行，行行出状元。"只要我们在党的领导下，围绕党的十八大确定的总目标、总路线，立足本职岗位，脚踏实地去工作、去奋斗、去开拓，个人梦想就会在我们岗位上竞相绽放，梦想成真！实现中华民族的伟大复兴，实现祖国富强、民族振兴、人民幸福的伟大梦想还会远吗？

实践项目二 校园展——脱贫攻坚成就展

⚙ 实践目标

2021年2月，习近平总书记在全国脱贫攻坚总结表彰大会上宣布，我国脱贫攻坚战取得了全面胜利，中国人终于摆脱了贫困，脱贫攻坚战取得了重大成就。通过实践，可以增强学生对国家的自豪感，同时，在活动过程中也可以启发学生：虽然我们摆脱了贫困，但是这个胜利来之不易，我们仍然要坚持艰苦朴素的优良品质，勤俭节约、刻苦努力。

📷 实践方案

1. 任课教师宣布实践活动，明确实践要求。

2. 将学生分为若干小组（每组3～5人），并选定1人为小组组长，负责小组各项工作。

3. 学生以小组为单位，选择一个领域收集相关文字、图片等资料，进行校园展的展板制作。

4. 展板制作完成后，由任课教师验收，并给予指导，进行调整。

5. 选择一个时间，在校园内的不同地方，集中展示各组制作的展板，并以采访、照片或视频的方式对展示活动进行记录。

6. 活动结束后，每人撰写此次实践活动的活动心得上交任课教师。

7. 任课教师对活动及心得进行总结与评价。

参考资料

活动评分表

评分项目	评分标准	分值	得分	教师点评
资料收集	资料丰富、贴合主题	20		
展板制作	内容精美、主题鲜明	50		
活动心得	感悟深刻、总结准确	30		
姓名：_____ 第_____组 总分：_____				

第十章 "五位一体"总体布局

导航篇

知识网络

第十章 "五位一体"总体布局

一、实现经济高质量发展
- 坚持习近平经济思想
- 深化供给侧结构性改革
- 建设现代化经济体系

二、发展社会主义民主政治
- 坚持走中国特色社会主义政治发展道路
- 健全人民当家作主制度体系
- 巩固和发展爱国统一战线

三、建设社会主义文化强国
- 坚持马克思主义在意识形态领域指导地位的根本制度
- 培育和践行社会主义核心价值观
- 坚定文化自信，繁荣发展社会主义文化

四、加强以民生为重点的社会建设
- 在发展中保障和改善民生
- 加强和创新社会治理

五、建设美丽中国
- 坚持习近平生态文明思想
- 推动绿色发展，促进人与自然和谐共生

学习指南

⊙ 学习目标

把握习近平经济思想的主要内容，理解推进供给侧结构性改革是我国经济发展的主线，了解建设现代化经济体系的主要任务；理解发展社会主义民主政治要坚持走中国特色社会主义政治发展道路、健全人民当家作主制度体系、巩固和发展爱国统一战线；对牢牢掌握意识形态领导权、培育社会主义核心价值观和建设社会主义文化强国有进一步的认知；进一步了解如何在发展中保障和改善民生、加强和创新社会治理；坚持习近平生态文明思想，理解推动绿色发展、促进人与自然和谐共生的重要意义。

⊙ 学习思路

"五位一体"总体布局是习近平新时代中国特色社会主义思想的重要组成部分，它既是对中国特色社会主义经济建设、政治建设、文化建设、社会建设、生态文明建设的理论概括，也是对当前和今后一段时期各方面建设发展的战略谋划，对坚持和发展中国特色社会主义思想、建设社会主义现代化强国具有重要的理论和实践意义。"五位一体"总体布局是在经济社会发展的诸多领域中，抓住与中国特色社会主义本质要求联系最为密切、最具决定性的五个方面，形成的一个系统化的发展布局，为党和国家事业提供了总体框架和基本路径。五个方面是一个有机整体，经济建设是根本，政治建设是保证，文化建设是灵魂，社会建设是条件，生态文明建设是基础。

理论篇

要点解析

◎ 要点一：实现经济高质量发展

1. 坚持习近平经济思想

习近平经济思想的主要内容有：坚持加强党对经济工作的集中统一领导；坚持以人民为中心的发展思想；坚持适应把握引领经济发展新常态；坚持使市场在

资源配置中起决定性作用，更好发挥政府作用，推动有效市场和有为政府更好结合；坚持适应我国经济发展主要矛盾变化完善宏观调控；坚持问题导向部署经济发展新战略；坚持正确工作策略和方法。

2. 深化供给侧结构性改革

实现经济高质量发展，必须坚持供给侧结构性改革。要把推进供给侧结构性改革作为经济发展的主线，坚持"巩固、增强、提升、畅通"八字方针，坚持质量第一、效益优先，推动经济发展质量变革、效率变革、动力变革，提高全要素生产率。

第一，推进增长动能转换，加快实施创新驱动发展战略；第二，深化要素市场化配置改革，实现由以价取胜向以质取胜的转变；第三，加大人力资源培育力度，更加注重调动和保护人的积极性；第四，激发各类市场主体活力，加快建设世界一流企业；第五，持续推进"三去一降一补"，优化市场供求结构。

3. 建设现代化经济体系

建设现代化经济体系是我国发展的战略目标，也是转变经济发展方式、优化经济结构、转换经济增长动力的迫切要求。

建设现代化经济体系包括：建设创新引领、协同发展的产业体系；建设统一开放、竞争有序的市场体系；建设体现效率、促进公平的收入分配体系；建设彰显优势、协调联动的城乡区域发展体系；建设资源节约、环境友好的绿色发展体系；建设多元平衡、安全高效的全面开放体系。

解析：我国经济发展的战略目标就是要在习近平经济思想的指导下，在质量变革、效率变革、动力变革的基础上，建设现代化经济体系，提高全要素生产率，不断增强经济创新力和竞争力。其要解决的问题主要是经济重大结构性热点聚焦失衡（导致经济循环不畅），城乡发展、区域发展、收入分配不平衡，经济发展和生态保护不平衡，创新能力不足、实体经济水平有待提高，风险防控形势严峻等。

要点二：发展社会主义民主政治

1. 坚持走中国特色社会主义政治发展道路

走中国特色社会主义政治发展道路，必须坚持党的领导、人民当家作主、依法治国有机统一；走中国特色社会主义政治发展道路，必须坚持正确政治方向；走中国特色社会主义政治发展道路，必须积极稳妥推进政治体制改革。

2. 健全人民当家作主制度体系

发展社会主义民主政治就是要体现人民意志、保障人民权益、激发人民创造活力，用制度体系保证人民当家作主。

人民当家作主制度体系包括：人民代表大会制度、中国共产党领导的多党合作和政治协商制度、民族区域自治制度和基层群众自治制度。

中国社会主义民主包括人民民主和协商民主。

3. 巩固和发展爱国统一战线

新时代巩固发展爱国统一战线工作的重要任务是：第一，坚持长期共存、互相监督、肝胆相照、荣辱与共，支持民主党派按照中国特色社会主义参政党要求更好履行职能；第二，深化民族团结进步教育，铸牢中华民族共同体意识；第三，全面贯彻党的宗教工作基本方针，坚持我国宗教的中国化方向，积极引导宗教与社会主义社会相适应；第四，牢牢把握大团结大联合的主题，做好统战工作。

解析：政治发展道路是关系根本、关系全局的重大问题，坚持正确的政治发展道路是关系国家命运、民族命运、人民命运的根本性问题；人民民主是社会主义的生命，我国的国体决定了我们必须健全和发展人民当家作主制度体系；统一战线是党的事业取得胜利的重要法宝，在新时代必须继续巩固和发展。

◎ 要点三：建设社会主义文化强国

1. 坚持马克思主义在意识形态领域指导地位的根本制度

意识形态关乎旗帜、关乎道路、关乎国家安全，决定文化前进方向和道路。党的十九届四中全会着眼新时代党和国家事业全局，明确把坚持马克思主义在意识形态领域的指导地位确立为根本制度。

坚持马克思主义在意识形态领域指导地位的根本制度，要把马克思主义指导地位贯穿到文化建设各方面，实施马克思主义理论研究和建设工程，加强和改进学校思想政治教育，落实意识形态工作责任制。

2. 培育和践行社会主义核心价值观

富强、民主、文明、和谐，自由、平等、公正、法治，爱国、敬业、诚信、友善，这24字表达，回答了我们要建设什么样的国家、建设什么样的社会、培育什么样的公民的重大问题，是社会主义核心价值观的基本内容。

培育和践行社会主义核心价值观，要把社会主义核心价值观融入社会生活各个方面；要坚持全民行动、干部带头，从家庭做起、从娃娃抓起；必须立足中华优秀传统文化和革命文化；还必须发扬中国人民在长期奋斗中培育、继承、发展起来的伟大创造精神、伟大奋斗精神、伟大团结精神和伟大梦想精神。

3. 坚定文化自信，繁荣发展社会主义文化

实现中华民族伟大复兴，迫切要求我国由一个文化大国转变成为一个文化强国，这要求我们要培养高度的文化自信，提升公共文化服务水平，健全现代文化产业体系，提高国家文化软实力。

解析：在和平年代，一个国家文化实力的强弱，对这个国家在世界上的地位有着非常重要的影响。文化对经济、政治有潜在的长期作用，文化强国是建设社会主义现代化强国的一个重要组成部分。注意有些人有"外国的月亮比较圆"的思想，针对这一思想，要思考坚定文化自信的重要性，明确文化没有高低之分。

相关链接：
文化强国

◎ 要点四：加强以民生为重点的社会建设

1. 在发展中保障和改善民生

民生是人民幸福之基、社会和谐之本。在发展经济的基础上不断提高人民生活水平，实现人民群众对美好生活的向往，是党和国家一切工作的根本目的。要把握好发展经济与改善民生的关系，坚持尽力而为与量力而行的统一。

第一，建设高质量教育体系；第二，实施就业优先战略；第三，优化收入分配结构；第四，健全多层次社会保障体系；第五，全面推进健康中国建设。

2. 加强和创新社会治理

党的十八大以来，我国社会大局总体稳定，但也面临着更加严峻复杂的风险和挑战，我国的社会治理工作在很多方面需进一步加强和创新。

第一，创新社会治理体制；第二，完善正确处理新形势下人民内部矛盾有效机制；第三，完善社会治安防控体系；第四，加强社会心理服务体系建设；第五，构建基层社会治理新格局。

解析："治国之道，富民为始"，以人民为中心的发展思想是中国现代化道路的集中体现。中国特色社会主义进入新时代，必须始终坚持全心全意为人民服务的根本宗旨，团结带领中国人民不断为美好生活而奋斗，在发展中保障和改善民生，努力解决就业、养老、教育、医疗等重大民生问题，发展全过程人民民主，维护社会公平正义，让改革发展成果惠及更多群众，让人民生活更加幸福美满。

◎ 要点五：建设美丽中国

1. 坚持习近平生态文明思想

习近平生态文明思想内涵丰富、逻辑严密，主要包括六个方面的重要内容。第一，坚持人与自然和谐共生；第二，绿水青山就是金山银山；第三，良好生态环境是最普惠的民生福祉；第四，统筹山水林田湖草沙系统治理；第五，用最严格制度最严密法治保护生态环境；第六，共谋全球生态文明建设。

2.推动绿色发展，促进人与自然和谐共生

建设人与自然和谐共生的现代化，建设美丽中国，必须坚定不移走生产发展、生活富裕、生态良好的文明发展道路。第一，加快构建生态文明体系；第二，全面推动绿色发展；第三，深入推进生态文明体制改革；第四，有效防范生态环境风险；第五，提高环境治理水平。

解析： 生态环境保护是功在当代、利在千秋的事业。我们必须清醒认识到保护生态环境、治理环境污染的紧迫性和艰巨性，清醒认识加强生态文明建设的重要性和必要性，以对人民群众、对子孙后代高度负责的态度和责任，真正下决心把环境污染治理好、把生态环境建设好。建设生态文明，光靠人的自觉是建设不好的，要把建设生态文明形成制度，并不断改革和完善，通过制度、原则来更好地规范人们的行为。

忆往昔

因天目山余脉余岭得名的余村，在20世纪末，是安吉县有名的工业村。村民们靠开山采矿鼓了腰包，但村里生态环境遭受破坏，常年灰尘漫天。

2005年8月15日，时任浙江省委书记的习近平到这里考察，首次提出"绿水青山就是金山银山"。寥寥数语，切中发展方式的症结，为当地发展打开了一片新天地。

几天后，习近平在《浙江日报》"之江新语"专栏发表短文，进一步阐释了这一论断的内涵："我们追求人与自然的和谐、经济与社会的和谐，通俗地讲，就是既要绿水青山，又要金山银山。""绿水青山与金山银山既会产生矛盾，又可辩证统一。""在选择之中，找准方向，创造条件，让绿水青山源源不断地带来金山银山。"

以深远的目光，聚焦经济社会的长远发展，实现"绿水青山"与"金山银山"的辩证和谐、协同转变……在这一论断指引下，安吉逐渐从以牺牲环境来换取经济增长的"靠山吃山"，转变为通过保护环境来优化经济增长的"靠山吃山"。

从2005年到2017年，安吉县财政总收入从7.81亿元增长到67.3亿元。环境恢复后吸引了无数游客，仅2017年，余村接待游客50万人次，带动农民人均增收5000多元。

2020年3月30日下午，习近平总书记时隔15年再次来到浙江安吉县余村考察。沿着村里道路，看到青山叠翠、流水潺潺、道路整洁，家家户户住进美丽楼房，习近平总书记十分高兴。15年来，安吉的蜕变，是把绿水青山蕴含的生态资源优势转化为金山银山的缩影，是"绿水青山就是金山银山"经历时代检验的实践样本。

（资料来源：《第一观察丨鉴往知来——跟着总书记走进绿水青山》，新华网，http://www.xinhuanet.com/politics/leaders/2020-03/31/c_1125790636.htm）

案例精选

坚定文化自信，建设文化强国

文化是一个国家、一个民族的灵魂。文化兴国运兴，文化强民族强。没有高度的文化自信，没有文化的繁荣昌盛，就没有中华民族伟大复兴，因此我们要坚持中国特色社会主义文化发展道路，激发全民族文化创新活力，建设社会主义文化强国。我认为有以下几点内容。

一是加大文物保护力度。近年来，一大批文物保护重点工程相继竣工，不可移动文物保存状况大为改善，海昏侯墓、南海Ⅰ号沉船等考古发掘取得重大进展。长城保护、革命文物保护利用、大遗址保护、国家考古遗址公园建设等不断加强。同时，非物质文化遗产保护传承水平进一步提升，第44届世界遗产大会上，"泉州：宋元中国的世界海洋商贸中心"顺利通过审议，成为我国第56项世界遗产，这标志着我国在保护历史文脉、弘扬优秀传统文化上又迈进了一步。

二是提高社会文明程度。文明是现代化国家的显著标志，提高社会文明程度是建设文化强国的重大任务，要努力推动形成适应新时代要求的思想观念、精神面貌、文明风尚、行为规范，就需要深入开展、推进马克思主义理论研究和建设工程。推动理想信念教育常态化制度化，通过加强"四史教育"，加强爱国主义、集体主义、社会主义教育，弘扬党和人民在各个历史时期奋斗中形成的伟大精神，引导人们坚定"四个自信"，做好"两个维护"，增强人们坚守共同理想、实现共同梦想的信心和决心。

三是创新文化发展方式。如何使得我们的传统文化与时代发展融合得更好，激活中华优秀传统文化的生命力？这就需要对文化发展方式赋予新的动力和活力。三星堆遗址考古发掘、《唐宫夜宴》等传统文化节目、故宫文创等，通过对传统文化的新颖运用及展示，使收藏在博物馆里的文物、陈列在广阔大地上的遗产、书写在古籍里的文字"活"起来，在新时代迸发出新的活力。

四是加强中外人文交流。文明因交流而多彩，文明因互鉴而丰富。近年来，政府间文化交流合作不断深化，高级别人文交流机制向更高层次发展，多边文化交流合作更加深入。每一次重大外交活动，文化都是重要的舞台，继 2008 年北京奥运会、2010 年上海世博会之后，2022 年我们即将迎来北京冬奥会和冬残奥会，我们要把握好每次向世界展示中国文化、中国风采的机会，讲好中国故事，展现真实、立体、全面的中国，提高国际文化软实力。

中华优秀传统文化是中华民族的精神命脉，是涵养社会主义核心价值观的重要源泉，也是我们在世界文化激荡中站稳脚跟的坚实根基。我们要坚定文化自信，以中华优秀传统文化蕴含的强大力量，建设文化强国，实现中华民族伟大复兴。

（资料来源：人民网，http://sh.people.com.cn/n2/2021/0924/c134768-34928948.html）

案例解析： 我国是一个文化大国，有着悠久的文化传承和历史积淀，但是我国还不是一个文化强国，在文化自信和文化输出等方面与文化强国相比，还存在一定的差距。因此，我们要提升文化自信、创新文化发展方式、加强中外文化交流，让世界看到中国文化的魅力。

经典品读

《在庆祝全国人民代表大会成立六十周年大会上的讲话》（节选）

（习近平 2014 年 9 月）

在中国，发展社会主义民主政治，保证人民当家作主，保证国家政治生活既充满活力又安定有序，关键是要坚持党的领导、人民当家作主、依法治国有机统一。人民代表大会制度是坚持党的领导、人民当家作主、依法治国有机统一的根本制度安排。

——坚持和完善人民代表大会制度，必须毫不动摇坚持中国共产党的领导。中国共产党的领导是中国特色社会主义最本质的特征。没有共产党，就没有新中国，就没有新中国的繁荣富强。坚持中国共产党这一坚强领导核心，是中华民族的命运所系。中国共产党的领导，就是支持和保证人民实现当家作主。我们必须坚持党总揽全局、协调各方的领导核心作用，通过人民代表大会制度，保证党的路线方针政策和决策部署在国家工作中得到全面贯彻和有效执行。要支持和保证国家政权机关依照宪法法律积极主动、独立负责、协调一致开展工作。要不断加强和改善党的领导,善于使党的主张通过法定程序成为国家意志,善于使党组织推荐的人选通过法定程序成为国家政权机关的领导人员,善于通过国家政权机关实施党对国家和社会的领导,善于运用民主集中制原则维护党和国家权威、维护全党全国团结统一。

——坚持和完善人民代表大会制度,必须保证和发展人民当家作主。人民当家作主是社会主义民主政治的本质和核心。人民民主是社会主义的生命。没有民主就没有社会主义,就没有社会主义的现代化,就没有中华民族伟大复兴。我们必须坚持国家一切权力属于人民,坚持人民主体地位,支持和保证人民通过人民代表大会行使国家权力。要扩大人民民主,健全民主制度,丰富民主形式,拓宽民主渠道,从各层次各领域扩大公民有序政治参与,发展更加广泛、更加充分、更加健全的人民民主。国家各项工作都要贯彻党的群众路线,密切同人民群众的联系,倾听人民呼声,回应人民期待,不断解决好人民最关心最直接最现实的利益问题,凝聚起最广大人民智慧和力量。

——坚持和完善人民代表大会制度,必须全面推进依法治国。发展人民民主必须坚持依法治国、维护宪法法律权威,使民主制度化、法律化,使这种制度和法律不因领导人的改变而改变,不因领导人的看法和注意力的改变而改变。宪法是国家的根本法,坚持依法治国首先要坚持依宪治国,坚持依法执政首先要坚持依宪执政。我们必须坚持把依法治国作为党领导人民治理国家的基本方略、把法治作为治国理政的基本方式,不断把法治中国建设推向前进。要通过人民代表大会制度,弘扬社会主义法治精神,依照人民代表大会及其常委会制定的法律法规来展开和推进国家各项事业和各项工作,保证人民平等参与、平等发展权利,维护社会公平正义,尊重和保障人权,实现国家各项工作法治化。

——坚持和完善人民代表大会制度,必须坚持民主集中制。民主集中制是中国国家组织形式和活动方式的基本原则。人民代表大会统一行使国家权力,全国人民代表大会是最高国家权力机关,地方各级人民代表大会是地方国家权力机关。我们必须坚持人民通过人民代表大会行使国家权力;各级人民代表大会都由民主选举产生,对人民负责、受人民监督;各级国家行政机关、审判机关、检察机关都由人民代表大会产生,对人大负责、受人大监督;国家机关实行决策权、执行权、监督权既有合理分工又有相互协调;在中央统一领导下,充分发挥地方主动性和积极性,保证国家统一高效组织推进各项事业。

(资料来源:《人民日报》2014年9月6日02版)

习题演练

一、单项选择题

1. 人民当家作主和依法治国的根本保证是（　　）。

A. 工农合作　　B. 党的领导　　C. 多党合作　　D. 政治协商

2. 当前社会建设中，最大的民生是（　　）。

A. 教育　　B. 就业　　C. 医疗　　D. 养老

3. 新时代推进生态文明建设，必须坚持的方针是（　　）。

A. 节约优先、保护优先、自然恢复为主

B. 生态惠民、生态利民、生态为民

C. 统筹兼顾、整体施策、多措并举

D. 加快制度创新、强化制度执行

4. 党的十九大报告提出把坚持新发展理念作为新时代坚持和发展中国特色社会主义的基本方略，对其发展内涵作了具有新的时代特点的全方位拓展，把关于发展的思想和理论提升到新的高度。其中，创新是（　　）。

A. 引领发展的第一动力　　B. 持续健康发展的内在要求

C. 国家繁荣发展的必由之路　　D. 中国特色社会主义的本质要求

5. 习近平总书记强调必须把推进供给侧结构性改革作为当前和今后一个时期经济发展和经济工作的主线，转变发展方式，培育创新动力，为经济持续健康发展打造新引擎、构建新支撑。因此，为了打赢供给侧结构性改革这场硬仗，作为主攻方向的是（　　）。

A. 传统产业优化升级　　B. 发展实体经济

C. 提高供给体系质量　　D. 扩大内需

6. 我国经济已由高速增长阶段转向高质量发展阶段，正处在转变发展方式、优化经济结构、转换增长动力的攻关期。我国发展的战略目标是（　　）。

A. 建设现代化经济体系　　B. 建设现代化工业体系

C. 建设区域协调发展的经济体系　　D. 建设城乡一体化经济体系

7. 掌握意识形态工作领导权，要旗帜鲜明（　　）。

A. 坚持中国特色社会主义共同理想　　B. 坚持以爱国主义为核心的民族精神

C. 坚持马克思主义指导地位　　D. 坚持社会主义荣辱观

8. 加强社会建设，必须以（　　）为重点。

A. 关注弱势群体　　B. 提高人民物质文化生活水平

C. 保障和改善民生　　D. 提高人民思想道德素质

9.（　　）是最普惠的民生福祉。

A.良好生态环境 　　　　　　B.高度文化自信

C.经济高质量发展 　　　　　D.社会治理现代化

10.生态文明的核心是（　　）。

A.尊重自然 　　　　　　　　B.节约资源

C.坚持人与自然和谐共生 　　D.征服自然

二、多项选择题

1.我国在经济发展重要阶段作出深化供给侧结构性改革这一重大战略选择的原因是（　　）。

A.适应把握引领经济发展新常态的重大创新

B.适应国际金融危机发生后综合国力竞争新形势的主动选择

C.推动我国经济实现高质量发展的必然要求

D.能够立刻解决我国经济发展不平衡不充分的问题

2.建设现代化经济体系，加快完善社会主义市场经济体制，着力构建的经济体制要实现（　　）。

A.市场机制有效 　　　　　　B.政府干预有力

C.微观主体有活力 　　　　　D.宏观调控有度

3.建设创新引领、协同发展的产业体系，要把发展经济着力点放在实体经济上，实现（　　）协同发展，巩固壮大实体经济根基。

A.实体经济　　　B.科技创新　　　C.现代金融　　　D.人力资源

4.走中国特色社会主义政治发展道路，必须坚持（　　）有机统一。

A.党的领导　　　B.人民当家作主　　C.依法治国　　　D.爱国统一战线

5.民生是（　　）。

A.人民力量之源 　　　　　　B.政党执政之基

C.人民幸福之基 　　　　　　D.社会和谐之本

6.中国特色社会主义文化自信是最有理由、最有底气的自信，这种自信来自（　　）。

A.在五千多年文明发展中孕育的中华优秀传统文化

B.党和人民伟大斗争中孕育的革命文化

C.社会主义先进文化

D.人类文明的一切优秀成果

7.文化强国是指一个国家具有强大的文化力量。这种力量表现为（　　）。

A.具有优秀的文化产品 　　　B.具有高度文化素养的国民

C.具有发达的文化产业 　　　D.具有强大的文化软实力

8. 生态文明反映的是人与自然的和谐程度。建设生态文明，是关系人民福祉、关乎民族未来的长远大计。以下内容正确的是（　　　）。

A. 生态文明的核心是坚持人与自然和谐共生

B. 生态文明不属于历史范畴

C. 生态兴文明兴，生态衰文明衰

D. 生态文明的理念是尊重自然、顺应自然、保护自然

9. 习近平生态文明思想深刻回答了（　　　）的重大理论和实践问题。

A. 为什么建设生态文明　　　　　　B. 建设什么样的生态文明

C. 怎样建设生态文明　　　　　　　D. 如何建设全球生态命运共同体

10. 社会主义核心价值体系由（　　　）构成。

A. 马克思主义指导思想

B. 中国特色社会主义共同理想

C. 以爱国主义为核心的民族精神和以改革创新为核心的时代精神

D. 社会主义荣辱观

三、简答题

1. 习近平经济思想的主要内容有哪些？

2. 简述党和国家高度重视民生问题的原因。

3. 简述社会主义核心价值观。

四、论述题

1. 中国特色社会主义民主政治制度包含哪些主要内容？

2. 如何建设美丽中国？

实践篇

实践项目一　　微视频制作——《美丽中国》

实践目标

通过实地拍摄、网上收集资料等方式制作关于"美丽中国"的微视频，可以帮助学生感受祖国的大好河山，增强对祖国的自豪感和自信；在实践过程中发现的不足之处，可以帮助学生更加深刻地理解建设社会主义生态文明的重要性和紧

迫性，增强学生建设社会主义生态文明的主人公意识，启发学生从小事做起，为建设美丽中国添砖加瓦。

实践方案

1. 任课教师宣布实践内容，明确本次实践活动所要达到的预期效果和实践要求。

2. 将学生分为若干小组，以小组为单位展开本次实践活动。

3. 各小组成员课下分工合作收集、整理资料，讨论决定视频主题、制作方向及制作方法。

4. 各小组设计实践方案即微视频策划方案，提交任课教师审核，方案通过后展开微视频的拍摄与制作。

5. 每组提交一部微视频作品，并于汇报时间在课堂上播放展示。

6. 任课教师对本次实践活动进行活动总结，对表现突出的小组给予表扬及奖励。

参考资料

相关链接：

美丽中国：奋进新时代

实践项目二　　模拟提案——我给祖国提建议

实践目标

政协提案是政协委员和参加政协的各党派、人民团体以及政协专门委员会履行人民政协职能的一个重要方式，是坚持和完善中国共产党领导的多党合作和政治协商制度的一个重要载体，是协助中国共产党和国家机关实现决策民主化、科学化的一条重要渠道。通过活动模拟撰写政协提案，使同学们对政治协商制度加深了解，明确政治协商制度的重要性。

实践方案

1. 全班学生分为若干小组，每组4～6人。小组成员经过讨论后，自行拟定提案内容，可以是有关学生切身利益的，也可以具体到地方民生。所有成员讨论后确定本小组提案内容。

2. 撰写提案前，应对所提问题进行细致深入的调查，形成比较完整的资料。

3. 按照提案的格式要求认真撰写提案，写作中注意案由的务实性，提出的解决办法切忌假、大、空。

4.每小组将提案打印好，可先在班级内传阅，同学们也可以就提案内容进行讨论，也可以就编写提案的过程谈谈感受。

5讨论后，各小组将提案上交任课教师。

6.任课教师根据每组学生上交的提案，给出该实践项目的实践分数。

参考资料

活动评分表

评分项目	评分标准	分值	得分	教师点评
资料准备	资料丰富、贴合主题	30		
提案情况	格式规范、案由务实	30		
解决办法	科学有效、可行性强	40		
姓名：_____　第_____组　总分：_____				

政协提案的格式

政协提案一般是表格式提案，即在政协提案委员会统一印发的提案纸上书写，以便规范化办理。政协提案由六部分组成：文头、案由、提案者、提案内容、审查意见和收文时间。

1.文头

提案用纸的文头是已经印好的。包括三项内容：

（1）政协届次。在文头第一行写明政协会议名称，如"政协××市绿园区十届三次会议提案"。

（2）提案名称。提案标题，如《关于倡导市民阅读，建设生态文化的提案》。

（3）编号及分类。一般是收到的提案顺序号，如49号。类别是根据提案的内容划分的种类，包括政治类、经济类、教育类、科学类、文化类等。

2.标题

提案的标题有两种写法：

（1）公文式标题。由提案内容和文种名称（提案）组成，前加介词"关于"引领，如《关于维护外出务工农民利益，取消春运价格上浮的提案》，这种写法比较常用。

（2）新闻式标题。用揭示提案核心内容的语句作为提案标题，如《改革森林防火机制，长效抓好护林防火》。

提案标题的主要目的是用简明的文字说明提案要解决什么问题。

3.提案者

在表中顺次填写提出提案的委员的姓名、组别、通信地址、邮政编码、电话号码、电子邮箱。如果提案是集体提出的，要写明提出提案单位的全称或规范化简称并加盖公章，以便联系。

4. 提案内容

提案内容即提案正文，一般包括案由分析与建议、办法和要求两部分。

（1）案由分析。要写明提案要解决的某项问题或者提出某项意见建议的理由、原因或根据，它是提案的核心部分。陈述理由时，要抓住问题的实质，要有情况、有分析，实事求是，简明扼要，切忌笼统、空泛。

（2）建议、办法和要求。即针对案由反映的问题，提出自己对解决问题的主张和办法。要写明提案人的主张、意见措施和办法。

5. 审查意见

由提案委员会写明对提案审查结果的意见和确定交何单位承办。一般写为"同意立案，送××单位办理"即可。如果不同意立案，应简要说明理由。

6. 收文时间

注明收到提案的日期，以便按规定时间及时处理。

中国人民政治协商会议第　届　委员会
提案第　　号

会议届次（或收到提案时间）＿＿＿＿＿＿ 提案类别＿＿＿＿＿＿＿＿＿＿＿＿＿＿＿＿＿

审查意见：＿＿＿＿＿＿＿＿＿＿＿＿＿＿＿＿＿＿＿＿＿＿＿＿＿＿＿＿＿＿＿＿＿＿＿＿＿

（以上由提案审查机构填写）

案　　由：＿＿＿＿＿＿＿＿＿＿＿＿＿＿＿＿＿＿＿＿＿＿＿＿＿＿＿＿＿＿＿＿＿＿＿＿＿

建议承办单位：＿＿＿＿＿＿＿＿＿＿＿＿＿＿＿＿＿＿＿＿＿＿＿＿＿＿＿＿＿＿＿＿＿＿＿

	提案人	界别	通信地址	联系电话
个人、联名提案栏				

集体 提案栏	单位或界别名称		邮　编	
	联系人姓名		联系电话	

注意事项：一事一案，规范填写。提案单位须在署名处加盖公章。

内容：＿＿＿＿＿＿＿＿＿＿＿＿＿＿＿＿＿＿＿＿＿＿＿＿＿＿＿＿＿＿＿

＿＿＿＿＿＿＿＿＿＿＿＿＿＿＿＿＿＿＿＿＿＿＿＿＿＿＿＿＿＿＿＿＿＿＿＿

＿＿＿＿＿＿＿＿＿＿＿＿＿＿＿＿＿＿＿＿＿＿＿＿＿＿＿＿＿＿＿＿＿＿＿＿

＿＿＿＿＿＿＿＿＿＿＿＿＿＿＿＿＿＿＿＿＿＿＿＿＿＿＿＿＿＿＿＿＿＿＿＿

＿＿＿＿＿＿＿＿＿＿＿＿＿＿＿＿＿＿＿＿＿＿＿＿＿＿＿＿＿＿＿＿＿＿＿＿

＿＿＿＿＿＿＿＿＿＿＿＿＿＿＿＿＿＿＿＿＿＿＿＿＿＿＿＿＿＿＿＿＿＿＿＿

＿＿＿＿＿＿＿＿＿＿＿＿＿＿＿＿＿＿＿＿＿＿＿＿＿＿＿＿＿＿＿＿＿＿＿＿

＿＿＿＿＿＿＿＿＿＿＿＿＿＿＿＿＿＿＿＿＿＿＿＿＿＿＿＿＿＿＿＿＿＿＿＿

第十一章 "四个全面" 战略布局

导航篇

知识网络

第十一章 "四个全面" 战略布局

- 一、全面建设社会主义现代化国家
  - 从全面建成小康社会到全面建设社会主义现代化国家
  - 中国社会主义现代化国家的基本特征
- 二、全面深化改革
  - 坚定不移推进全面深化改革
  - 坚持全面深化改革的方向、立场和原则
  - 坚持和完善中国特色社会主义制度，推进国家治理现代化
- 三、全面依法治国
  - 坚持习近平法治思想
  - 走中国特色社会主义法治道路
  - 深化依法治国实践
- 四、全面从严治党
  - 全面从严治党是伟大的自我革命
  - 新时代党的建设总要求
  - 把全面从严治党引向深入

学习指南

⊙ 学习目标

全面、深刻地理解"四个全面"战略布局的科学内涵和目标要求，了解"四个全面"战略布局的发展过程，掌握"四个全面"战略布局的内在联系。

⊙ 学习思路

"四个全面"战略布局是两个布局之一，是我们党在新形势下治国理政的总方略。在建设中国特色社会主义过程中，如何突出重点、抓住关键？如何综合施策、协调推进？如何攻坚克难、实现强国梦想？这些答案都体现在"四个全面"战略布局中。"四个全面"战略布局中，全面建设社会主义现代化国家是目标；

全面深化改革是动力，推动目标的实现；全面依法治国和全面从严治党是保障，为目标的实现保驾护航。四者有机统一，缺一不可。

理论篇

要点解析

要点一：全面建设社会主义现代化国家

1. 从全面建成小康社会到全面建设社会主义现代化国家

2020 年底，现行标准下 9899 万农村贫困人口全部脱贫，832 个贫困县全部摘帽，12.8 万个贫困村全部出列，区域性整体贫困得到解决，消除了绝对贫困，完成了全面建成小康社会最艰巨最繁重的任务，为实现全面建成小康社会目标任务作出了关键性贡献、打下了坚实基础。

党的十九届五中全会作出"全面建成小康社会胜利在望"的重要判断，将"全面建成小康社会"目标提升为"全面建设社会主义现代化国家"，确立全面建设社会主义现代化国家在"四个全面"战略布局中的引领地位。

2. 中国社会主义现代化国家的基本特征

新时代，围绕如何全面建设社会主义现代化国家这一重大问题，习近平提出了一系列新思想新观点新要求，在党的十九届五中全会上阐明我国现代化的五个特征：第一，中国的现代化是人口规模巨大的现代化；第二，中国的现代化是全体人民共同富裕的现代化；第三，中国的现代化是物质文明和精神文明相协调的现代化；第四，中国的现代化是人与自然和谐共生的现代化；第五，中国的现代化是走和平发展道路的现代化。

解析：全面建成小康社会，上承新中国成立以来尤其是改革开放以来的改革发展，下启实现第二个百年奋斗目标和中华民族伟大复兴中国梦的新征程，实现这个目标是实现中华民族伟大复兴中国梦的关键一步，为开启全面建设社会主义现代化国家新征程奠定了重要基础。理解中国社会主义现代化国家的基本特征，要对比西方资本主义国家实现现代化的方式和它们的现代化特征。

要点二：全面深化改革

1. 坚定不移推进全面深化改革

党的十八届三中全会作出了全面深化改革的决定，把"完善和发展中国特色社会主义制度、推进国家治理体系和治理能力现代化"确定为全面深化改革的总目标。

新时代的全面深化改革具有许多新的内涵和特点，其中很重要的就是制度建设分量更重，改革更多面对的是深层次体制机制问题，对改革顶层设计的要求更高，对改革系统性、整体性、协同性要求更强，相应的建章立制、构建体系的任务更重。

2. 坚持全面深化改革的方向、立场和原则

改革开放是有方向、有立场、有原则的。全面深化改革必须坚持和完善中国特色社会主义制度和国家治理体系；全面深化改革必须始终站稳人民立场，坚持以人民为中心的改革价值取向；全面深化改革必须坚持党对改革的集中统一领导。

3. 坚持和完善中国特色社会主义制度，推进国家治理现代化

制度是治理的依据，制度的性质决定治理的方式；治理是制度的实践，制度的实践过程就是治理。

坚持和完善中国特色社会主义制度、推进国家治理体系和治理能力现代化既要突出坚持和完善支撑中国特色社会主义制度的根本制度、基本制度、重要制度，着力固根基、扬优势、补短板、强弱项，构建系统完备、科学规范、运行有效的制度体系，又要加强系统治理、依法治理、综合治理、源头治理，提高治理能力，把我国制度优势更好转化为国家治理效能。

坚持和完善中国特色社会主义制度、推进国家治理体系和治理能力现代化，还要在不断提高制度执行力和治理能力上狠下功夫。

完善和发展我国国家制度和国家治理体系的任务要求

坚持和完善党的领导制度体系，提高党科学执政、民主执政、依法执政水平

坚持和完善人民当家作主制度体系，发展社会主义民主政治

坚持和完善中国特色社会主义法治体系，提高党依法治国、依法执政能力

坚持和完善中国特色社会主义行政体制，构建职责明确、依法行政的政府治理体系

坚持和完善社会主义基本经济制度，推动经济高质量发展

坚持和完善繁荣发展社会主义先进文化的制度，巩固全体人民团结奋斗的共同思想基础

坚持和完善统筹城乡的民生保障制度，满足人民日益增长的美好生活需要

坚持和完善共建共治共享的社会治理制度，保持社会稳定、维护国家安全

坚持和完善生态文明制度体系，促进人与自然和谐共生

坚持和完善党对人民军队的绝对领导制度，确保人民军队忠实履行新时代使命任务

坚持和完善"一国两制"制度体系，推进祖国和平统一

坚持和完善独立自主的和平外交政策，推动构建人类命运共同体

坚持和完善党和国家监督体系，强化对权力运行的制约和监督

加强党对坚持和完善中国特色社会主义制度、推进国家治理体系和治理能力现代化的领导

解析：新发展阶段意味着挑战更大、任务更重、要求更高。这就要求我们更加坚定改革开放的方向、立场和原则，做好党的十九届四中全会提出的完善和发展我国国家制度和国家治理体系的任务要求，向着目标奋勇前进。

⦿ 要点三：全面依法治国

1. 坚持习近平法治思想

习近平法治思想主要包括以下几个方面：坚持党对全面依法治国的领导；坚持以人民为中心；坚持中国特色社会主义法治道路；坚持依宪治国、依宪执政；坚持在法治轨道上推进国家治理体系和治理能力现代化；坚持建设中国特色社会主义法治体系；坚持依法治国、依法执政、依法行政共同推进，法治国家、法治政府、法治社会一体建设；坚持全面推进科学立法、严格执法、公正司法、全民守法；坚持统筹推进国内法治和涉外法治；坚持建设德才兼备的高素质法治工作队伍；坚持抓住领导干部这个"关键少数"。

2. 走中国特色社会主义法治道路

走中国特色社会主义法治道路，是历史的必然结论，是由我国社会主义国家性质所决定的，是立足我国基本国情的必然选择。

中国特色社会主义法治道路的核心要义，就是坚持党的领导，坚持中国特色社会主义制度，贯彻中国特色社会主义法治理论。

3. 深化依法治国实践

全面依法治国，总目标是建设中国特色社会主义法治体系，建设社会主义法治国家。深化依法治国实践，必须坚持以习近平法治思想为指导，做到以下几点：第一，紧紧围绕全面推进依法治国总目标，加快建设中国特色社会主义法治体系；第二，准确把握全面推进依法治国工作布局，坚持依法治国、依法执政、依法行政共同推进，坚持法治国家、法治政府、法治社会一体建设；第三，准确把握全面推进依法治国重点任务，着力推进科学立法、严格执法、公正司法、全民守法。

解析：深化依法治国实践是建设社会主义现代化国家、应对新时代社会主要矛盾的迫切要求。在全面建设社会主义现代化国家的道路上，我们依然面临着诸多问题，利用健全的法治体系，则能够更好地规范引导社会关系、化解社会矛盾、维护社会公平正义，进而维护社会稳定、助推社会发展。

⦿ 要点四：全面从严治党

1. 全面从严治党是伟大的自我革命

全面从严治党以其丰富内涵诠释了自我革命的内在要求。全面从严治党，核心是加强党的领导，基础在全面，关键在严，要害在治。

全面从严治党，要求增强系统性、预见性、创造性、实效性，使从严治党的一切努力都集中到增强党自我净化、自我完善、自我革新、自我提高能力上来，集中到提高党的领导能力和执政能力、保持和发展党的先进性和纯洁性上来，不断以勇于自我革命的精神打造和锤炼自己，确保党始终成为中国特色社会主义事业的坚强领导核心。

全面从严治党推进自我革命不断走向深入。从实施中央八项规定改进作风到构建行之有效的权力监督制度和执纪执法体系，从反腐败无禁区、全覆盖、零容忍到一体推进不敢腐、不能腐、不想腐，从开展党的群众路线教育实践活动到建立不忘初心、牢记使命的制度，从严格规范党内政治生活到着力营造风清气正的政治生态，全面从严治党推进自我革命不断向纵深发展。

2. 新时代党的建设总要求

第一，原则是坚持和加强党的全面领导；第二，方针是坚持党要管党、全面从严治党；第三，主线是加强党的长期执政能力建设、先进性和纯洁性建设；第四，布局是以党的政治建设为统领，全面推进党的政治建设、思想建设、组织建设、作风建设、纪律建设，把制度建设贯穿其中，深入推进反腐败斗争；第五，目标是建设始终走在时代前列、人民衷心拥护、勇于自我革命、经得起各种风浪考验、朝气蓬勃的马克思主义执政党。

3. 把全面从严治党引向深入

第一，把党的政治建设摆在首位；第二，加强党的思想建设；第三，加强党的组织建设；第四，加强党的作风建设；第五，加强党的纪律建设；第六，将制度建设贯穿党的各项建设之中；第七，巩固发展反腐败斗争压倒性胜利。

解析：全面从严治党是全党自上而下的一场自我革命。我们要根据新时代的发展要求，深入把握政治建设规律，有针对性地采取措施，解决不守政治纪律、不讲政治规矩、政治生活不严肃、管党治党不严等突出问题，推动全面从严治党向纵深发展。

相关链接：
2020年反腐"报告"

案例精选

深入贯彻全面从严治党方针

今年是实施"十四五"规划、开启全面建设社会主义现代化国家新征程的第一年，所有工作都要围绕开好局、起好步来展开。

习近平总书记在十九届中央纪委第五次全体会议上发表重要讲话，充分肯定过去一年全面从严治党取得新的重大成果，深刻阐述全面从严治党新形势新任务，强调要深入贯彻全面从严治党方针，充分发挥全面从严治党引领保障作用，坚定政治方向，保持政治定力，做到态度不能变、决心不能减、尺度不能松，确保"十四五"时期我国发展的目标任务落到实处。习近平总书记的重要讲话高屋建瓴、思想深邃、内涵丰富，是推进全面从严治党向纵深发展的重要遵循。

2020年是新中国历史上极不平凡的一年。面对错综复杂的国际形势、艰巨繁重的改革发展稳定任务特别是突如其来的新冠肺炎疫情，以习近平同志为核心的党中央统筹中华民族伟大复兴战略全局和世界百年未有之大变局，坚持以党的自我革命引领伟大社会革命，坚定不移全面从严治党，坚定不移推进党风廉政建设和反腐败斗争，坚定不移把党建设得更加坚强有力。实践充分证明，以习近平同志为核心的党中央在领导全党全国各族人民战胜史所罕见的风险挑战、奋力推进新时代中国特色社会主义事业中发挥了决定性作用。广大人民群众深切感受到，风雨袭来时，党的坚强领导、党中央的权威是最坚实的靠山。

过去一年全面从严治党取得新的重大成果，主要体现在五个方面。一是让党旗在防控疫情斗争、决胜全面建成小康社会、决战脱贫攻坚中高高飘扬。二是紧紧围绕"两个维护"强化政治监督，完善全面从严治党制度，加强党的领导和监督，深化政治巡视，完善党和国家监督体系，全面加强党的纪律建设，深化运用"四种形态"，围绕统筹疫情防控和经济社会发展、打好三大攻坚战、做好"六稳"工作、落实"六保"任务等重大决策部署加强监督检查。三是坚决破除形式主义、官僚主义，以作风攻坚促进脱贫攻坚，严肃查处验收达标中弄虚作假的问题，深化拓展基层减负工作，继续整治享乐主义、奢靡之风，坚决纠治餐饮浪费行为。四是深刻把握反腐败斗争新态势，一体推进不敢腐、不能腐、不想腐，坚决查处不收敛不收手的腐败分子，聚焦政治问题和经济问题交织的腐败案件，严肃查处对党不忠诚、阳奉阴违的两面人，对政法系统腐败严惩不贷，对扶贫、民生领域腐败和涉黑涉恶"保护伞"一查到底。五是增强党组织政治功能和组织功能，完善管思想、管工作、管作风、管纪律的从严管理制度，在斗争一线考察识别干部，在火线发展优秀分子入党。党中央对党风廉政建设和反腐败斗争取得的成绩是满意的。

党的十八大以来，尽管党风廉政建设和反腐败斗争取得了历史性成就，但形势依然严峻复杂。必须清醒看到，腐败这个党执政的最大风险仍然存在，存量还未清底，增量仍有发生。腐蚀和反腐蚀斗争长期存在，稍有松懈就可能前功尽弃，反腐败没有选择，必须知难而进。党风廉政建设永远在路上，反腐败斗争永远在路上。习近平总书记强调："我们党作为百年大党，要永葆先进性和纯洁性、永葆生机活力，必须一刻不停推进党风廉政建设和反腐败斗争。"各级领导干部特别是主要负责同志必须切实担负起管党治党政治责任，始终保持"赶考"的清醒，保持对"腐蚀""围猎"的警觉，把严的主基调长期坚持下去，以系统施治、标本兼治的理念正风肃纪反腐，不断增强党自我净化、自我完善、自我革新、自我提高能力，跳出治乱兴衰的历史周期率，引领和保障中国特色社会主义巍巍巨轮行稳致远。

今年是中国共产党百年华诞。胸怀千秋伟业，恰是百年风华。开局"十四五"、开启新征程，深入贯彻全面从严治党方针，把党的伟大自我革命进行到底，永葆初心、牢记使命，锐意进取、真抓实干，我们就一定能夺取全面建设社会主义现代化国家新胜利。

（资料来源：《人民日报》2021 年 1 月 24 日 01 版）

案例解析："打铁必须自身硬。"什么时候我们党自身坚强有力，什么时候党和人民事业就能无往而不胜。虽然现在全面从严治党有了很好的基础，反腐败斗争压倒性态势已经形成并稳固发展，但也应看到，党面临的执政环境仍然是复杂的，影响党的先进性、弱化党的纯洁性的因素也是复杂的，党内存在的思想不纯、组织不纯、作风不纯等突出问题尚未得到根本解决。党内对全面从严治党仍然存在模糊认识和错误言论，也需要用更加有力的管党治党实践来回应。"全面从严治党永远在路上"，我们党必须拿出坚如磐石的决心、坚不可摧的意志，把全面从严治党长期坚持下去。

忆往昔

2012 年 12 月 4 日，习近平总书记主持中央政治局会议，审议通过中央政治局关于改进工作作风、密切联系群众的八项规定。

在这次会议上，习近平总书记带头作出承诺、发起号召：

"党风廉政建设，要从领导干部做起，领导干部首先要从中央领导做起。正所谓己不正，焉能正人。"

以此为切入口和动员令，一场激浊扬清的风气之变在神州大地涤荡开来。

2012年12月30日晚，新华社"新华视点"微博发布了一份特殊的"菜单"。

"4个热菜：红烧鸡块、阜平炖菜、五花肉炒蒜薹、拍蒜茼蒿；一个猪肉丸子冬瓜汤；主食水饺、花卷、米饭和杂粮粥。特别交代不上酒水。"

这是习近平总书记在河北阜平考察期间，一行人在所住宾馆的晚餐菜单。

一份菜单里看变化。

党的十八大以来，习近平总书记始终以身作则、以上率下，带头严格执行中央八项规定，以行动作无声的号令、以身教作执行的榜样，为全党改进作风提供了强大动力。

从抓公款购买月饼，到抓公款寄送贺卡，从制止"舌尖上的浪费"到纠治"车轮上的铺张"再到整治"会所里的歪风"……各级纪检监察机关坚决贯彻党中央决策部署，锲而不舍推动中央八项规定精神落实，驰而不息正风肃纪，刹住了一些过去被认为不可能刹住的歪风邪气，解决了一些长期想解决而没能解决的顽瘴痼疾。

（资料来源：朱基钗、范思翔、郭敬丹《为了海晏河清、朗朗乾坤》，新华网，http://www.xinhuanet.com/2021-07/11/c_1127643644.htm）

经典品读

《中共中央关于全面深化改革若干重大问题的决定》（节选）

（2013年11月12日中国共产党第十八届中央委员会第三次全体会议通过）

全面深化改革的总目标是完善和发展中国特色社会主义制度，推进国家治理体系和治理能力现代化。必须更加注重改革的系统性、整体性、协同性，加快发展社会主义市场经济、民主政治、先进文化、和谐社会、生态文明，让一切劳动、知识、技术、管理、资本的活力竞相迸发，让一切创造社会财富的源泉充分涌流，让发展成果更多更公平惠及全体人民。

紧紧围绕使市场在资源配置中起决定性作用深化经济体制改革，坚持和完善基本经济制度，加快完善现代市场体系、宏观调控体系、开放型经济体系，加快转变经济发展方式，加快建设创新型国家，推动经济更有效率、更加公平、更可持续发展。

紧紧围绕坚持党的领导、人民当家作主、依法治国有机统一深化政治体制改革，加快推进社会主义民主政治制度化、规范化、程序化，建设社会主义法治国家，发展更加广泛、更加充分、更加健全的人民民主。

紧紧围绕建设社会主义核心价值体系、社会主义文化强国深化文化体制改革，加快完善文化管理体制和文化生产经营机制，建立健全现代公共文化服务体系、现代文化市场体系，推动社会主义文化大发展大繁荣。

紧紧围绕更好保障和改善民生、促进社会公平正义深化社会体制改革，改革收入分配制度，促进共同富裕，推进社会领域制度创新，推进基本公共服务均等化，加快形成科学有效的社会治理体制，确保社会既充满活力又和谐有序。

紧紧围绕建设美丽中国深化生态文明体制改革，加快建立生态文明制度，健全国土空间开发、资源节约利用、生态环境保护的体制机制，推动形成人与自然和谐发展现代化建设新格局。

紧紧围绕提高科学执政、民主执政、依法执政水平深化党的建设制度改革，加强民主集中制建设，完善党的领导体制和执政方式，保持党的先进性和纯洁性，为改革开放和社会主义现代化建设提供坚强政治保证。

（资料来源：《十八大以来重要文献选编（上）》，中央文献出版社2014年版）

习题演练

一、单项选择题

1. 全面深化改革的总目标是（   ）。
A. 建立市场在资源配置中起决定性作用的经济体制
B. 建设更好保障和改善民生、促进社会公平正义的社会体制
C. 建设美丽中国，完善生态文明体制
D. 完善和发展中国特色社会主义制度、推进国家治理体系和治理能力现代化

2. 全面深化改革必须始终站稳（   ）立场，坚持以（   ）为中心的改革价值取向。
A. 发展　　　　B. 质量　　　　C. 制度　　　　D. 人民

3. 新时代党的建设的方针是（   ）。
A. 把党的思想建设放在首位　　B. 坚持和加强党的全面领导
C. 坚持党要管党、全面从严治党　　D. 坚持党管干部、党管人才

4. 党的十九届五中全会确立了（   ）在"四个全面"战略布局中的引领地位。
A. 全面建成小康社会　　B. 全面建设社会主义现代化国家
C. 全面深化改革　　D. 全面从严治党

5.新时代党的建设总体布局，强调党的（　　　　）的统领作用。

A.思想建设　　　　　　　　　　B.政治建设

C.纪律建设　　　　　　　　　　D.反腐倡廉建设

6.严明党的纪律，首要的是严明（　　　　）。

A.政治纪律　　　B.廉洁纪律　　　C.群众纪律　　　D.生活纪律

7.（　　　　）是经济社会发展的强大动力。

A.改革　　　　B.开放　　　　C.发展　　　　D.稳定

8.推进全面依法治国最根本的保证是（　　　　）。

A.宪法　　　　　　　　　　　　B.人民当家作主

C.党的领导　　　　　　　　　　D.依法治国

9.全国各族人民、一切国家机关和武装力量、各政党和各社会团体、各企业事业组织，都必须以（　　　　）为根本的活动准则。

A.党的领导　　　B.人民满意　　　C.宪法　　　D.民法典

10.中国共产党最大的政治优势是（　　　　）。

A.追求社会公平正义　　　　　　B.密切联系群众

C.长期执政　　　　　　　　　　D.理论联系实际

二、多项选择题

1.我国现代化注重同步推进物质文明建设和生态文明建设，走（　　　　）的文明发展道路。

A.生产发展　　　B.生活富裕　　　C.生态良好　　　D.治理有序

2.全面深化改革，必须（　　　　）。

A.坚持方向不变、立场不移、原则不改

B.坚持党对改革的集中统一领导

C.坚持和完善中国特色社会主义制度

D.坚持以人民为中心的改革价值取向

3.不实行改革开放死路一条，搞否定社会主义方向的"改革开放"也是死路一条，不论怎么改革、怎么开放，都要始终坚持（　　　　）。

A.中国特色社会主义道路　　　　B.中国特色社会主义理论体系

C.中国特色社会主义制度　　　　D.中国特色社会主义实践

4.全面依法治国，总目标是（　　　　）。

A.建立严密的法治监督体系

B.建设中国特色社会主义法治体系

C.建设社会主义法治国家

D.完善以宪法为核心的中国特色社会主义法律体系

5.全面依法治国，必须坚持全面推进（　　　）。

A.科学立法　　　　　　　　B.严格执法

C.公正司法　　　　　　　　D.全民守法

6.新时代要把全面从严治党引向深入，必须持续抓好党的（　　　）。

A.思想建设　　　B.组织建设　　　C.作风建设　　　D.纪律建设

7.我国国家（　　　）和（　　　）是中国特色社会主义制度及其执行能力的集中体现。

A.改革力度　　　　　　　　B.治理能力

C.创新能力　　　　　　　　D.治理体系

8.40多年的实践充分证明，改革开放是（　　　）。

A.党和人民大踏步赶上时代前进步伐的重要法宝

B.坚持和发展中国特色社会主义的必由之路

C.当代中国发展进步的活力之源

D.实现良好生态的关键一招

9.注重（　　　）是全面深化改革的内在要求，也是推进改革的重要方法。

A.互动性　　　B.系统性　　　C.整体性　　　D.协同性

10.新时代党的建设面临的考验有（　　　）。

A.执政考验　　　　　　　　B.改革开放考验

C.市场经济考验　　　　　　D.外部环境考验

三、简答题

1.简述新时代党的建设总要求。

2.简述全面深化改革的总目标。

四、论述题

1.如何着力推进科学立法、严格执法、公正司法、全民守法？

2.如何理解"保证全党服从中央，坚持党中央权威和集中统一领导，是党的政治建设的首要任务"？

实践篇

实践项目一 　　观影时刻——《十八洞村》

⚙ 实践目标

通过观看影片，了解精准扶贫这项伟大工程。这部精准扶贫励志影片不仅反映出在我国广大的农村地区，精准扶贫存在着各种不同的问题，需要我们坚定理想信念、砥砺前行；而且还展现出干部群众齐心协力、踏实肯干的精神风貌，体现了中华民族的巨大凝聚力和中国共产党集中力量办大事的作风。引发学生深思：为什么我们能够完成脱贫攻坚这项壮举？

🖼 实践方案

1. 任课教师结合课程进度，在合适的时候播放电影《十八洞村》。在播放电影之前，任课教师给学生作简短的资料背景介绍，以帮助学生明确观影目标。

2. 学生提前准备好纸和笔，在观看影片的过程中，随时用文字记录下自己印象深刻的一幕或自己油然而生的感悟。

3. 任课教师播放电影，在播放过程中，可根据需要酌情快进或跳过。

4. 观影结束后，任课教师引导学生交流讨论影片中故事发生的原因，并对故事发生的必然性和偶然性进行探讨。

5. 课后学生从历史角度、事件影响、个人感受着手写一篇观后感，并上交任课教师。观后感要观点明确，表达清楚简洁，理解深刻，有自己独到的见解和看法。

🖥 参考资料

相关链接：
《十八洞村》

实践项目二 　　走近法治——旁听法庭庭审

⚙ 实践目标

通过组织学生旁听法庭庭审，近距离了解司法工作，感受法律的庄严与神圣，增强学生的法治意识，体会法治在经济建设和社会发展中的重要作用，理解全面依法治国的重大意义。

实践方案

1. 任课教师宣布实践活动主题，明确实践要求。

2. 将学生分为若干小组（每组8～10人），并指定1人为组长，负责本小组的工作。

3. 以小组为单位收集整理与法庭庭审相关的资料，制定实践活动方案并提交任课教师，经任课教师批准后方可实施。

4. 学生与学校所在地的法院取得联系，征得法院同意后，双方沟通相关事宜（时间、可容纳人数、可旁听庭审案件类型、旁听庭审时需要注意的问题等）。

5. 小组组长将案件的基本材料提前印发给组员，并要求组员提前研究案件情况：梳理出案件争议焦点；整理相关证据目录；以基本事实和证据为基础推演分析案情，对案件进行预判。

6. 按约定时间，由组长带领组员（需携带身份证、纸笔）到法院参与庭审旁听。可提前拟写问题或庭审旁听过程中依庭审情况拟写问题，待庭审结束后向法官进行提问。

7. 旁听结束后，各组组长安全有序地将组员带回学校。

8. 学生提交旁听法庭庭审活动报告。

9. 课堂上，以学生自主或任课教师指定的方式组织学生发言，对本次实践活动的感受进行分享。

10. 任课教师对学生发言和实践活动进行点评和总结，并引导学生树立社会主义法治观念，培养社会主义法治思维。

参考资料

庭审旁听须知

一、依法公开审理的案件，公民可以旁听；根据法庭场所和参加旁听人数等情况，需要时，持人民法院发出的旁听证进入法庭。旁听人员可以凭本人身份证在大门值班室办理旁听案件手续。

二、公民参加旁听，必须遵守《中华人民共和国人民法院法庭规则》的规定，并主动申报有否携带违禁物品和接受安全检查。

三、下列人员不得旁听：

（一）未成年人（经法院批准的除外）；

（二）精神病人和醉酒的人；

（三）其他不宜旁听的人。

四、旁听人员必须遵守下列纪律：

（一）不准录音、录像和摄影；

（二）不准随意走动和进入审判区；

（三）不准发言、提问；

（四）不准鼓掌、喧哗、哄闹和实施其他妨害审判活动的行为。

五、对于违反法庭纪律的人，审判长给予口头警告、训诫；没收录音、录像和摄影器材，责令退出法庭或者经院长批准予以罚款、拘留。

六、对哄闹、冲击法庭，侮辱、诽谤、威胁、殴打审判人员等严重扰乱法庭秩序的人，依法追究其刑事责任；情节较轻的，予以罚款、拘留。

第十二章 实现中华民族伟大复兴的重要保障

导航篇

知识网络

第十二章 实现中华民族伟大复兴的重要保障

一、坚持总体国家安全观
- 国家安全是安邦定国的重要基石
- 坚持走中国特色国家安全道路
- 着力防范化解重大风险

二、加快国防和军队现代化
- 坚持习近平强军思想
- 实现党在新时代的强军目标
- 构建一体化的国家战略体系和能力

三、坚持"一国两制"，推进祖国统一
- 全面准确贯彻"一国两制"方针
- 确保"一国两制"实践行稳致远
- 实现祖国完全统一

学习指南

⊙ 学习目标

了解国家安全的重要意义，坚持总体国家安全观；了解习近平强军思想，掌握党对人民军队的绝对领导，理解党在新时代的强军目标；理解"一国两制"对推进祖国统一的重大意义。

⊙ 学习思路

本章围绕"实现中华民族伟大复兴"这个主要目标，集中提出了以下要求：坚持总体国家安全观；加快国防和军队现代化；坚持"一国两制"，推进祖国统一。这三个要求互相联系、互为支撑，共同构成了实现中华民族伟大复兴的重要保障。在学习过程中，注意将这三个方面联系起来。

理论篇

要点解析

要点一：坚持总体国家安全观

1. 国家安全是安邦定国的重要基石

国家安全是人民幸福安康的基本要求，是安邦定国的重要基石，维护国家安全是全国各族人民的根本利益所在；坚持总体国家安全观，适应了进行具有许多新的历史特点的伟大斗争的新要求；坚持总体国家安全观，回应了人民对国家安全的新期待；坚持总体国家安全观，顺应了世界发展变化的新趋势。

2. 坚持走中国特色国家安全道路

习近平指出，坚持总体国家安全观，"必须坚持国家利益至上，以人民安全为宗旨，以政治安全为根本，统筹外部安全和内部安全、国土安全和国民安全、传统安全和非传统安全、自身安全和共同安全，完善国家安全制度体系，加强国家安全能力建设，坚决维护国家主权、安全、发展利益"。这一重大论断，深刻揭示了中国特色国家安全道路的丰富内涵和实践要求。

坚持统筹发展和安全两件大事。统筹发展和安全，增强忧患意识，做到居安思危，是我们党治国理政的一个重大原则。

坚持人民安全、政治安全、国家利益至上有机统一。人民安全是国家安全的宗旨，政治安全是国家安全的根本，国家利益至上是国家安全的准则。

坚持维护和塑造国家安全。新时代国家安全，既要解决好大国发展进程中面临的安全共性问题，更要处理好中华民族伟大复兴关键阶段面临的特殊安全问题。

坚持科学统筹的根本方法。坚持总体国家安全观，要求始终把国家安全置于中国特色社会主义事业全局中来把握，充分调动各方面积极性，形成国家安全合力。

坚持党对国家安全工作的绝对领导，是做好国家安全工作的根本原则，是维护国家安全和社会安定的根本保证。

3. 着力防范化解重大风险

重大风险既包括国内的经济、政治、意识形态、社会风险以及来自自然界的风险，也包括国际经济、政治、军事风险等，各种威胁和挑战联动效应明显，各种矛盾风险挑战源、各类矛盾风险挑战点相互交织、相互作用。

预判风险所在是防范风险的前提，把握风险走向是谋求战略主动的关键；坚持立足于防，又有效处置风险。

解析：忧患意识是中华民族能够生生不息、绵延不绝的文化基因，也是融入中国共产党精神血脉的政治品质；当前和今后一个时期，我国发展仍然处于重要战略机遇期；增强忧患意识，做到居安思危，是我们党治国理政的一个重大原则。与此同时，我们还要做好维护国家安全的相关工作，坚持走中国特色国家安全道路，着力防范化解重大风险。

◎ 要点二：加快国防和军队现代化

1. 坚持习近平强军思想

习近平强军思想深刻回答了"新时代建设一支什么样的强大人民军队、怎样建设强大人民军队"的时代课题，其主要内容有：一是明确强国必须强军，巩固国防和强大人民军队是新时代坚持和发展中国特色社会主义、实现中华民族伟大复兴的战略支撑。二是明确党在新时代的强军目标是建设一支听党指挥、能打胜仗、作风优良的人民军队，必须同国家现代化进程相一致，力争到2035年基本实现国防和军队现代化，到本世纪中叶把人民军队全面建成世界一流军队。三是明确党对军队的绝对领导是人民军队建军之本、强军之魂，必须全面贯彻党领导军队的一系列根本原则和制度，确保部队绝对忠诚、绝对纯洁、绝对可靠。四是明确军队是要准备打仗的，必须聚焦能打仗、打胜仗，创新发展军事战略指导，构建中国特色现代作战体系，全面提高新时代备战打仗能力，有效塑造态势、管控危机、遏制战争、打赢战争。五是明确作风优良是我军鲜明特色和政治优势，必须加强作风建设、纪律建设，坚定不移正风肃纪、反腐惩恶，大力弘扬我党我军光荣传统和优良作风，永葆人民军队性质、宗旨、本色。六是明确推进强军事业必须坚持政治建军、改革强军、科技强军、人才强军、依法治军，更加注重聚焦实战、更加注重创新驱动、更加注重体系建设、更加注重集约高效、更加注重军民融合，全面提高革命化现代化正规化水平。七是明确改革是强军的必由之路，必须推进军队组织形态现代化，构建中国特色现代军事力量体系，完善中国特色社会主义军事制度。八是明确创新是引领发展的第一动力，必须坚持向科技创新要战斗力，统筹推进军事理论、技术、组织、管理、文化等各方面创新，建设创新型人民军队。九是明确现代化军队必须构建中国特色军事法治体系，推进治军方式根本性转变，提高国防和军队建设法治化水平。十是明确军民融合发展是兴国之举、强军之策，必须坚持发展和安全兼顾、富国和强军统一，形成全要素、多领域、高效益军民融合深度发展格局，构建一体化的国家战略体系和能力。

2.实现党在新时代的强军目标

习近平指出，"党在新时代的强军目标是建设一支听党指挥、能打胜仗、作风优良的人民军队，把人民军队建设成为世界一流军队"。

听党指挥是灵魂，决定军队建设的政治方向；能打胜仗是核心，反映军队的根本职能和军队建设的根本指向；作风优良是保证，关系军队的性质、宗旨、本色。

3.构建一体化的国家战略体系和能力

构建一体化的国家战略体系和能力，是实现发展和安全兼顾、富国和强军统一的必然选择；构建一体化的国家战略体系和能力，是一个系统工程，涉及领域宽、范围广、内容多；军政军民团结是实现富国和强军相统一的重要政治保障，是我党我军特有的政治优势。

解析：国防和军队现代化的最终目的是提升军队的战斗力，更好地保卫国家和人民的安全。军队是国家政权的主要成分，无论是哪个阶级，谁想夺取国家政权并想保持它，谁就应有强大的军队；坚持党对人民军队的绝对领导，是党和国家长治久安的根本法宝；坚持党对人民军队的绝对领导，是人民军队始终保持强大凝聚力、向心力、创造力、战斗力的根本保证。把人民军队建设成为世界一流军队，必须全面贯彻习近平强军思想，贯彻新时代军事战略方针，坚持政治建军、改革强军、科技强军、人才强军、依法治军，加快机械化信息化智能化融合发展，全面加强练兵备战，把新时代强军事业不断推向前进。

相关链接：

习近平：统一思想坚定信心，奋力推进国防和军队现代化建设

要点三：坚持"一国两制"，推进祖国统一

1.全面准确贯彻"一国两制"方针

随着中国特色社会主义进入新时代，"一国两制"事业也进入了新时代。继续推动香港、澳门各项事业向前发展，要全面准确理解和贯彻"一国两制""港人治港""澳人治澳"、高度自治的方针。

必须始终准确把握"一国"和"两制"的关系；必须落实中央对特别行政区全面管治权，维护国家主权、安全、发展利益；必须聚焦发展这个第一要务，推动港澳融入国家发展大局；必须坚持爱国者治港治澳原则。

2.确保"一国两制"实践行稳致远

从制定实施香港国安法到完善香港选举制度，顺应了香港社会盼望良政善治、长治久安的主流民意，体现了包括香港同胞在内的全国人民的共同心愿。在中央政府和祖国内地的大力支持下，在以爱国者为主体的治港者带领下，香港居民依法享有的各项权利和自由将得到更加充分的保障，香港的国际金融、贸易、航运中心地位将更加稳固，法治和营商环境将更加优良，行政立法关系将更加顺畅，社会氛围将更加和谐，长期困扰香港的各类深层次矛盾和问题将更有条件得到有效解决。

3. 实现祖国完全统一

一个中国原则是两岸关系的政治基础。推动两岸关系和平发展，最根本的是坚持一个中国原则。

体现一个中国原则的"九二共识"明确界定了两岸关系的根本性质，是确保两岸关系和平发展的关键；"和平统一、一国两制"是实现国家统一的最佳方式；坚决反对和遏制任何形式的"台独"。

台湾问题是中国的内政，事关中国核心利益和中国人民民族感情，不容任何外来干涉。解决台湾问题的主导权主动权始终牢牢掌握在我们的手中。台湾问题因民族弱乱而产生，必将随着民族复兴而终结。

解析："一国两制"是中国特色社会主义制度创新的重要成果；"一国两制"的成功实践维护了港澳的长期繁荣稳定；随着中国特色社会主义进入新时代，"一国两制"事业也进入了新时代；"和平统一、一国两制"是解决台湾问题的基本方针，是实现国家统一的最佳方式。

忆往昔

1982年1月10日，邓小平在接见来华访问的美国华人协会主席李耀基时说："在实现国家统一的前提下，国家的主体性实行社会主义制度，台湾实行资本主义制度。"在这次谈话中，邓小平第一次正式提出了"一个国家，两种制度"的概念。

1983年6月25日，邓小平同志在会见美国西东大学教授杨力宇时，又进一步阐述了实现台湾和祖国大陆和平统一的六条具体构想（简称"邓六条"）。

（一）台湾问题的核心是祖国统一。和平统一已成为国共两党的共同语言。

（二）制度可以不同，但在国际上代表中国的，只能是中华人民共和国。

（三）不赞成台湾"完全自治"的提法，"完全自治"就是"两个中国"，而不是一个中国。自治不能没有限度，不能损害统一的国家的利益。

（四）祖国统一后，台湾特别行政区可以实行同大陆不同的制度，可以有其他省、市、自治区所没有而为自己所独有的某些权力。司法独立，终审权不须到北京。台湾还可以有自己的军队，只是不能构成对大陆的威胁。大陆不派人驻台，不仅军队不去，行政人员也不去。台湾的党、政、军等系统都由台湾自己来管。中央政府还要给台湾留出名额。

（五）和平统一不是大陆把台湾吃掉，当然也不能是台湾把大陆吃掉，所谓"三民主义统一中国"不现实。

（六）要实现统一，就要有个适当方式。建议举行两党平等会谈，实行国共第三次合作，而不提中央与地方谈判。双方达成协议后可以正式宣布，但万万不可让外国插手，那样只能意味着中国还未独立，后患无穷。

从"叶九条"到"邓六条"，"一国两制"科学构想的内容更加完备、明确和系统化，"一国两制"方针的大体框架基本形成。

（资料来源：谢梦瑶《邓小平提出"一国两制"》，央广网，http://news.cnr.cn/special/dengxiaoping/latest/201408/t20140817_516235884.shtml）

案例精选

太平洋上，中国航母的一天

推开辽宁舰飞行甲板的水密门，太平洋咸涩微凉的海风扑面而来，油料化验员陈晨深吸了一口气。

此刻，太阳还藏在海平面以下。东方微微泛红的霞光驱赶着灰蓝色的夜幕，辽宁舰领衔的航母编队在西太平洋破浪前行。

又是新的一天。在强劲的海风中，辽宁舰已经醒来。穿着紫色马甲的陈晨，是今天第一个走上飞行甲板的舰员。10天前，陈晨就在飞行甲板站坡列阵，随辽宁舰在南海参加海上大阅兵，光荣接受习主席检阅。今天，辽宁舰编队航行在西太平洋上，开启新一轮的实战化训练。

紧接着，穿着蓝色马甲的航空部门舰面中队区队长翟国成走上甲板。很快，布满黑色着舰胎痕的甲板上，被身着红、棕、黄、绿等各种颜色马甲的舰员装点得五彩缤纷。

太平洋上，航母辽宁舰的一天就这样开始了。

这一天，是辽宁舰入列 6 年来的普通一天。中国航母编队初步形成体系作战能力的成长跨越，正是积攒于这些"普通的一天"里。在新时代的"强军时间表"上，航母辽宁舰的一天，构成了中国军队阔步前行、迈向世界一流征程上不可或缺的一页。

"以前我们聊的多是起降技术技巧，现在交流的都是'空战'心得"

直升机螺旋桨的尖啸声，混合着海浪声和呼呼作响的甲板风声，打破了清晨的平静。

舰载直升机某大队大队长贾利剑驾驶预警直升机盘旋起飞，为航母编队提供空海情报支援。目送直升机升空，海军某舰载航空兵部队政委张中明告诉记者，最初试验训练阶段，直升机仅担负海上搜救保障任务，如今，直升机已具备预警、反潜等多重作战和保障能力。"这是航母编队形成体系作战能力的重要组成部分。"张中明说。

太阳升起。戴兴手拎飞行员头盔，大跨步地走向歼 -15 战机。起飞助理陈嘉楠挥臂作出放飞手势，战机如离弦之箭，冲出甲板飞向海天。紧接着，战鹰接二连三地从甲板上起飞。

编队指挥所的电子屏幕上，红蓝自由空战对抗情况实时呈现，标识着红蓝双方的线条和符号不停变换。

"准备回收歼 -15 飞机。"经过紧张激烈的战斗，今天第一波次战斗已经结束。

战鹰陆续返航，甲板上又开始忙碌起来……记者曾多次随辽宁舰出海执行任务，明显感到战机放飞和回收的速度加快。

"我们感觉到飞机着舰比以前更轻了。"很多舰员说出共同的感受。

回到空勤值班室，对抗得胜而归的戴兴和战友袁伟、王亮、杨勇一起复盘刚才空中对抗的战术动作。

第一次降落在航母甲板上的情景，戴兴记忆犹新。虽然经历数千次的地面模拟起降训练，但当时戴兴仍感觉到数秒钟的眩晕和大脑空白。"随着在辽宁舰上起降次数增多，紧张感逐渐消失，我们的训练重心正向深研空战技巧转变。"戴兴说，"以前我们聊的多是起降技术技巧，现在交流的都是'空战'心得。"

细数过去一年歼 -15 舰载战斗机飞行员执行的重大任务，张中明说，他们多数节假日都在执行任务，全年共有 200 多个飞行场次。

"他们是探路者，是'种子'，更是'孵化器'。"看着攀上舷梯的飞行员，张中明说："他们真的非常可爱！无论训练有多难，无论训练量有多大，从来没有叫苦叫累……"

话音未落，甲板上又响起巨大的轰鸣声，一架"飞鲨"滑跃起飞……

"中国人都想来航母看看，军人更多是想在航母上战斗"

透过辽宁舰驾驶室的舷窗，维吾尔族女兵艾海旦看到，飞行甲板上歼-15战机正密集放飞。

艾海旦是操舵班副班长，她的战位是观察战机起飞的最佳位置。按照航海指挥员下达的一条条指令，艾海旦精准而熟练地操作舵盘。

如果不是亲眼所见，记者很难相信，这艘数万吨的钢铁巨舰的航向和航速，竟然掌握在一位纤瘦的女兵手中。

就在舰载机轮番升空训练的同时，在航母飞行甲板之下，机舱内部也进行着一场紧张的演练。

广播声中传来刺耳的火灾警报，消防官兵迅速穿上消防服，背上装备，奔往发生"火灾"的舱段。奔跑的身影中，女士官长张明珠引起记者的注意。

张明珠原是机务兵，去年，她被选拔进入安全管理办公室，与男舰员考核标准一样，穿消防服、背装备、找舱室等训练课目，都名列前茅。

在辽宁舰很多岗位上，女舰员的表现都很出色。作战部门助理工程师何飐说，现在女舰员已经遍布全舰所有的部门和专业，越来越多的女舰员走上关键作战岗位。

何飐是地方大学生，也是个十足的"军迷"。听到中国航母服役的消息，她给海军相关部门写了一封信，表达了加入航母部队的强烈意愿。

经过严格考察考核，何飐顺利入伍。如今，她已经成长为辽宁舰作战部门助理工程师，前不久她取得了作战岗位独立值更资格。

为了同样的航母梦，越来越多怀揣青春奋斗梦想的官兵来到了辽宁舰。

在消防演练现场，记者见到了二级军士长、油料区队区队长王春辉。浑身被汗水浸透的王春辉，曾在空军某部担任油料化验员。王春辉说："辽宁舰圆了中国百年航母梦，谁不想来呢？中国人都想来航母看看，军人更多是想在航母上战斗。"

白天的时光，在一架架战机放飞和回收的紧张忙碌中匆匆流走。

天色渐暗，最后一架舰载机在暮色之中，成功降落在甲板。起飞助理陈小勇摘下头盔拎在手上，返回舱室，仔细擦了擦被歼-15战机尾焰烟熏火燎的脸，喝口水缓缓神。

这位曾因"航母style"风靡神州的起飞助理，经历了辽宁舰入列后的每一个高光时刻。说起刚刚经历的海上阅兵，陈小勇仍感心潮澎湃："航母的一举一动牵动着全世界关注的目光，这是航母人最大的骄傲和自豪。安全放飞和回收每一架战机，就是我最大的幸福。"

"虽然看不到阳光，但我们内心充满了阳光"

夜色来袭，劳累了一天的飞行员和相关保障人员进入梦乡。凌晨0点，辽宁舰政工办主任肖磊开始了例行夜间巡查。

工作环境最为恶劣的机电舱室是巡查的重点。

在锅炉舱，中士余盼、下士彭世林的衣服已经汗湿了。温度计显示：48℃。不仅温度高，这里还有机器运转产生的震耳欲聋的噪音。余盼他们要在这样的环境中值更4个小时。

夜间巡查的不仅有政工干部，由战士值更的生命力巡逻更也开始行动。下士鲁鹏飞和上等兵何裕在各个监控死角勘察，谨防各种可能的安全隐患。

在损管中心，一幅巨大的损坏管理作战标绘图和动力系统模拟指挥板格外引人注目。机电长张扬说，这些都是他们集智攻关的革新成果。有了这两项创新成果，机电官兵确定损管位置、制定损管方案、开展损管作业都更加高效。

在气供舱，舱段中队气供区队长张常晓说起自己最大的遗憾。在航母上工作近10年的他，至今还没能现场看过舰载机起降。舰载机起降训练时，往往也是机电官兵值更的关键时刻。出海训练期间，由于各项保障任务严密接续，机电兵基本没有登上甲板的机会。

这次远航，尽管已经一个多月没到过甲板，但一说起歼-15战机从航母上起飞，张常晓的脸上满是自豪。

"虽然看不到阳光，但我们内心充满了阳光。"这是在机电兵之间流传的一句口号。由这句口号出发，机电兵还总结出了"深舱向日葵"精神——虽然深居舱底，但他们却像小太阳一样，向全舰提供源源不断的能量。

（资料来源：《解放军报》2018年4月27日05版）

> 🖊 **案例解析：** 本案例主要介绍了中国航母辽宁舰在太平洋上的普通一天。这一天，是辽宁舰入列6年来的普通一天。中国航母编队初步形成体系作战能力的成长跨越，正是积攒于这些"普通的一天"里。在新时代的"强军时间表"上，航母辽宁舰的一天，构成了中国军队阔步前行、迈向世界一流征程上不可或缺的一页。

📖 经典品读

《在〈告台湾同胞书〉发表40周年纪念会上的讲话》（节选）

（习近平 2019年1月）

回顾历史，是为了启迪今天、昭示明天。祖国必须统一，也必然统一。这是70载两岸关系发展历程的历史定论，也是新时代中华民族伟大复兴的必然要求。

两岸中国人、海内外中华儿女理应共担民族大义、顺应历史大势，共同推动两岸关系和平发展、推进祖国和平统一进程。

第一，携手推动民族复兴，实现和平统一目标。民族复兴、国家统一是大势所趋、大义所在、民心所向。一水之隔、咫尺天涯，两岸迄今尚未完全统一是历史遗留给中华民族的创伤。两岸中国人应该共同努力谋求国家统一，抚平历史创伤。广大台湾同胞都是中华民族一分子，要做堂堂正正的中国人，认真思考台湾在民族复兴中的地位和作用，把促进国家完全统一、共谋民族伟大复兴作为无上光荣的事业。

台湾前途在于国家统一，台湾同胞福祉系于民族复兴。两岸关系和平发展是维护两岸和平、促进两岸共同发展、造福两岸同胞的正确道路。两岸关系和平发展要两岸同胞共同推动，靠两岸同胞共同维护，由两岸同胞共同分享。中国梦是两岸同胞共同的梦，民族复兴、国家强盛，两岸中国人才能过上富足美好的生活。在中华民族走向伟大复兴的进程中，台湾同胞定然不会缺席。两岸同胞要携手同心，共圆中国梦，共担民族复兴的责任，共享民族复兴的荣耀。台湾问题因民族弱乱而产生，必将随着民族复兴而终结！

第二，探索"两制"台湾方案，丰富和平统一实践。"和平统一、一国两制"是实现国家统一的最佳方式，体现了海纳百川、有容乃大的中华智慧，既充分考虑台湾现实情况，又有利于统一后台湾长治久安。

制度不同，不是统一的障碍，更不是分裂的借口。"一国两制"的提出，本来就是为了照顾台湾现实情况，维护台湾同胞利益福祉。"一国两制"在台湾的具体实现形式会充分考虑台湾现实情况，会充分吸收两岸各界意见和建议，会充分照顾到台湾同胞利益和感情。在确保国家主权、安全、发展利益的前提下，和平统一后，台湾同胞的社会制度和生活方式等将得到充分尊重，台湾同胞的私人财产、宗教信仰、合法权益将得到充分保障。

两岸同胞是一家人，两岸的事是两岸同胞的家里事，当然也应该由家里人商量着办。和平统一，是平等协商、共议统一。两岸长期存在的政治分歧问题是影响两岸关系行稳致远的总根子，总不能一代一代传下去。两岸双方应该本着对民族、对后世负责的态度，凝聚智慧，发挥创意，聚同化异，争取早日解决政治对立，实现台海持久和平，达成国家统一愿景，让我们的子孙后代在祥和、安宁、繁荣、尊严的共同家园中生活成长。

在一个中国原则基础上，台湾任何政党、团体同我们的交往都不存在障碍。以对话取代对抗、以合作取代争斗、以双赢取代零和，两岸关系才能行稳致远。我们愿意同台湾各党派、团体和人士就两岸政治问题和推进祖国和平统一进程的有关问题开展对话沟通，广泛交换意见，寻求社会共识，推进政治谈判。

我们郑重倡议，在坚持"九二共识"、反对"台独"的共同政治基础上，两岸各政党、各界别推举代表性人士，就两岸关系和民族未来开展广泛深入的民主协商，就推动两岸关系和平发展达成制度性安排。

第三，坚持一个中国原则，维护和平统一前景。尽管海峡两岸尚未完全统一，但中国主权和领土从未分割，大陆和台湾同属一个中国的事实从未改变。一个中国原则是两岸关系的政治基础。坚持一个中国原则，两岸关系就能改善和发展，台湾同胞就能受益。背离一个中国原则，就会导致两岸关系紧张动荡，损害台湾同胞切身利益。

统一是历史大势，是正道。"台独"是历史逆流，是绝路。广大台湾同胞具有光荣的爱国主义传统，是我们的骨肉天亲。我们坚持寄希望于台湾人民的方针，一如既往尊重台湾同胞、关爱台湾同胞、团结台湾同胞、依靠台湾同胞，全心全意为台湾同胞办实事、做好事、解难事。广大台湾同胞不分党派、不分宗教、不分阶层、不分军民、不分地域，都要认清"台独"只会给台湾带来深重祸害，坚决反对"台独"分裂，共同追求和平统一的光明前景。我们愿意为和平统一创造广阔空间，但绝不为各种形式的"台独"分裂活动留下任何空间。

中国人不打中国人。我们愿意以最大诚意、尽最大努力争取和平统一的前景，因为以和平方式实现统一，对两岸同胞和全民族最有利。我们不承诺放弃使用武力，保留采取一切必要措施的选项，针对的是外部势力干涉和极少数"台独"分裂分子及其分裂活动，绝非针对台湾同胞。两岸同胞要共谋和平、共护和平、共享和平。

第四，深化两岸融合发展，夯实和平统一基础。两岸同胞血脉相连。亲望亲好，中国人要帮中国人。我们对台湾同胞一视同仁，将继续率先同台湾同胞分享大陆发展机遇，为台湾同胞台湾企业提供同等待遇，让大家有更多获得感。和平统一之后，台湾将永保太平，民众将安居乐业。有强大祖国做依靠，台湾同胞的民生福祉会更好，发展空间会更大，在国际上腰杆会更硬、底气会更足，更加安全、更有尊严。

我们要积极推进两岸经济合作制度化，打造两岸共同市场，为发展增动力，为合作添活力，壮大中华民族经济。两岸要应通尽通，提升经贸合作畅通、基础设施联通、能源资源互通、行业标准共通，可以率先实现金门、马祖同福建沿海地区通水、通电、通气、通桥。要推动两岸文化教育、医疗卫生合作，社会保障和公共资源共享，支持两岸邻近或条件相当地区基本公共服务均等化、普惠化、便捷化。

第五，实现同胞心灵契合，增进和平统一认同。国家之魂，文以化之，文以铸之。两岸同胞同根同源、同文同种，中华文化是两岸同胞心灵的根脉和归属。人之相交，贵在知心。不管遭遇多少干扰阻碍，两岸同胞交流合作不能停、不能断、不能少。

两岸同胞要共同传承中华优秀传统文化，推动其实现创造性转化、创新性发展。两岸同胞要交流互鉴、对话包容，推己及人、将心比心，加深相互理解，增进互信认同。要秉持同胞情、同理心，以正确的历史观、民族观、国家观化育后人，弘扬伟大民族精神。亲人之间，没有解不开的心结。久久为功，必定能达到两岸同胞心灵契合。

支持和追求国家统一是民族大义，应该得到全民族肯定。伟大祖国永远是所有爱国统一力量的坚强后盾！我们真诚希望所有台湾同胞，像珍视自己的眼睛一样珍视和平，像追求人生的幸福一样追求统一，积极参与到推进祖国和平统一的正义事业中来。

国家的希望、民族的未来在青年。两岸青年要勇担重任、团结友爱、携手打拼。我们热忱欢迎台湾青年来祖国大陆追梦、筑梦、圆梦。两岸中国人要精诚团结，携手同心，为同胞谋福祉，为民族创未来！

（资料来源：新华网，http://www.xinhuanet.com/tw/2019-01/02/c_1210028622.htm）

习题演练

一、单项选择题

1. 总体国家安全观丰富了国家安全内涵和外延，是推进国家治理体系和治理能力重大理论成果，是指导新时期国家安全工作的（　　）思想。

A. 指导性　　　　B. 纲领性　　　　C. 重要　　　　D. 根本

2.（　　）是落实国家安全各项任务的主力军。

A. 干部队伍　　　B. 政府　　　　C. 公安机关　　　D. 安全机关

3. 坚持总体国家安全观，适应了进行具有许多新的历史特点的（　　）的新要求。

A. 伟大梦想　　　B. 伟大工程　　　C. 伟大斗争　　　D. 伟大事业

4.（　　）是指一个主权国家在国际社会中生存需求和发展需求总和。

A. 国家权益　　　B. 人民利益　　　C. 国家利益　　　D. 国民利益

5. 只有坚持（　　），才能保证国家安全决策科学性，才能将国家安全决策转化为人民群众实践力量。

A. 全民皆兵　　　B. 群众斗争　　　C. 群众路线　　　D. 人民防线

6. 习近平强军思想深刻回答了"新时代（　　）的时代课题"。

A. 建设什么样的党、怎样建设党

B. 什么是社会主义、怎样建设社会主义

C. 实现什么样的发展、怎样发展

D. 建设一支什么样的强大人民军队、怎样建设强大人民军队

7.（　　）是兴国之举、强军之策。

A. 党对军队的绝对领导　　　　B. 能打胜仗

C. 作风优良　　　　　　　　　D. 军民融合发展

8. 建设世界一流军队的力量基础是（　　）。

A. 构建中国特色现代军事力量体系　B. 促进各军兵种力量协调发展

C. 生成新质战斗力的强力引擎　　　D. 国家战略能力的前瞻力量

9. "一国两制"构想的提出，是从解决（ ）地区问题开始的。

A. 台湾   B. 香港   C. 澳门   D. 香港和澳门

10. 我党我军特有的政治优势是（ ）。

A. 听党指挥   B. 作风优良   C. 军政军民团结   D. 能打胜仗

二、多项选择题

1. 面对安全问题多发势头，我们必须树立以人为本的安全观，要在法律的范围内，加强（ ）和人民团体的协助协同，采取坚决行动，保护人民的权利和人身财产安全。

A. 政府   B. 公安   C. 警察   D. 司法

2. 习近平总书记强调，要高度重视加强国家安全工作，把思想和行动统一到党中央对国家安全工作的决策部署上来，依法（ ）危害我国家安全和利益的违法犯罪活动。

A. 防范   B. 制止   C. 打击   D. 保护

3. 中央国家安全委员会是一个跨部门的最高决策和议事协调机构，将集合（ ）等相关部门，研究解决国家安全工作中的重大问题，统筹国内外大局，是国家安全工作事业的"压舱石"。

A. 公安   B. 国安   C. 军队   D. 外交

4. 重大风险既包括国内的经济、政治、意识形态、社会风险以及来自自然界的风险，也包括国际（）风险。

A. 经济   B. 政治   C. 军事   D. 文化

5. 现代化军队必须（ ）。

A. 构建中国特色军事法治体系   B. 推进治军方式根本性转变

C. 提高国防和军队现代化水平   D. 提高国防和军队建设法治化水平

6. 党在新时代的强军目标是建设一支（ ）的人民军队，把人民军队建设成为世界一流军队。

A. 听党指挥   B. 能打胜仗   C. 技术过硬   D. 作风优良

7. 国防和军队现代化新的战略安排是（ ）。

A. 2020 年，基本实现机械化，信息化建设取得重大进展，战略能力有大的提升

B. 2027 年，提高捍卫国家主权、安全发展利益的战略能力

C. 2035 年，基本实现国防和军队现代化

D. 本世纪中叶，把人民军队全面建成世界一流军队

8. "一国两制"由我国首次提出并付诸实践，这一构想的重大历史意义有（ ）。

A. 丰富了马克思主义原则的坚定性与策略的灵活性相统一的原理

B.丰富和发展了马克思主义的国家学说

C.创造性地把和平共处五项原则用来处理一个国家的内部问题

D.是从我国社会主义现代化建设需要一个和平的国际环境出发，为解决国际争端和世界遗留问题提供了新的思路、新的途径和模式

9.中国政府目前对待台湾问题的立场有（　　）。

A.坚持"和平统一、一国两制"的基本方针

B.我国对台湾的主权神圣不可侵犯，决不允许任何势力以任何方式改变台湾是中国一部分的地位

C.台湾问题同香港、澳门问题一样是殖民主义侵略遗留问题

D.努力用和平方式实现，但不能承诺放弃使用武力

10.我国政府恢复对香港、澳门行使主权后，对香港、澳门实行"一国两制""港人治港""澳人治澳"、高度自治的方针。香港、澳门特别行政区在政治和法律方面享有的自治权包括（　　）。

A.独立的外交权　　　　　　　　B.行政管理权

C.立法权　　　　　　　　　　　D.独立的司法权和终审权

三、简答题

1.简述坚持总体国家安全观。

2.简述习近平强军思想的理论意义与实践意义。

3.简述如何全面准确贯彻"一国两制"方针。

四、论述题

1.如何坚持走中国特色国家安全道路？

2.如何理解习近平强军思想的主要内容？

实践篇

实践项目一　　安全普及——走访中小学

⚙ 实践目标

国家安全是人民幸福安康的基本要求，是安邦定国的重要基石，维护国家安全是全国各族人民的根本利益所在，也是每一个中国公民的义务。然而，实际上

很多人对国家安全的概念及意义并不了解，对泄露国家机密等行为并不敏感，甚至自己的哪些行为可能危害国家安全都不知道，这些很容易被一些别有用心之人利用，给国家造成损失。学习本章内容之后，大学生对国家安全都有一定的认识和了解，有一定能力也有义务将这些知识告诉给更多的人知道，共同维护国家和人民的安全。通过实践，也可以增强国家安全意识和责任意识。

📷 实践方案

1. 任课教师联系附近的中小学，沟通活动事宜，确定后，将活动内容及目的地告知学生。

2. 学生分为若干小组，每组 5 ~ 6 人，选组长 1 名。

3. 任课教师指定几个主题，各小组抽签决定本小组要讲的内容，以避免各小组所讲主题重复。

4. 各小组分工合作，通过教材、网络等渠道收集资料，准备要讲的内容。

5. 准备工作完成后，任课教师带领学生前往目的地，各小组选 1 名代表，依次上台向学弟学妹讲解国家安全知识，选两名学生做好拍摄工作。

6. 各小组讲解完毕后，学弟学妹向学长学姐提问。

7. 活动结束后，任课教师带领学生回到本校。

8. 学生对活动进行讨论，任课教师作点评总结。

🖥 参考资料

相关链接：

国家安全知识一览

⚔ 实践项目二　　遥寄乡愁——给台湾同胞的一封信

⚙ 实践目标

解决台湾问题、实现祖国完全统一，是全体中华儿女的共同愿望，是中华民族根本利益所在。台湾自古就是中国的一部分，台湾同胞和大陆同胞自古也是一家人。随着祖国的繁荣发展，台湾重回祖国的怀抱越来越成为两岸同胞的共同追求。通过给台湾同胞写信，可以加深两岸同胞的情感交流，唤醒部分被台湾当局蛊惑的民众，也能帮助大学生更好地理解"一国两制""九二共识"的重要意义，从而为祖国的完全统一贡献自己的一份力量。

实践方案

1.任课教师宣布活动主题及内容，寄信方式可以是电子邮件，也可以是实体书信（实体书信更能激发同胞之情）。

2.学生分为若干小组，每组5～6人，选组长1名，负责本小组各项事宜。

3.每位学生都要写，写完之后每个小组讨论推选出两封写得较好的信，上交给任课教师。注意信的格式及内容（内容要避免一些敏感词汇，任课教师负责对信的内容进行审查）。

4.任课教师审查完毕后，将信件通过电子邮箱或相关渠道邮寄给台湾同胞，并做好后续的接收、回复工作。

5.任课教师对表现好的学生进行表扬，并对活动进行总结。

参考资料

信的格式

普通信件的格式一般分为开头称呼、问候语、正文、祝颂语、署名及日期五部分。信件的开头需要顶格写开头称呼，另起一行就是问候语，然后再另起一行开始撰写书信正文，祝颂语可以紧接正文，也可以正文下另起一行空两格，署名和日期写在祝颂语下方空一至二行的右侧。

1.开头称呼：顶格，有的还可以加上一定的限定、修饰词，如亲爱的等。

2.问候语：如"你好""近来身体是否安康"等，可以接正文。（不过很少）

3.正文：这是信的主体，可以分为若干段来书写。

4.祝颂语：以最一般的"此致""敬礼"为例。"此致"可以有两种正确的位置来进行书写，一是紧接着主体正文之后，不另起段，不加标点；二是在正文之下另起一行空两格书写。"敬礼"写在"此致"的下一行，顶格书写。后应该加上一个惊叹号，以表示祝颂的诚意和强度。

5.署名及日期：署名一般在书信最后一行，正文结尾右方空半行的位置，署上写信人的名字。若是亲属，可加上自己的称呼，如孙子、儿子等，后面写名字。若是写给组织，需要写上姓名。日期一般写在署名正下方，一般需要写明年月日，以备收信人日后查阅。

第十三章 中国特色大国外交

导航篇

知识网络

```
                    ┌─ 一、坚持习近平外交思想 ──┬─ 习近平外交思想的核心要义
                    │                          └─ 新时代对外工作的根本遵循
第十三章 中国特      ├─ 二、坚持走和平发展道路 ──┬─ 坚持独立自主和平外交政策
色大国外交          │                          └─ 推动建设新型国际关系
                    └─ 三、推动构建人类命运共同体 ─┬─ 人类命运共同体的内涵
                                                   └─ 促进"一带一路"国际合作
```

学习指南

⊙ 学习目标

了解世界正处于大发展大变革大调整时期，理解并掌握习近平外交思想的核心要义和重要意义，明确中国坚持走和平发展道路的基本内涵和历史必然性，全面把握独立自主和平外交政策的基本原则，认识维护世界和平、促进共同发展是中国外交政策的宗旨，明确推动建立以合作共赢为核心的新型国际关系是我国的战略选择，理解推进"一带一路"建设是深刻思考人类前途命运及中国和世界发展大势所提出的宏伟构想和中国方案，领会推动构建人类命运共同体既是中国外交的崇高目标，也是世界各国的共同责任和历史使命。

⊙ 学习思路

中国特色大国外交是中国特色社会主义理论体系的重要组成部分。当代中国的外交政策和理论历来是"毛泽东思想和中国特色社会主义理论体系概论"课程

的重点内容之一，也是师生关注的热点问题。学习本章内容关系到学生如何认识我们党和国家对当今世界的发展趋势、国际社会的主要矛盾变化的判断，关系到学生如何认识中国与世界的关系，以及采取什么样的政策和措施来应对面临的机遇和挑战。本章围绕中国特色大国外交主要讲了三方面内容：坚持习近平外交思想、坚持走和平发展道路和推动构建人类命运共同体。习近平外交思想明确了新时代我国对外工作的形势任务、目标原则、路径手段、战略策略、体制机制等；坚持走和平发展道路告诉我们中国特色大国外交是什么、为什么和怎么办的问题；推动构建人类命运共同体告诉我们中国特色大国外交的新目标、新平台和新举措。

理论篇

要点解析

要点一：坚持习近平外交思想

1. 习近平外交思想的核心要义

习近平外交思想明确了新时代我国对外工作的形势任务、目标原则、路径手段、战略策略、体制机制，是一个科学系统、内涵丰富的思想体系。其核心要义概括起来主要有：第一，坚持以维护党中央权威为统领加强党对对外工作的集中统一领导；第二，坚持以实现中华民族伟大复兴为使命推进中国特色大国外交；第三，坚持以维护世界和平、促进共同发展为宗旨推动构建人类命运共同体；第四，坚持以中国特色社会主义为根本增强战略自信；第五，坚持以共商共建共享为原则推动"一带一路"建设；第六，坚持以相互尊重、合作共赢为基础走和平发展道路；第七，坚持以深化外交布局为依托打造全球伙伴关系；第八，坚持以公平正义为理念引领全球治理体系改革；第九，坚持以国家核心利益为底线维护国家主权、安全、发展利益；第十，坚持以外交工作优良传统和时代特征相结合为方向塑造中国外交独特风范。

2. 新时代对外工作的根本遵循

习近平外交思想是对新中国外交理论的继承与发展；习近平外交思想是21世纪马克思主义在外交领域的最新成果；习近平外交思想是对中华优秀传统文化的传承创新；习近平外交思想是对传统国际关系理论的扬弃超越。

解析：伟大的思想一旦与时代特征紧密结合，就将展现出前所未有的蓬勃伟力，并推动这个时代大步向前迈进，习近平外交思想源于时代，同时又引领和推动时代。正是由于有习近平总书记的亲自把舵，有习近平外交思想的方向领航，我们才能在纷繁复杂的世界乱局中科学判断时代发展大势，精准辨析国际体系转型过渡期与我国发展历史交汇期的阶段性特征，准确把握我国发展所处的新的历史方位，明确以实现中华民族伟大复兴为使命推进新时代中国特色大国外交。

◎ 要点二：坚持走和平发展道路

1. 坚持独立自主和平外交政策

独立自主的和平外交政策，就是坚持把国家和民族的发展放在自己力量的基点上，坚定不移走自己的路，走和平发展道路，同时，决不能放弃我们的正当权益，决不能牺牲国家核心利益；就是从我国人民和世界人民的共同利益出发，对于一切国际事务，都要根据事情本身的是非曲直决定自己的立场和政策，秉持公道，伸张正义，不屈从于任何外来压力；就是坚持各国的事务应由本国政府和人民决定，世界上的事情应由各国政府和人民平等协商，反对一切形式的霸权主义和强权政治；就是主张和平解决国际争端和热点问题，反对动辄诉诸武力或以武力相威胁，反对颠覆别国合法政权，反对一切形式的恐怖主义。

2. 推动建设新型国际关系

推动建设相互尊重、公平正义、合作共赢的新型国际关系，是立足时代发展潮流和我国根本利益作出的战略选择，反映了中国人民和世界人民的共同心愿。新型国际关系，核心是维护联合国宪章宗旨和原则，维护不干涉别国内政和尊重国家主权、独立、领土完整等国际关系基本准则，维护联合国及其安理会对世界和平承担的首要责任，开展对话、合作而不是对抗，实现双赢、共赢而不是单赢。

推动建设新型国际关系，要坚决维护国家核心利益，要在和平共处五项原则基础上发展同世界各国的友好合作，要积极参与全球治理体系改革和建设，要加强涉外法律工作，完善涉外法律法规体系。

解析：独立自主和平外交政策简单概括就是，自己的事情自己处理，大家的事情商量着处理，绝不欺负别人，别人也别想欺负我，不把自己的意志强加给别人。一切以和平共处为原则，以共赢共享为目标。新型国际关系是相对旧型国际关系而言的，旧型国际关系是以西方为主导、以主权国家为主体、带有强权政治色彩的国际关系。旧型国际关系是新型国际关系的母体，新型国际关系仍然以主权国家为主体，它的提出与人类命运共同体密切相关，强调世界各国的整体性、统一性，强调合作共赢理念，可以理解为它的目标模式就是构建人类命运共同体。

忆往昔

1949年9月，中国人民政治协商会议第一届全体会议通过的《中国人民政治协商会议共同纲领》规定："中华人民共和国外交政策的原则，为保障本国独立、自由和领土主权的完整，拥护国际的持久和平和各国人民间的友好合作，反对帝国主义的侵略政策和战争政策。"这一规定确立了新中国外交政策"独立自主"和"维护和平"的主基调。

新中国成立初期，我国外交坚持"另起炉灶""打扫干净屋子再请客"，废除了帝国主义强加在中国人民头上的一切特权和不平等条约。

1953年12月，周恩来在会见印度代表团时第一次提出和平共处五项原则，后得到印度、缅甸政府共同倡导，成为国际社会公认的规范国际关系的重要原则。虽然我国外交在20世纪50年代、60年代、70年代先后经历过"一边倒""两线作战""一条线、一大片"等特点和变化，但我国外交独立自主和维护和平的主基调和根本追求从来没有改变。

以党的十一届三中全会为标志，我们党对时代主题的判断发生重大变化，在总结正反两方面经验的基础上，党的十二大明确提出"坚持独立自主的对外政策"，正如邓小平指出的，"中国的对外政策是独立自主的，是真正的不结盟"。在1986年六届全国人大四次会议上，正式提出"独立自主的和平外交政策"这一概念。

此后30多年来，我们根据形势变化和任务要求，先后提出和实践全方位外交布局、走和平发展道路、推进中国特色大国外交、推动构建人类命运共同体等理念、政策、主张，实现独立自主的和平外交政策与时俱进。

（资料来源：《人民日报》2019年12月13日09版）

要点三：推动构建人类命运共同体

1. 人类命运共同体的内涵

构建人类命运共同体，核心就是建设持久和平、普遍安全、共同繁荣、开放包容、清洁美丽的世界。第一，政治上，要相互尊重、平等协商，坚决摒弃冷战思维和强权政治，走对话而不对抗、结伴而不结盟的国与国交往新路；第二，安全上，要坚持以对话解决争端、以协商化解分歧，统筹应对传统和非传统安全威胁，反对一切形式的恐怖主义；第三，经济上，要同舟共济，促进贸易和投资自由化便利化，推动经济全球化朝着更加开放、包容、普惠、平衡、共赢的方向发展；第四，文化上，要尊重世界文明多样性，促进文明交流、加强文明互鉴、实现文明共存；第五，生态上，要坚持环境友好，合作应对气候变化，保护好人类赖以生存的地球家园。

2. 促进"一带一路"国际合作

2013 年 9 月和 10 月，习近平在出访中亚和东南亚国家期间，先后提出共建"丝绸之路经济带"和"21 世纪海上丝绸之路"的重大倡议，得到了国际社会的高度关注和积极回应。

共建"一带一路"倡议的核心内涵，是促进基础设施建设和互联互通，加强经济政策协调和发展战略对接，促进协同联动发展，实现共同繁荣。这一倡议秉持和遵循共商共建共享原则，努力实现政策沟通、设施联通、贸易畅通、资金融通、民心相通，是发展的倡议、合作的倡议、开放的倡议。这一倡议要实现的最高目标就是各方携手应对世界经济面临的挑战，开创发展新机遇，谋求发展新动力，拓展发展新空间，实现优势互补、互利共赢，不断朝着人类命运共同体方向迈进。

解析：8 年时间，从"大写意"到"工笔画"，"一带一路"已从愿景成为现实，并结出累累硕果，成为促进共同发展、实现共同繁荣的合作共赢之路，增进理解信任、加强全方位交流的和平友谊之路。在全球面临大发展、大变革、大调整的当下，这一中国方案不断显示出凝聚力、感召力。这正是对构建人类命运共同体的最好实践。

相关链接：
高质量共建"一带一路"硕果惠及世界

案例精选

人类命运共同体：中国特色大国外交的旗帜和方向

推动构建人类命运共同体，承载着中国共产党宽广博大的国际情怀

中国共产党从诞生之日起，就以《共产党宣言》提出的"一切人的自由发展"为崇高理想，以为世界谋大同为使命担当。党的十八大以来，习近平总书记站在人类前途命运的高度，深入解答"世界怎么了、我们怎么办"这一时代之问。这就是：各国人民同心协力，构建人类命运共同体，建设持久和平、普遍安全、共同繁荣、开放包容、清洁美丽的世界。推动构建人类命运共同体，超越了不同社会制度、意识形态、发展阶段的差异分歧，通过共同应对挑战、共同承担责任、共同发展繁荣将各国的未来联系在一起。推动构建人类命运共同体，已经载入我们的党章和宪法，写进联合国决议等国际文件，不仅成为党和国家的意志，而且凝聚了广泛国际共识，是对国际主义精神的守正创新，是新时代共产党人促进人类团结合作的重大贡献。

推动构建人类命运共同体，彰显了中国共产党对中华文明的传承弘扬

习近平总书记明确指出，中华民族历来讲求"天下一家"，主张民胞物与、协和万邦、天下大同，憧憬"大道之行，天下为公"的美好世界。希望各国携手努力，多一份平和，多一份合作，变对抗为合作，化干戈为玉帛，共同构建各国人民共有共享的人类命运共同体。文化孕育理念，思想引领方向。推动构建人类命运共同体，植根于中华文化的深厚底蕴，契合于人类文明的共通内核，贯通历史、现实与未来，描绘了各国人民共享美好未来的积极愿景，源源不断释放出跨越国家、文明界限的文化吸引力和思想感召力。

推动构建人类命运共同体，体现了中国共产党顺应时代潮流的历史自觉

早在170多年前，马克思、恩格斯就已科学预测了人类历史越来越成为世界历史的必然趋势。面对世界变局和全球挑战，习近平总书记指出，人类是一个整体，地球是一个家园，任何人任何国家都无法独善其身，只有和衷共济、和合共生这一条出路。每个国家都应该风雨同舟，荣辱与共，努力把我们生于斯长于斯的星球建成和睦的大家庭。习近平总书记不断丰富和发展人类命运共同体思想，主张以和平发展超越冲突对抗、以共同安全取代绝对安全、以互利共赢摒弃零和博弈、以交流互鉴防止文明冲突、以绿色发展呵护地球家园，回应了各国人民求和平、谋发展、促合作的普遍诉求，为人类找到了解决全球性问题的基本路径，开辟了21世纪国际关系演进的崭新境界。

推动构建人类命运共同体，宣示了中国共产党将在实现民族复兴过程中对人类进步作出更大贡献

今天，中华民族向世界展现的是一派欣欣向荣的景象，正以不可阻挡的步伐迈向伟大复兴。中国的发展不是传统大国崛起的翻版，更不是国强必霸的再版，而是既造福中国，也有利于世界的盛事。中国的命运与世界的命运紧密相连，中华民族伟大复兴的中国梦与人类命运共同体的梦想息息相通，中国牢牢把握自身发展进步的命运同时，也将为人类进步的共同命运作出更大贡献。近年来，人类命运共同体建设加快推进，周边命运共同体、亚太命运共同体、中非命运共同体、中阿命运共同体、中拉命运共同体等应运而生、成就斐然，越来越多国家认识到，中国正在以自己的发展为世界提供新机遇，以自身的复兴带动更多国家、更多文明实现共同复兴。

（资料来源：求是网，http://www.qstheory.cn/laigao/ycjx/2021-07-25/c_1127692837.htm）

案例解析：构建人类命运共同体是习近平外交思想的重要内容，是中国特色大国外交的努力方向，也是全人类的共同事业。中国作为构建人类命运共同体的首倡者，应当在推动构建人类命运共同体上发挥引领作用，为世界各国树立实现国家善治的榜样。党的十八大以来，以习近平同志为核心的党中央准确把握世界格局变化和中国发展大势，全面统筹国内国际两个大局，深入推进外交理论和实践创新，提出了一系列具有创新精神的外交新理念，引领中国外交实现一系列重要新突破，取得一系列重要新成果，开创了中国外交新局面，为中国共产党100岁生日献上了最好的礼物，也体现了中国共产党的世界使命与担当。

经典品读

《同舟共济克时艰，命运与共创未来》（节选）

（习近平　2021年4月）

当前，百年变局和世纪疫情交织叠加，世界进入动荡变革期，不稳定性不确定性显著上升。人类社会面临的治理赤字、信任赤字、发展赤字、和平赤字有增无减，实现普遍安全、促进共同发展依然任重道远。同时，世界多极化趋势没有根本改变，经济全球化展现出新的韧性，维护多边主义、加强沟通协作的呼声更加强烈。我们所处的是一个充满挑战的时代，也是一个充满希望的时代。

人类社会应该向何处去？我们应该为子孙后代创造一个什么样的未来？对这一重大命题，我们要从人类共同利益出发，以负责任态度作出明智选择。

中方倡议，亚洲和世界各国要回应时代呼唤，携手共克疫情，加强全球治理，朝着构建人类命运共同体方向不断迈进。

——我们要平等协商，开创共赢共享的未来。全球治理应该符合变化了的世界政治经济格局，顺应和平发展合作共赢的历史趋势，满足应对全球性挑战的现实需要。我们应该秉持共商共建共享原则，坚持真正的多边主义，推动全球治理体系朝着更加公正合理的方向发展。要维护以联合国为核心的国际体系，维护以国际法为基础的国际秩序，维护以世界贸易组织为核心的多边贸易体制。国际上的事应该由大家共同商量着办，世界前途命运应该由各国共同掌握，不能把一个或几个国家制定的规则强加于人，也不能由个别国家的单边主义给整个世界"带节奏"。世界要公道，不要霸道。大国要有大国的样子，要展现更多责任担当。

——我们要开放创新，开创发展繁荣的未来。开放是发展进步的必由之路，也是促进疫后经济复苏的关键。我们要推动贸易和投资自由化便利化，深化区域经济一体化，巩固供应链、产业链、数据链、人才链，构建开放型世界经济。要深化互联互通伙伴关系建设，推进基础设施联通，畅通经济运行的血脉和经络。要抓住新一轮科技革命和产业变革的历史机遇，大力发展数字经济，在人工智能、生物医药、现代能源等领域加强交流合作，使科技创新成果更好造福各国人民。在经济全球化时代，开放融通是不可阻挡的历史趋势，人为"筑墙""脱钩"违背经济规律和市场规则，损人不利己。

——我们要同舟共济，开创健康安全的未来。战疫仍在进行，胜利终将到来。我们要坚持人民至上、生命至上，加强信息共享和联防联控，提升卫生医疗合作水平，充分发挥世界卫生组织关键作用。要加强疫苗研发、生产、分配国际合作，提高疫苗在发展中国家的可及性和可负担性，让各国人民真正用得上、用得起。要全面加强全球公共卫生安全治理，共同构建人类卫生健康共同体。要坚持绿色发展理念，共同推进应对气候变化国际合作，加大落实应对气候变化《巴黎协定》。要坚持共同但有区别的责任原则，解决发展中国家在资金、技术、能力建设方面的关切。

——我们要坚守正义，开创互尊互鉴的未来。多样性是世界的基本特征，也是人类文明的魅力所在。经历了疫情洗礼，各国人民更加清晰地认识到，要摒弃冷战思维和零和博弈，反对任何形式的"新冷战"和意识形态对抗。国与国相处，要把平等相待、互尊互信挺在前面，动辄对他国颐指气使、干涉内政不得人心。要弘扬和平、发展、公平、正义、民主、自由的全人类共同价值，倡导不同文明交流互鉴，促进人类文明发展。

在此，我宣布，中方将在疫情得到控制后即举办第二届亚洲文明对话大会，为促进亚洲和世界文明对话发挥积极作用。

我多次说过，"一带一路"是大家携手前进的阳光大道，不是某一方的私家小路。所有感兴趣的国家都可以加入进来，共同参与、共同合作、共同受益。共建"一带一路"追求的是发展，崇尚的是共赢，传递的是希望。

面向未来，我们将同各方继续高质量共建"一带一路"，践行共商共建共享原则，弘扬开放、绿色、廉洁理念，努力实现高标准、惠民生、可持续目标。

——我们将建设更紧密的卫生合作伙伴关系。中国企业已经在印度尼西亚、巴西、阿联酋、马来西亚、巴基斯坦、土耳其等共建"一带一路"伙伴国开展疫苗联合生产。我们将在传染病防控、公共卫生、传统医药等领域同各方拓展合作，共同护佑各国人民生命安全和身体健康。

——我们将建设更紧密的互联互通伙伴关系。中方将同各方携手，加强基础设施"硬联通"以及规则标准"软联通"，畅通贸易和投资合作渠道，积极发展丝路电商，共同开辟融合发展的光明前景。

——我们将建设更紧密的绿色发展伙伴关系。加强绿色基建、绿色能源、绿色金融等领域合作，完善"一带一路"绿色发展国际联盟、"一带一路"绿色投资原则等多边合作平台，让绿色切实成为共建"一带一路"的底色。

——我们将建设更紧密的开放包容伙伴关系。世界银行有关报告认为，到2030年，共建"一带一路"有望帮助全球760万人摆脱极端贫困、3200万人摆脱中度贫困。我们将本着开放包容精神，同愿意参与的各相关方共同努力，把"一带一路"建成"减贫之路""增长之路"，为人类走向共同繁荣作出积极贡献。

2021年，是中国共产党成立100周年。100年来，中国共产党筚路蓝缕、求索奋进，为中国人民谋幸福，为中华民族谋复兴，为世界谋大同，不仅使中华民族迎来了从站起来、富起来到强起来的伟大飞跃，也为人类文明和进步事业作出了卓越贡献。中国将继续做世界和平的建设者、全球发展的贡献者、国际秩序的维护者。

中国将始终高举和平、发展、合作、共赢旗帜，在和平共处五项原则基础上拓展同各国友好合作，积极推动构建新型国际关系。中国将继续同世界卫生组织以及各国开展抗疫合作，坚守疫苗作为全球公共产品的承诺，为发展中国家战胜疫情提供更多帮助。中国无论发展到什么程度，永远不称霸、不扩张、不谋求势力范围，不搞军备竞赛。中国将积极参与贸易和投资领域多边合作，全面实施《外商投资法》和相关配套法规，继续缩减外资准入负面清单，推进海南自由贸易港建设，推动建设更高水平开放型经济新体制。欢迎各方分享中国市场的巨大机遇。

同舟共济扬帆起，乘风破浪万里航。尽管有时会遭遇惊涛骇浪和逆流险滩，但只要我们齐心协力、把准航向，人类社会发展的巨轮必将行稳致远，驶向更加美好的未来！

（资料来源：《人民日报》2021年4月21日02版）

习题演练

一、单项选择题

1.新时代构建中国特色大国外交深刻的理论与实践基础是（　　）。

A."八个明确"　　　　　　　　B.十个"坚持"

C."十个明确"　　　　　　　　D.十四个"坚持"

2.推动建设新型国际关系，要构建的大国关系框架是（　　）。

A.总体稳定、均衡发展　　　　B.总体和平、局部战争

C. 总体缓和、局部紧张　　　　　　D. 总体稳定、局部战争

3. 中国外交政策的宗旨是（　　　）。

A. 维护世界和平、促进共同发展

B. 维护国家利益

C. 发展与世界各国人民的友谊与合作

D. 建立公正合理的国际新秩序

4. 建立一个持久和平的世界，根本要义在于（　　　）。

A. 反对一切形式的恐怖主义

B. 国家之间要构建平等相待、互商互谅的伙伴关系

C. 促进贸易和投资自由化便利化

D. 尊重世界文明多样性

5. 构建人类命运共同体，要求大国之间要尊重彼此核心利益和重大关切，管控矛盾和分歧，努力构建的新型关系是（　　　）。

A. 不冲突不对抗、相互尊重、合作共赢

B. 全方位、多层次、立体化

C. 利益为主、总体稳定、均衡发展

D. 全方位、多层次、宽领域

6. "一带一路"建设的核心内容不包括（　　　）。

A. 政策沟通　　　B. 设施联通　　　C. 贸易畅通　　　D. 文化融通

7. 既是中国外交的崇高目标，也是世界各国的共同责任和历史使命的战略思想是（　　　）。

A. 构建人类命运共同体　　　　　B. "五位一体"总体布局

C. "四个全面"战略布局　　　　　D. 科学发展观

8. 习近平外交思想内涵丰富，其中，推进中国特色大国外交要坚持以（　　　）使命。

A. 维护党中央权威　　　　　　　B. 维护世界和平、促进共同发展

C. 实现中华民族伟大复兴　　　　D. 共商共建共享

9. 独立自主的和平外交政策，就是把（　　　）放在自己力量的基点上，坚定不移走自己的路，走和平发展道路。

A. 领土完整　　　　　　　　　　B. 亲诚惠容

C. 核心利益　　　　　　　　　　D. 国家和民族的发展

10. 推动建设新型国际关系，要在（　　　）基础上发展同世界各国的友好合作。

A. 相互独立　　　　　　　　　　B. 互不侵犯

C. 和平共处五项原则　　　　　　D. 绝对信任

二、多项选择题

1. 世界正处于（ ）时期。
A. 大发展   B. 大变革   C. 大调整   D. 大渗透

2. 冷战结束后，尤其是进入21世纪以来，国际形势发生了广泛而深刻的变化，但和平与发展仍然是时代主题，（ ）成为不可阻挡的时代潮流。
A. 和平   B. 发展   C. 合作   D. 共赢

3. 我们要始终做（ ）。
A. 世界和平的建设者   B. 全球发展的贡献者
C. 国际秩序的维护者   D. 世界霸权的掌握者

4. 构建人类命运共同体，核心就是建设（ ）的世界。
A. 持久和平   B. 普遍安全   C. 共同繁荣
D. 开放包容   E. 清洁美丽

5. 习近平外交思想实现了（ ）的高度统一，展现出鲜明的理论创新品格。
A. 历史使命与时代潮流
B. 民族精神与国际主义
C. 中国气派与世界情怀
D. 社会主义核心价值观与普世价值

6. 推动建设（ ）的新型国际关系，是党中央立足时代发展潮流和我国根本利益作出的战略选择，反映了中国人民和世界人民的共同心愿。
A. 相互尊重   B. 独立自主   C. 公平正义   D. 合作共赢

7. 中国政府倡议，共建"一带一路"恪守联合国宪章的宗旨和原则，坚持（ ）。
A. 开放合作   B. 和谐包容   C. 市场运作   D. 互利共赢

8. 习近平主席在"一带一路"国际合作高峰论坛开幕式上发表主旨演讲，提出将"一带一路"建成和平之路、（ ）。
A. 繁荣之路   B. 开放之路   C. 创新之路   D. 文明之路

9. 中国独立自主的和平外交政策，放在第一位的是（ ）。
A. 国家主权   B. 经济   C. 政治   D. 安全

10. 构建人类命运共同体思想为人类社会实现（ ）绘制了蓝图。
A. 共同发展   B. 持续繁荣   C. 共产主义   D. 长治久安

三、简答题

1. 简述习近平外交思想的核心要义。

2.简述如何构建人类命运共同体。

四、论述题

1.中国为什么要坚持走和平发展道路?

2.联系实际论述"一带一路"是共建人类命运共同体的生动实践。

实践篇

实践项目一　　　　　　　模拟谈判——我和"一带一路"

⚙ 实践目标

随着"一带一路"国际合作日益深入,它的作用也越来越凸显,并得到国际社会的一致好评,世界各地几乎每天都在进行着"一带一路"相关领域的合作谈判。通过这次模拟"一带一路"谈判实践活动,有助于学生在收集资料、模拟谈判的过程中,更加深入地了解"一带一路"倡议的作用和意义,感受当今中国在世界舞台上的重要地位,从而激发学生强烈的爱国情感和为新时代实现中华民族伟大复兴努力奋斗的使命感。

实践方案

1.任课教师提前向学生宣布实践任务,给学生留够时间做准备工作,讲明注意事项。

2.将学生分为若干小组,每10人为1组,任课教师指定小组作为谈判双方的甲方和乙方,并单独向谈判双方讲明谈判的目标、可退让程度等情况,选定1名学生作为主持人,负责谈判活动的主持工作。

3.选组长1名,担当谈判时的主要发言人,并负责整个小组的分工及组织工作;其他组员作为智囊团,各司其职,为谈判发言人提供技术、财务、法律等方面的建议。

4.谈判开始,谈判双方入场、落座,主持人先对此次谈判的背景进行简单介绍,并重申谈判时的注意事项及相关礼节。

5.双方组长相互介绍己方成员,并有策略地介绍己方的谈判条件。

6.双方试探对方的谈判条件和目标,并对谈判内容进行初步交锋。不要轻易暴露己方底线,但也不能隐瞒过多信息而延缓谈判进程,在开局结束的时候最好能获取对方的关键信息。

7. 双方对谈判的关键问题进行深入谈判，伺机寻找对方的不合理方面及可要求对方让步的方面进行谈判。

8. 寻找共识，获得己方的利益最大化。

9. 解决谈判议题中的主要问题，就主要方面达成意向性共识。出现僵局时，双方可转移话题继续谈判，但不得退场或冷场超过1分钟。

10. 双方对谈判条件进行最后交锋，达成最终交易，并根据内容起草书面协议，双方负责人签字。

11. 双方进行符合商业礼节的道别，对对方表示感谢，主持人宣布谈判结束。

12. 任课教师对活动进行点评总结。

📺 参考资料

谈判技巧

谈判中的说服，就是综合运用听、问、答、叙等各种技巧，改变对方的初始想法，使之接受己方的意见。说服是谈判中最艰巨、最复杂，也是最富有技巧性的工作。

1. 说服三阶段

大体说来，说服一般经过三个阶段。

（1）冷水加温阶段。

假定某一陌生人试图说服你采取某种行动（签订合同、订购某种货物等），你的当场反应可能是："你是谁？居然想影响我？"这即是说，当一个人考虑是否接受说服者之前，他会先衡量说服者与他的熟悉程度和亲善程度。由此推知，如果想扮演说服者的角色，在企图说服他人之前，必须先与他人建立相互信赖的人际关系。

增进人际关系的最好方法是寻找共鸣点。要想说服对方，首先要找到与对方的共鸣点，消除对方的对抗情绪，用双方共同感兴趣的问题作为跳板，因势利导地解开对方思想的症结。如此，说服才能奏效。

（2）分析影响阶段。

在对方与己方建立了一定程度的人际关系之后，己方可以开始自己的说服过程。为使己方的说服显得特别恳切，谈判者可从利益、前景等方面入手，瓦解对方的心理防线。

一般来说，被劝说的人将因接纳己方的意见而获得若干利益，但也将蒙受某种损失或承担某种责任，己方必须针对这两方面作出分析。例如，"张先生，我了解要你放弃旧有的市场转而开辟新市场，并不是一件容易的事。我不想告诉你这是可以轻易办到的。事实上，如果你按我的意见做，你必须格外努力；而且在开辟新市场之初，你的收入可能较以前少，这些都是明显的缺点。但是时间长了，新市场的开辟对你会更加有利，因为旧有市场已经饱和，而新市场的潜力则无可限量。假如你转向新市场，我深信你获得的成功将会远远超过目前的一切。"一番语言，既申明了对方转换市场有利的一面，又毫不掩饰对方将遭受的损失。分析比较客观、实在，因而对方比较容易被说服。

为使对方接纳己方意见，己方必须讲明为何在众多的"候选者"中选择他作为说服对象。拿前例来说，可采取下面的说辞解答他内心的疑问："我之所以建议你开拓新市场，而不向其他人提出同样建议，主要是因为你过去的经销记录一直保持巅峰状态，这表明你充分具备克服种种拓展市场难题的能力。"

在若干情况下，己方可能完全基于"利他"的动机而试图说服他人接纳自己的意见。但在多数情况下，为了赢得对方信任，谈判者往往需要根据情况，坦率地向对方讲出自己的一部分或全部的"利己"动机。再以上例来说，可按下列方式告诉被劝说者，以令他了解己方利己动机："坦率地说，你若接纳我的建议，我也可能因而受益。我曾经费尽心机向老板建议开拓新市场，他终于勉强表示同意，但他要求只能让能力高超的人负责这项工作。因此，你要是能接受这个挑战，并且有良好的表现——我绝对相信你有良好的表现——老板肯定会对我刮目相看。"这种劝说方式，将会使被劝说者产生劝说者为人坦诚的印象。

在说服过程中，必须耐心细致、不厌其烦地动之以理、晓之以利，把接受己方意见的好处和不接受己方意见的害处谈深、说透，一直坚持到对方能够听取自己的意见为止。另外，说服还必须遵循循序渐进的方针。开始时要回避重题、难题，先从那些容易说服的问题打开缺口，逐步扩展。一时难以解决的问题，可以暂时抛开，等待适当时机。

（3）提议接纳阶段。

为使被劝说者接纳己方提议，防止其中途变卦，应设法令接纳的手续变得简单。例如，在需要书面协议的场合，可事先准备一份原则性的初步协议书，告诉被劝说者："你只需在这份原则性的协议书草案上签名即可。至于正式协议书，我会在一星期内准备妥善，到时再送到你那儿供你详细斟酌。"这样，就可当场取得被劝说者的承诺，并可避免在细节方面大费周折。

2. 说服的技巧

在说服三阶段中，最困难的是第二阶段。不过，"没有攻不破的堡垒"，只要情况明、方法对，就能克敌制胜。通常可以运用以下说服方法和技巧。

（1）"揉面"说服法。

"揉面"说服法是指把富有争论性的问题掺在容易取得协议的问题中说服。

有些谈判，双方同时谈判几种商品的买卖事宜，有些商品是对方急需的，有些则是对方不急需或不太需要的。为了把那些对方不急需或不太需要而我方急于处理的商品销售出去，就要把对方要买的同我方要卖的商品同时考虑，迫使对方在购买急需商品的同时，也购买我方要推销的商品。实际商务谈判中，这种手法十分常见：

甲：我们只想要大米，不想要特种糯米，因为这种糯米的味道我们不适应。

乙：我国大米的供应很紧张，你们要求的数量远远不能满足；而这种糯米我国产量大，质量不错，其实吃习惯了，人们都会喜欢的。

甲：我们可以考虑你们的意见，现在是否先谈大米？把大米定下来。

乙：不，不，还是先讨论糯米，定下来以后再商谈大米的事情为时也不晚，您说呢？

由于乙方急需甲方的大米，为了尽快达成交易，乙方同意了大米和糯米同时进口的提案。"揉面"说服法取得了成功。

（2）参与说服法。

美国威斯康星州马里内特市的安速尔化学公司经理罗伯特·胡法说过："人们支持他们自己帮助创造的东西。"在谈判中也是如此，如果公开将一种意见说成是自己的，就可能遭到对手公开或潜在地抵制。在商务谈判中，谈判高手总努力把自己的意见伪装成对方的意见，在自己的意见提出之前，先问对手如何解决问题。当对方提出解决问题的方法以后，如果和自己的意见一致，要让对方相信这是他自己的创见，在这种情况下，对手感到被尊重，他就会认为反对这个方案就是反对他自己本身。这样，一个与对的价值和观念相联系的方案就会牢固地建立起来。这就是参与说服法的要点。

纽约市布鲁克林区一家医院，新近要添置一套X线设备，许多厂商纷纷派人前来介绍产品，负责X线部门的L医生不胜其烦。

但是，另一家厂商只来了一封信，信中说："我厂最近刚完成一套X线设备，这套设备并非尽善尽美，为了进一步改进，我们非常诚恳地请您前来指教；为了不耽误您宝贵的时间，请随时与我们联系，我们会马上开车去接您。"

L医生十分惊讶，因为以前从未有厂商询问过他的意见。他去看了那套设备，并提出一些无关紧要的意见。厂方进行小小改进后，L医生很喜欢这套自己发表过意见的设备，L医生决定买下这套设备。

在那家厂商的巧妙攻势下，原来的对手——L医生成了同盟者，一切障碍将由他去扫清，如去负责说服医院的董事会和经理办公室等。为此，L医生还准备了翔实的资料，因为他觉得买下这套设备是他"自己的主意"。

（3）对比效果说服法。

人在判断事物时，往往会在无意识之中将它拿来和其他事物作比较。也就是说，一个人被提示到某事时，他会以社会上的一般常识，也就是共通的感觉作为判断的基准，以衡量二者的优劣，这是一般人共同的心理。

所以，我们应该事先找出与一般常识背道而驰的项目和欲提示的正事一起提出，使对方脑中被此二事占满，而仅就一件事选一较有利者。也许所提示的那件事，在事先想起来会觉得是无法接受的要求，可是在当时相互比较之下，却认为是较有利的方向，从而毫无抵抗地接受了，这就是"对比效果"。也就是说，跟意图上的大利比较起来，原来的不利会降至最低点。

在商务谈判中，对比效果说服法应用比较广泛。在下面这个例子中，汤姆就成功地运用了这一方法。

汤姆想购买一辆菲亚特小汽车，于是他到各汽车展销处与经销店询问价格，但是没有一个人向他提供明确的最低价格。可是，他认为一部定价为6万元的汽车，可还价3000元左右。

一般人碰到这种情形，很可能会去找汽车经销处的负责人直接谈判。汤姆却认为：那些负责人个个都精明强干，和他们谈判，成功机会太小。于是，他找到一家由助理业务员负责的小型经销店，告诉他们："我正准备与一家经销处签约，他们提供的条件很优惠，一心指望这桩生意能够成交。因为他们存货太多了，担心没有办法及时将车子销售出去，而每辆汽车如果连续6个月卖不出去，他们就要支付银行20%以上的利息，所以他们急于成交。"

汤姆说完准备离去时，业务员叫住了他："那么，您希望还多少价钱？""4000元。"业务员请他稍候一会儿，然后进去与负责人商量，结果双方顺利成交。汤姆比一般人少花了许多钱，买到了一部心爱的轿车。

（4）底牌突袭说服法。

为了达成最有利的协议，将自己手中的底牌作最大限度的利用，在对方毫无防御的情况下进行突袭，往往可以使谈判对手防不胜防，从而被说服。

下面有一个充分利用底牌突袭获得成功的案例。

某市政府决定提高法人赋税，而大企业则不表赞同。两者之间谈判实力的强弱，并非以预算规模或政治压力来决定，而是最终取决于双方不协调时的代替方案。谈判的结果是，市政府把税金由每年150万元提高到350万元。

原来市政府早已考虑好了谈判无法达成协议时的应对措施，那就是将市区加以扩大，使那家企业位于市区之中，从而以住宅区的税率向其每年征收500万元的地皮税，而该企业在谈判前却只抱着乐观的态度，根本没有仔细考虑一下不协调时可采取的代替方案。结果，当市政府方面亮出底牌进行威胁时，便措手不及，答应了本应拒绝的条件。其实，这家企业在这个小城市的经济发展和就业等方面都起着举足轻重的作用，一旦企业关闭，改迁他地，市政府根本承受不起损失。然而，正因为这家企业有优势而浑然不觉，才让对方偷袭成功。

所以，积极地思考在未达成协议时应如何应付，将可以大大增强谈判的力量，并可以比较容易地说服对手。

🗡️ **实践项目二** 　　**阅读分享——习近平主席国际关系相关讲话宣读**

⚙️ **实践目标**

阅读习近平国际关系及中国外交理念与战略相关讲话，使学生对所学习的时代特征、中国外交理念、外交政策、外交战略及外交实践有更深入的认识和体会，增强学生对我国外交理念与实践的认同感，明确中国推进构建新型国际关系及人类命运共同体的责任担当。

📋 **实践方案**

1. 任课教师向学生推荐习近平主席相关讲话，学生也可以自己上网查找，然后分小组自主选择阅读。

2. 学生撰写阅读报告，制作摘抄卡片，小组内进行交流。

3. 任课教师根据学生阅读报告和摘抄卡片的情况进行评分。

4. 选派优秀学生进行课堂展示，展示学生将报告内容制作成PPT，时间约5分钟。

5. 任课教师总结发言，收集所有材料存档，将优秀作品结集成册并进行公开展示。

🖥️ **参考资料**

活动评分表

阅读报告评分标准	等级	教师点评
表达清楚、理解深刻、感悟较好	优秀	
表达基本清楚、理解不够深刻	良好	
表达不清楚、理解不深刻	及格	
不理解、没有正确感悟	不及格	
姓名：_____　　等级：_____		

习近平主席相关讲话推荐目录

讲话主题	讲话时间	讲话场合
迈向命运共同体 开创亚洲新未来	2015.3	博鳌亚洲论坛2015年年会
谋共同永续发展 做合作共赢伙伴	2015.9	联合国发展峰会
共倡开放包容 共促和平发展	2015.10	伦敦金融城市长晚宴

续表

讲话主题	讲话时间	讲话场合
为构建中美新型大国关系而不懈努力	2016.6	第八轮中美战略与经济对话和第七轮中美人文交流高层磋商联合开幕式
共同构建人类命运共同体	2017.1	联合国日内瓦总部
携手推进"一带一路"建设	2017.5	"一带一路"国际合作高峰论坛开幕式
坚持开放包容 推动联动增长	2017.7	二十国集团领导人汉堡峰会
同舟共济创造美好未来	2018.11	亚太经合组织工商领导人峰会
齐心开创共建"一带一路"美好未来	2019.4	第二届"一带一路"国际合作高峰论坛开幕式
携手努力共谱合作新篇章	2019.11	金砖国家领导人巴西利亚会晤公开会议
携手抗疫 共克时艰	2020.3	二十国集团领导人应对新冠肺炎特别峰会
共抗疫情,共促复苏,共谋和平	2020.11	第三届巴黎和平论坛
凝心聚力,继往开来,携手共谱合作新篇章	2021.2	中国—中东欧国家领导人峰会
加强政党合作 共谋人民幸福	2021.7	中国共产党与世界政党领导人峰会

第十四章　坚持和加强党的领导

导航篇

知识网络

第十四章 坚持和加强党的领导
- 一、实现中华民族伟大复兴关键在党
  - 中国共产党的领导地位是历史和人民的选择
  - 中国特色社会主义最本质的特征
  - 新时代中国共产党的历史使命
- 二、坚持党对一切工作的领导
  - 党是最高政治领导力量
  - 党的领导制度是我国的根本领导制度
  - 确保党始终总揽全局协调各方

学习指南

⊙ 学习目标

认识中国共产党的领导地位是历史和人民的选择；理解中国共产党的领导是中国特色社会主义最本质的特征，是中国特色社会主义制度的最大优势；理解中国共产党是最高政治领导力量，必须毫不动摇坚持党对一切工作的领导，确保党始终总揽全局协调各方。

⊙ 学习思路

本章是全书最后一章，是全面阐述毛泽东思想和中国特色社会主义理论体系之后的收编和落脚点。中国特色社会主义的理论逻辑，中国特色社会主义产生、发展的历史逻辑和中国特色社会主义迈向新征程的实践逻辑都决定了中国共产党的领导是中国特色社会主义最本质的特征，坚持和加强党的领导是中国特色社会主义事业取得胜利的根本保证。因此，坚持和加强党的领导既是本章的核心观点，也是本书的落脚点。本章第一节解答了三个问题，即中国共产党的领导地位是如何奠定的，为什么说中国共产党的领导是中国特色社会主义最本质的特征，为什么说实现中华民族伟大复兴关键在党。这三个问题重点阐述了中国共产党的地位和作用。第二节解答了两个问题，即如何才能确保党领导全国人民实现中华民族伟大复兴，中国共产党怎样才能更好地担负起实现中华民族伟大复兴的重任。这两个问题阐述的是为什么必须坚持党的领导和怎样坚持党的领导。

理论篇

要点解析

要点一：实现中华民族伟大复兴关键在党

1. 中国共产党的领导地位是历史和人民的选择

中国共产党成立以后，团结带领中国人民，打败日本帝国主义，推翻国民党反动统治，完成新民主主义革命，建立了中华人民共和国；完成社会主义革命，确立社会主义基本制度，消灭一切剥削制度，推进了社会主义建设；进行改革开放新的伟大革命，实现了从高度集中的计划经济体制到充满活力的社会主义市场经济体制、从封闭半封闭到全方位开放的历史性转变，实现了从生产力相对落后的状况到经济总量跃居世界第二的历史性突破，实现了人民生活从温饱不足到总体小康、奔向全面小康的历史性跨越；推动中国特色社会主义进入新时代，实现第一个百年奋斗目标，人民生活显著改善，综合国力显著增强，国际地位显著提高，党和国家事业取得历史性成就、发生历史性变革，中华民族向世界展现了一派欣欣向荣的气象，正以不可阻挡的步伐迈向伟大复兴。

历史充分证明，没有中国共产党，就没有新中国，就没有中华民族伟大复兴。历史和人民选择了中国共产党。

忆往昔

中国共产党第一次全国代表大会于 1921 年 7 月 23 日召开，而党的诞生纪念日是 7 月 1 日。为什么两者的时间不一致呢？为什么 7 月 1 日成了党的诞生纪念日呢？

把7月1日作为党的诞生纪念日，是毛泽东于1938年5月提出来的。当时，毛泽东在《论持久战》一文中提出："今年七月一日，是中国共产党建立十七周年纪念日。"这是中央领导同志第一次明确提出"七一"是党的诞生纪念日。

当时在延安的曾经参加过一大的党的创始人只有毛泽东、董必武两人。他们回忆一大是7月份召开的，但记不清楚确切的开会日期。因为缺乏档案材料，一时无法查证，所以就把7月1日确定为党的诞生纪念日。

"七一"作为党的诞生纪念日，最早见于中央文件是1941年6月。当时，中共中央发出《关于中国共产党诞生二十周年、抗日四周年纪念指示》（以下简称《指示》）。《指示》说："今年七一是中共产生的二十周年，七七是中国抗日战争的四周年，各抗日根据地应分别召集会议，采取各种办法，举行纪念，并在各种刊物出特刊或特辑。"这是以中共中央名义作出的把"七一"作为党的诞生纪念日进行纪念的第一个文件。

党的一大开幕日期到20世纪70年代末才由党史工作者考证清楚，根据新发现的史料和考证成果，确定一大的召开日期是1921年7月23日。

虽然党的诞生纪念日并不是党的一大召开的具体日期，但是"七一"这个光辉的节日已经深深地铭刻在全党和全国各族人民的心中。它成为人们每年进行纪念的一个重要节日，也成为中国节日文化的一部分。

（资料来源：《中国共产党的成立》，人民网，http://cpc.people.com.cn/GB/33837/3503018.html）

2. 中国特色社会主义最本质的特征

（1）党的领导是中国特色社会主义最本质的特征。第一，党的领导直接关系着中国特色社会主义的性质、方向和命运；第二，党的领导是实现社会主义现代化和民族复兴的最根本保证。

（2）党的领导是中国特色社会主义制度的最大优势。第一，中国特色社会主义制度是党领导人民创建的；第二，党的领导是充分发挥中国特色社会主义制度优势的根本保障；第三，党的自身优势是中国特色社会主义制度优势的主要来源。

3. 新时代中国共产党的历史使命

新时代中国共产党的历史使命，就是统揽伟大斗争、伟大工程、伟大事业、伟大梦想，在全面建成小康社会的基础上全面建设社会主义现代化国家，实现中华民族伟大复兴的中国梦。实现伟大梦想，必须进行具有许多新的历史特点的伟大斗争，必须推进中国特色社会主义伟大事业，最根本的是必须深入推进党的建设新的伟大工程。

解析：中国共产党的性质、立场和价值追求使其具有强大社会公信力和凝聚力，能将个体的利益、意志凝聚为社会合力，彰显出中国特色社会主义制度的强大优势。今天，我们比历史上任何时期都更接近、更有信心和能力实现中华民族伟大复兴的目标，我们已经处于新的历史方位，实现民族复兴的伟大梦想，必须有新的要求新的条件新的奋斗，正如党的十九大所强调的，必须进行具有许多新的历史特点的伟大斗争，推进党的建设新的伟大工程，推进中国特色社会主义伟大事业。

◎ 要点二：坚持党对一切工作的领导

1. 党是最高政治领导力量

党是最高政治领导力量，这是由国家性质所决定的，是由国家宪法所确立的，是被中国革命、建设、改革伟大实践所证明的，是推进伟大事业的根本保证。第一，党是政治方向的引领者；第二，党是政治体系的统领者；第三，党是重大决策的决断者。

2. 党的领导制度是我国的根本领导制度

党的领导制度是经过革命、建设、改革长期实践探索形成的根本制度成果；党的领导制度是一个系统完备、内涵丰富的制度体系；党的领导制度是我国的根本领导制度，这是由党的领导在我国政治生活中的地位和作用所决定的。

3. 确保党始终总揽全局协调各方

坚持党总揽全局、协调各方的领导核心地位，是党作为最高政治力量在治国理政中的必然要求。确保党始终总揽全局、协调各方，必须增强政治意识、大局意识、核心意识、看齐意识，自觉维护党中央权威和集中统一领导，自觉在思想上政治上行动上同党中央保持高度一致；确保党始终总揽全局、协调各方，必须坚持和完善党的领导的体制机制；确保党始终总揽全局、协调各方，必须坚持党的民主集中制原则；确保党始终总揽全局、协调各方，必须全面增强党的执政本领。

解析：从历史逻辑看，中国共产党的领导是历史的选择、人民的选择，我们党始终把人民作为最大的"靠山"，不断赢得人民的拥护和支持；从理论逻辑看，我们党的执政地位具有法理上的正义性和科学性，我们党的执政地位具有充分法理依据，我们党始终坚持指导思想的与时俱进，永远保持思想上的先进性和纯洁性；从实践逻辑看，党成为最高政治领导力量是经得起实践检验的真理，没有共产党，就没有中国特色社会主义，这是实践充分证明了的。

相关链接：

中国共产党百年述职报告

案例精选

深刻领悟中国共产党为什么能

中国共产党经过长达百年的探索实践，坚持把马克思主义基本原理同中国具体实际相结合、同中华优秀传统文化相结合，摸索出一条符合中国国情的社会主义发展道路，创造了中国式现代化新道路，创造了人类文明新形态。深刻领悟中国共产党为什么能，是坚定"四个自信"的关键，应从三个角度展开。

从历史必然性的角度深刻领悟

唯物辩证法认为，要用联系的、发展的、全面的观点看待世界，历史并不是无序事件的组合，而是具有内在的规律性，是一种客观规律的逻辑展现。历史表明，只有中国共产党才能团结带领中国人民开辟伟大道路、创造伟大事业、取得伟大成就。因为中国共产党人对无产阶级运动的条件、进程和一般结果有着深刻的理论自觉，能够从党的光辉成就、艰辛历程、历史经验、优良传统中深刻领悟中国共产党为什么能，既有马克思主义哲学的理论深度，又有中华上下五千年传统的文化广度，还有国家和人民智慧结合的哲学高度。

从理论真理性的角度深刻领悟

习近平总书记在庆祝中国共产党成立100周年大会上指出，中国共产党为什么能，中国特色社会主义为什么好，归根到底是因为马克思主义行！这就从理论的维度揭示了之所以中国共产党"能"和中国特色社会主义"好"的根本原因。

深刻领悟中国共产党为什么能的理论真理性，就要弄清楚马克思主义为什么行的道理。一方面，马克思恩格斯以唯物史观和剩余价值理论的研究为基础，实现了社会主义从空想到科学的发展。俄国十月革命，实现了社会主义从理论到现实的飞跃。以毛泽东为代表的中国共产党人结合中国具体实际，从理论与实践良性互动中发展了马克思主义，实现了社会主义在人口众多的落后东方大国的确立和发展，马克思主义已然成为实现人类解放的科学理论；另一方面，历史唯物主义认为人民群众是历史的创造者，是推动社会变革的决定性力量，中国共产党坚持理论联系实际、坚持实事求是、坚持人民主体地位，践行全心全意为人民服务的根本宗旨，把党的群众路线贯彻到治国理政全部活动之中，把人民对美好生活的向往作为奋斗目标，才能在社会主义现代化实践中阔步前进。

中国共产党能永葆初心使命和青春活力，在于始终强调正确的认识不是一次形成的，需要经过"实践—认识—实践"的多次反复和创新转化。百年党史，也是马克思主义中国化百年历史，从"农村包围城市""武装夺取政权"的革命道路，到"持久战"的战略举措、"社会主义市场经济"的确立，再到立足新发展阶段、贯彻新发展理念、构建新发展格局等等，这些理论到实践的创新进一步推动中国朝着高质量发展的目标前进。站在新征程的起点上，中国共产党人需要继续把握好理论与实践之间的辩证关系，灵活运用推动实践创新与理论创新良性互动的哲学智慧，妥善应对新时代发展进程中的新任务、新问题和新挑战。

从实践正确性的角度深刻领悟

勇于自我革命是中国共产党最鲜明的品格和最大的优势。中国共产党为什么能的实践指向中国特色社会主义为什么好，在弘扬伟大建党精神的实践中勇于自我革命，是中国共产党在新时代"赶考"路上的实践创新，从马克思主义的真理力量感悟中国特色社会主义的实践力量，从中华优秀传统文化汇聚党的优良作风。

历史与实践表明，中国共产党不仅是伟大的、光荣的，更是正确的。深刻领悟中国共产党为什么能，是关系党和国家事业兴旺发达、国家长治久安、人民幸福安康的重大问题，这不仅是对中国共产党百年来不断创新治国理政新思想新战略新举措，最终找到适合中国国情的治理模式实践经验的总结，更是对新时代我国社会主义现代化建设新征程中所面临的国内外各种挑战的主动回应。

（资料来源：《贵州日报》2021 年 10 月 13 日 08 版，略改动）

案例解析：本案例从历史、理论及实践的角度讲述了中国共产党为什么能。历史已经证明了人民选择中国共产党的正确性，在马克思主义的指引下，中国共产党用实践证明了社会主义道路的科学性，中国特色社会主义的实践成果也反证了中国共产党领导的正确性和必然性。新阶段，新任务，中国共产党将继续领导国家和人民朝着中华民族伟大复兴奋勇前进。

经典品读

《在庆祝中国共产党成立100周年大会上的讲话》（节选）

（习近平 2021年7月）

初心易得，始终难守。以史为鉴，可以知兴替。我们要用历史映照现实、远观未来，从中国共产党的百年奋斗中看清楚过去我们为什么能够成功、弄明白未来我们怎样才能继续成功，从而在新的征程上更加坚定、更加自觉地牢记初心使命、开创美好未来。

——以史为鉴、开创未来，必须坚持中国共产党坚强领导。办好中国的事情，关键在党。中华民族近代以来180多年的历史、中国共产党成立以来100年的历史、中华人民共和国成立以来70多年的历史都充分证明，没有中国共产党，就没有新中国，就没有中华民族伟大复兴。历史和人民选择了中国共产党。中国共产党领导是中国特色社会主义最本质的特征，是中国特色社会主义制度的最大优势，是党和国家的根本所在、命脉所在，是全国各族人民的利益所系、命运所系。

新的征程上，我们必须坚持党的全面领导，不断完善党的领导，增强"四个意识"、坚定"四个自信"、做到"两个维护"，牢记"国之大者"，不断提高党科学执政、民主执政、依法执政水平，充分发挥党总揽全局、协调各方的领导核心作用！

——以史为鉴、开创未来，必须团结带领中国人民不断为美好生活而奋斗。江山就是人民、人民就是江山，打江山、守江山，守的是人民的心。中国共产党根基在人民、血脉在人民、力量在人民。中国共产党始终代表最广大人民根本利益，与人民休戚与共、生死相依，没有任何自己特殊的利益，从来不代表任何利益集团、任何权势团体、任何特权阶层的利益。任何想把中国共产党同中国人民分割开来、对立起来的企图，都是绝不会得逞的！9500多万中国共产党人不答应！14亿多中国人民也不答应！

新的征程上，我们必须紧紧依靠人民创造历史，坚持全心全意为人民服务的根本宗旨，站稳人民立场，贯彻党的群众路线，尊重人民首创精神，践行以人民为中心的发展思想，发展全过程人民民主，维护社会公平正义，着力解决发展不平衡不充分问题和人民群众急难愁盼问题，推动人的全面发展、全体人民共同富裕取得更为明显的实质性进展！

——以史为鉴、开创未来，必须继续推进马克思主义中国化。马克思主义是我们立党立国的根本指导思想，是我们党的灵魂和旗帜。中国共产党坚持马克思主义基本原理，坚持实事求是，从中国实际出发，洞察时代大势，把握历史主动，进行艰辛探索，不断推进马克思主义中国化时代化，指导中国人民不断推进伟大社会革命。中国共产党为什么能，中国特色社会主义为什么好，归根到底是因为马克思主义行！

新的征程上，我们必须坚持马克思列宁主义、毛泽东思想、邓小平理论、"三个代表"重要思想、科学发展观，全面贯彻新时代中国特色社会主义思想，坚持把马克思主义基本原理同中国具体实际相结合、同中华优秀传统文化相结合，用马克思主义观察时代、把握时代、引领时代，继续发展当代中国马克思主义、21世纪马克思主义！

——以史为鉴、开创未来，必须坚持和发展中国特色社会主义。走自己的路，是党的全部理论和实践立足点，更是党百年奋斗得出的历史结论。中国特色社会主义是党和人民历经千辛万苦、付出巨大代价取得的根本成就，是实现中华民族伟大复兴的正确道路。我们坚持和发展中国特色社会主义，推动物质文明、政治文明、精神文明、社会文明、生态文明协调发展，创造了中国式现代化新道路，创造了人类文明新形态。

新的征程上，我们必须坚持党的基本理论、基本路线、基本方略，统筹推进"五位一体"总体布局、协调推进"四个全面"战略布局，全面深化改革开放，立足新发展阶段，完整、准确、全面贯彻新发展理念，构建新发展格局，推动高质量发展，推进科技自立自强，保证人民当家作主，坚持依法治国，坚持社会主义核心价值体系，坚持在发展中保障和改善民生，坚持人与自然和谐共生，协同推进人民富裕、国家强盛、中国美丽。

中华民族拥有在5000多年历史演进中形成的灿烂文明，中国共产党拥有百年奋斗实践和70多年执政兴国经验，我们积极学习借鉴人类文明的一切有益成果，欢迎一切有益的建议和善意的批评，但我们绝不接受"教师爷"般颐指气使的说教！中国共产党和中国人民将在自己选择的道路上昂首阔步走下去，把中国发展进步的命运牢牢掌握在自己手中！

——以史为鉴、开创未来，必须加快国防和军队现代化。强国必须强军，军强才能国安。坚持党指挥枪、建设自己的人民军队，是党在血与火的斗争中得出的颠扑不破的真理。人民军队为党和人民建立了不朽功勋，是保卫红色江山、维护民族尊严的坚强柱石，也是维护地区和世界和平的强大力量。

新的征程上，我们必须全面贯彻新时代党的强军思想，贯彻新时代军事战略方针，坚持党对人民军队的绝对领导，坚持走中国特色强军之路，全面推进政治建军、改革强军、科技强军、人才强军、依法治军，把人民军队建设成为世界一流军队，以更强大的能力、更可靠的手段捍卫国家主权、安全、发展利益！

——以史为鉴、开创未来，必须不断推动构建人类命运共同体。和平、和睦、和谐是中华民族5000多年来一直追求和传承的理念，中华民族的血液中没有侵略他人、称王称霸的基因。中国共产党关注人类前途命运，同世界上一切进步力量携手前进，中国始终是世界和平的建设者、全球发展的贡献者、国际秩序的维护者！

新的征程上，我们必须高举和平、发展、合作、共赢旗帜，奉行独立自主的和平外交政策，坚持走和平发展道路，推动建设新型国际关系，推动构建人类命运共同体，推动共建"一带一路"高质量发展，以中国的新发展为世界提供新机遇。中国共产党将继续同一切爱好和平的国家和人民一道，弘扬和平、发展、公平、正义、民主、自由的全人类共同价值，坚持合作、不搞对抗，坚持开放、不搞封闭，坚持互利共赢、不搞零和博弈，反对霸权主义和强权政治，推动历史车轮向着光明的目标前进！

中国人民是崇尚正义、不畏强暴的人民，中华民族是具有强烈民族自豪感和自信心的民族。中国人民从来没有欺负、压迫、奴役过其他国家人民，过去没有，现在没有，将来也不会有。同时，中国人民也绝不允许任何外来势力欺负、压迫、奴役我们，谁妄想这样干，必将在14亿多中国人民用血肉筑成的钢铁长城面前碰得头破血流！

——以史为鉴、开创未来，必须进行具有许多新的历史特点的伟大斗争。敢于斗争、敢于胜利，是中国共产党不可战胜的强大精神力量。实现伟大梦想就要顽强拼搏、不懈奋斗。今天，我们比历史上任何时期都更接近、更有信心和能力实现中华民族伟大复兴的目标，同时必须准备付出更为艰巨、更为艰苦的努力。

新的征程上，我们必须增强忧患意识、始终居安思危，贯彻总体国家安全观，统筹发展和安全，统筹中华民族伟大复兴战略全局和世界百年未有之大变局，深刻认识我国社会主要矛盾变化带来的新特征新要求，深刻认识错综复杂的国际环境带来的新矛盾新挑战，敢于斗争，善于斗争，逢山开道、遇水架桥，勇于战胜一切风险挑战！

——以史为鉴、开创未来，必须加强中华儿女大团结。在百年奋斗历程中，中国共产党始终把统一战线摆在重要位置，不断巩固和发展最广泛的统一战线，团结一切可以团结的力量、调动一切可以调动的积极因素，最大限度凝聚起共同奋斗的力量。爱国统一战线是中国共产党团结海内外全体中华儿女实现中华民族伟大复兴的重要法宝。

新的征程上，我们必须坚持大团结大联合，坚持一致性和多样性统一，加强思想政治引领，广泛凝聚共识，广聚天下英才，努力寻求最大公约数、画出最大同心圆，形成海内外全体中华儿女心往一处想、劲往一处使的生动局面，汇聚起实现民族复兴的磅礴力量！

——以史为鉴、开创未来，必须不断推进党的建设新的伟大工程。勇于自我革命是中国共产党区别于其他政党的显著标志。我们党历经千锤百炼而朝气蓬勃，一个很重要的原因就是我们始终坚持党要管党、全面从严治党，不断应对好自身在各个历史时期面临的风险考验，确保我们党在世界形势深刻变化的历史进程中始终走在时代前列，在应对国内外各种风险挑战的历史进程中始终成为全国人民的主心骨！

新的征程上，我们要牢记打铁必须自身硬的道理，增强全面从严治党永远在路上的政治自觉，以党的政治建设为统领，继续推进新时代党的建设新的伟大工程，不断严密党的组织体系，着力建设德才兼备的高素质干部队伍，坚定不移推进党风廉政建设和反腐败斗争，坚决清除一切损害党的先进性和纯洁性的因素，清除一切侵蚀党的健康肌体的病毒，确保党不变质、不变色、不变味，确保党在新时代坚持和发展中国特色社会主义的历史进程中始终成为坚强领导核心！

（资料来源：新华网，http://www.qstheory.cn/yaowen/2021-07/01/c_1127615372.htm）

习题演练

一、单项选择题

1. 既是中国工人阶级、中国人民和中华民族的先锋队，又是中国特色社会主义事业领导核心的是（ ）。
A. 中国共产党　　B. 农民阶级　　C. 知识分子　　D. 知识分子

2. 坚持无产阶级政党的领导是无产阶级革命和社会主义建设取得胜利的（ ）。
A. 根本保证　　B. 行动指南　　C. 必要条件　　D. 基本要求

3. 当代中国发展进步的根本制度保障是（ ）。
A. 社会主义核心价值观　　　　B. 中国特色社会主义制度
C. 人民民主专政　　　　　　　D. 中国共产党的领导

4. 党和人民历尽千辛万苦、付出巨大代价取得的根本成就是（ ）。
A. 社会主义现代化　　　　　　B. 中华民族伟大复兴
C. 中国特色社会主义　　　　　D. 党的伟大工程

5. 指导党和人民实现中华民族伟大复兴的正确理论是（ ）。
A. 中国特色社会主义道路　　　B. 中国特色社会主义制度
C. 中国特色社会主义文化　　　D. 中国特色社会主义理论体系

6. 要把党的十九大确定的宏伟蓝图变为现实，关键就是要（ ）。
A. 发展经济　　B. 狠抓落实　　C. 依法执政　　D. 改革创新

7. 党提出了全面深化改革的总目标的会议是（ ）。
A. 党的十四届三中全会　　　　B. 党的十七届三中全会

C.党的十八届三中全会　　　　　　D.党的十九届三中全会

8.改革开放以来党的全部理论和实践的主题是（　　　）。

　　A.中国特色社会主义　　　　　　B."两个一百年"

　　C.中国梦　　　　　　　　　　　D.讲好中国故事

9.近代以来中华民族最伟大的梦想是实现（　　　）。

　　A.人民富裕　　　　　　　　　　B.中华民族伟大复兴

　　C.独立自主　　　　　　　　　　D.抵御外侮

10.坚持（　　　）总揽全局、协调各方的领导核心地位，是（　　　）作为最高政治力量在治国理政中的重要体现。

　　A.国家；国家　　　　　　　　　B.政府；政府

　　C.自治组织；自治组织　　　　　D.党；党

二、多项选择题

1.中国共产党的领导地位是（　　　）的选择。

　　A.历史　　　　B.社会　　　　C.人民　　　　D.国家

2.中国共产党是（　　　）的先锋队，同时也是（　　　）和（　　　）的先锋队。

　　A.工人阶级　　　　　　　　　　B.中国人民

　　C.中华民族　　　　　　　　　　D.农民阶级

3.中国共产党是中国特色社会主义事业的（　　　）。

　　A.开创者　　　B.推动者　　　C.引领者　　　D.导向者

4.确保党始终总揽全局、协调各方，必须增强（　　　），自觉维护党中央权威和集中统一领导。

　　A.政治意识　　　　　　　　　　B.大局意识

　　C.核心意识　　　　　　　　　　D.看齐意识

5.我们党必须着力增强政治领导本领，不断提高党（　　　）的能力和定力。

　　A.把方向　　　B.谋大局　　　C.定政策　　　D.促改革

6.我们要不断增强党的（　　　），确保我们党永葆旺盛生命力和强大战斗力。

　　A.政治领导力　　　　　　　　　B.思想引领力

　　C.群众组织力　　　　　　　　　D.社会号召力

7.以下表述正确的有（　　　）。

　　A.伟大梦想是目标，指引前进方向

　　B.伟大斗争是手段，激发前进动力

　　C.伟大工程是主题，开辟前进道路

　　D.伟大事业是保障，提供前进保证

8. 以下单位需要向党中央汇报工作的有（　　　）。

A. 全国人大常委会党组　　　　　　B. 国务院党组

C. 全国政协党组　　　　　　　　　D. 最高人民法院党组

9. 民主集中制是指（　　　）。

A. 民主基础上的集中　　　　　　　B. 民主指导下的集中

C. 集中基础上的民主　　　　　　　D. 集中指导下的民主

10. 中国共产党、中华人民共和国、中华民族的自信来源于（　　　）。

A. 历史　　　　　　B. 实践　　　　　　C. 真理　　　　　　D. 信仰

三、简答题

1. 如何理解党是最高政治领导力量？

2. 如何确保党始终总揽全局、协调各方？

四、论述题

1. 论述新时代中国共产党的历史使命。

2. 为什么说中国共产党的领导地位是历史和人民的选择？

实践篇

实践项目一　　　　人物访谈——优秀共产党员

⚙ 实践目标

通过人物访谈了解优秀共产党员的经历，学习优秀共产党员的优秀精神品质，从而不断提高对党性的认识，并以优秀共产党员的事迹作为"铜镜"，审视自身差距，从优秀共产党员身上汲取前进的动力，进一步完善自己，奋勇前行。

📖 实践方案

1. 拟定访谈对象，确定访谈的可行性。确定可行性时主要考虑两个方面：一是拟定的访谈对象是否接受访谈。访谈者与访谈对象的关系、访谈对象的性格、访谈的话题、访谈的时间和地点等因素均会影响到访谈对象是否接受访谈。二是访谈者自己能否进行访谈。访谈者是否具备访谈的知识、经验、技巧，受访谈者是否具备接受访谈时间，均影响到访谈者能否进行访谈。

2. 访谈准备。

（1）准备详细的访谈提纲。要根据研究的目的和理论假设，准备详细的访谈提纲，并将其具体化为一个个访谈问题。访谈的问题既要能涵盖研究主题所涉及的范畴，又要有层次性，提问的方式、用词的选择、问题的范围要适合被访者的知识水平和习惯，简单明了，通俗易懂。

（2）了解被访者。访谈前尽可能收集有关被访者的资料，要对其经历、个性、地位、职业、专长、兴趣等有所了解，了解得越清楚，访谈时就越有针对性；要分析被访者能否提供有价值的材料；要考虑如何取得被访者的信任和合作。

（3）确定访谈的方式与进程。为了使访谈规范，并能获得实效，须事先安排访谈行程，将访谈人员、被访者、访问日期及时间作适当的安排。访谈时间最好是被访者工作、学习不太繁忙，并且心情比较舒畅的时候。访谈的地点和场合的选择要从被访者是否方便的角度考虑，要有利于被访者准确地回答问题，要有利于形成畅所欲言的访谈气氛。

（4）准备访谈所需的材料与工具。访谈前要对访谈内容所涉及领域的相关知识有充分的了解，对有关材料作充分的准备，如访谈记录表、各种证明材料、证件、录音机、录音笔、摄像机等。

3. 实施访谈。访谈者在接近访问者时，首先要做自我介绍，必要时可出示身份证明，然后说明来访的目的及为什么进行这项研究，进而强调本研究的重要性，请求对方的支持与合作。取得被访者同意后，就可以开始访谈了。访谈过程中，要做好访谈记录。

4. 访谈结束。结束访谈是访谈的一个十分重要的阶段和步骤，绝不是无足轻重的。一般情况下，被访者保持注意力的时间为：电话访谈为20分钟左右，结构式访谈为45分钟左右，团体访谈和无结构访谈不要超过2小时，以上这些数据可供访谈人员实施访谈时参考。

5. 访谈结果处理。即对访谈记录进行整理，以便对访谈记录进行分析。

6. 访谈结果分析。对访谈的结果进行分析，主要是为了解决以下问题：第一，访谈对象的表述有哪些是可信的，有哪些是不可信的，理由是什么；第二，访谈对象的陈述哪些方面可以证明访谈之前的理论假设，哪些方面不能证明这些理论假设，哪些方面可以证否这些理论假设；第三，访谈所得到的结论可以在多大范围内适用，理由是什么。

7. 撰写访谈报告。在对访谈结果进行分析并得出结论之后，就需要撰写访谈报告，以便使更多的人了解访谈的结论。访谈报告需要回答以下问题：第一，对于访谈计划的回顾；第二，对于访谈过程的描述；第三，对于访谈结果的分析和陈述。

访谈记录

访谈的目的是收集资料，而资料的收集则是由访谈人员的记录而来。访谈的记录从记载的时间上，可分为现场记录和事后记录两种；从手段上分，有纸笔记录和辅助记录两种。

现场纸笔记录是边访谈边用纸笔进行记录，这需要征得被访者的同意，其优点是资料完整，不带偏见，但可能会影响访谈的进行。访谈现场的记录主要是内容型记录，记的是被访者所说的内容。有时也可以记访谈者在访谈过程中看到的东西，如访谈的环境，以及被访者的行为、神情、反应等；有时也记录访谈者自己在访谈现场的感受和体会，对事实作简略的评论。访谈过程中要随问、随听、随记，以免遗忘有关信息；要逐字逐句记录，尽量记录被访者的原话，不要添油加醋；少作概括性的记录，不要对被访者的回答内容作摘要，以免掺入主观成分；访谈记录表上要写明访谈人员的姓名，访谈日期、时间、地点等资料，以便分析查找；访谈记录中除了被访者的问答外，追问、评注、解释、访谈情境和特殊事件的描述等部分需要加括号，以示区别。

纸笔记录往往难以获得完整的谈话资料，为了获得更完整的访谈资料，可利用录音、录像的方法来辅助访谈。录音、录像可以保留完整的谈话资料，避免纸笔记录的误差，整个访谈情境可以重复、再现，便于资料的分析和整理，访谈人员也不必为笔录而分心，可专心于谈话内容。录音、录像是一种比较理想的访谈记录方式，但它的运用必须征得被访者的同意，如果被访者不喜欢谈话被录音、录像，访谈人员则不能强求。

访谈记录表

参与寻访学生信息				
姓名	性别	专业班级	家庭地址	联系方式
寻访优秀党员信息				
姓名	性别	出生年月	入党时间	家庭地址
人生经历：				

实践项目二　　知识竞赛——党史100年

实践目标

通过知识竞赛，了解中国共产党成立100年来的发展历程和光辉成就，理解只有中国共产党才能救中国，只有社会主义才能行得通。明确中国共产党为什么能，学习优秀共产党员的光辉事迹、优秀精神品质，立志为祖国的社会主义事业努力奋斗、作出贡献。

实践方案

1. 任课教师宣布实践活动主题，确定活动的时间安排和具体流程。

2. 将学生分成若干小组，按照各班具体人数，组数以偶数为宜，每组建议不超过5人。

3. 任课教师提前指定竞赛范围，帮助学生收集资料，指导学生做好竞赛前的知识复习准备工作。

4. 小组内进行竞赛，并由每个小组的获胜者再组成参赛小组（每组3～4人）参与任课教师组织的最终竞赛。

5. 任课教师准备竞赛试题，拟定竞赛规则和竞赛流程。

6. 知识竞赛开始，任课教师宣布竞赛规则和竞赛流程，并组织和控制竞赛流程。

7. 任课教师对本次知识竞赛作综合点评。

8. 每位学生写一篇关于本次知识竞赛的活动感受。

参考资料

知识竞赛注意事项

一、知识竞赛规则

1. 比赛坚持公开、公平、公正的原则，现场评定，现场亮分。各代表队和参赛选手必须服从主持人和仲裁席的裁决。如有争议，可以在不影响比赛正常进行的情况下，由领队向仲裁席提出，经复议后作出的裁决为终审裁决。不服从裁决或在赛场内喧哗的队伍，取消参赛资格。

2. 所有竞赛题目，主持人原则上只读一遍，参赛选手要集中注意力听题，如因听不清楚，可以要求复读一遍（抢答题除外），主持人重复读题的时间计算在答题时间之内。

3. 参赛选手答题要口齿清楚、声音响亮，在规定时间内作答后，必须报告"回答完毕"，以便主持人和评委评判。

4.各参赛代表队原始分为100分，主持人和评委根据各队在竞赛过程中答题情况，给予相应的加分或扣分；原始分与比赛过程中得（扣）分的累计结果为最后得分。

5.本次比赛不设中间分。不回答或回答不完整或在规定时间内没有回答完毕的，一律按照"回答错误"处理。

6.参赛队员不得携带资料进入比赛现场，否则取消该队的参赛资格。

二、知识竞赛流程

1.必答题：共20道，两组各需作答10道，答题时间为15秒1题，各组队员轮流作答，回答正确加10分，回答错误不加分也不扣分。答题时，其他队员和观众均不得议论、提示、暗示或补充，否则按照"回答错误"处理。本环节每组均有一次场外求助机会，答对加10分，答错不扣分。

2.抢答题：参赛者必须在主持人读题完毕宣布"开始"后，方可举手起立抢答，违规者扣10分。抢答题共10题，每题10分，每题每组均只有一次抢答机会。每道题目答题时间为15秒，回答正确加10分，回答错误或不答扣除10分。

3.考虑到知识竞赛过程较长，同时也为进一步提高观众的参与意识，比赛设有若干道观众题。观众可以在主持人念完题目后举手示意作答，由主持人指定一名观众作答，回答正确的发送奖品。

4.风险题：本环节有三种分值不同的题目，分别为10分、20分、30分题。两组轮流选择题目，每回合只能选一题进行作答，每道题目答题时间为15秒，共有5个回合。此环节各组可商量由一名队员主答，回答正确按所选分值加分，回答错误或不完整不扣分，超时不加分也不扣分。

5.加时赛：若以上环节结束发现比赛双方成绩一样，可以进入加时赛环节。进入加时赛环节的答题小组每轮可在加赛题题库中任选一题作答。当答题小组所答题数相同且已分出胜负时，则比赛结束；若分数仍相同，则进入下一轮。每轮分别由每队回答1题，每队由评委会随机抽选任意一名队员进行作答。

参考文献

[1] 本书编写组：《毛泽东思想和中国特色社会主义理论体系概论（2021 年版）》，高等教育出版社 2021 年版。

[2] 本书编写组：《〈毛泽东思想和中国特色社会主义理论体系概论〉辅导用书》，高等教育出版社 2020 年版。

[3] 唐家州：《"毛泽东思想和中国特色社会主义理论体系概论"项目化学习与实践指导》，西南交通大学出版社 2019 年版。

[4] 蔡玉波、萝莉、唐家州等：《"毛泽东思想和中国特色社会主义理论体系概论"导学与实践》，西南交通大学出版社 2020 年版。

[5] 杨宏仁、鲁梅：《毛泽东思想和中国特色社会主义理论体系概论学习指导与实践实训教程》，上海三联书店 2019 年版。

[6] 高校教材编委会：《毛泽东思想和中国特色社会主义理论体系概论实践教程》，南开大学出版社 2018 年版。

[7] 丁俊萍：《"毛泽东思想和中国特色社会主义理论体系概论"学习辅导》，武汉大学出版社 2020 年版。

[8] 羊绍武、李红：《〈毛泽东思想和中国特色社会主义理论体系概论〉学习指导（第三版）》，四川大学出版社 2020 年版。

[9] 贾钢涛、岳婷婷：《〈毛泽东思想和中国特色社会主义理论体系概论〉教学体系研究》，中国社会科学出版社 2018 年版。

参考答案

导　论

第一章

第二章

第三章

第四章

第五章

第六章

第七章

第八章

第九章

第十章

第十一章

第十二章

第十三章

第十四章